한국어로 내려온
New Bible

새로운
성 경

제127권

8부 | 총10부

하얀마음

하나님 말씀 중에서

1. 사랑의 하나님

- 세상을 창조하신 하나님은 모두를 사랑하신다. 인간만 특별히 더 사랑하지 않고, 우주 만물을 다 똑같이 사랑하신다. 그러니 하나님이 창조하신 천지 만물과 화친하고, 미물까지도 소중히 대하라.

- 하나님은 특정 종파나 민족만을 더 사랑하지 않으신다. 자기 자신만 구원받겠다는 욕심을 버리고, 자기 종파만 구원받는다는 편협한 교리에서 벗어나야 한다. 종파를 초월해서, 모두를 사랑하라.

- 원수까지 사랑하라 했으니, 이 세상에 사랑하지 못할 자가 누가 있겠는가? 종파가 다르다고 해서 부모 형제와 원수처럼 지내는 자는 인간의 근본을 모르는 자다. 가장 가까운 가족부터 사랑할 때 남도 진심으로 사랑할 수 있다.

- 한 사람을 원수같이 생각하던 마음에서 사랑하는 마음으로 돌리면, 자기 자신의 마음이 가장 기쁘고 행복하다. 하나님께서는 인간의 마음속에 무거움이 없이 기쁘고 행복한 삶을 살기를 바라신다.

- 이웃을 "내 몸처럼" 사랑하라 했으니, 마지막 한 장 남은 천국의 티켓도 이웃에게 양보하라. 자기 중심적인 신앙에서 벗어나서 남을 위해 살아야 한다.

- 독초도, 약초도, 이단도 사탄도 천사도 다 필요하기에 존재한다. 독초일지라도 극소량을 사용해서 생명을 살릴 수 있고, 약초라 하더라도 남용하면 생명을 잃을 수 있다.

- 세상 모든 것을 명약으로 활용하는 것은 인간의 지혜에 달렸다. 어떤 것이든 어떤 사람이든 적재적소에 꼭 필요한 명약으로 승화시키라.

- 사탄도 이단도 천사도 모두 하나님의 주관하에 존재한다. 진정한 하나님의 백성은 사탄과 마귀까지도 감화시켜서 천사로 거듭나게 한다.

2. 기도

- 하나님은 인간의 생각까지 모두를 다 알고 계신다. 우리의 소원도 이미 알고 계시기에, 소원의 기도를 할 필요가 없다. 우리가 받을 자격이 되면 내려 주신다.

- 죄를 짓고 아무리 회개를 해도 용서받지 못한다. 도둑질한 자는 용서해 달라고 기도하고, 도둑맞은 자는 도둑을 잡게 해 달라고 기도하면, 공의의 하나님은 누구의 편에 서시겠는가?

- 자기가 잘못한 것은 그 사람에게 직접 갚고 용서를 구하라. 그가 용서하면 하나님도 용서하신다. 땅에서 매면 하늘에서도 매이고, 땅에서 풀리면 하늘에서도 풀리는 이치다.

- "회당에서 기도하지 말고 골방에서 기도하라" 했다. 눈에 보이는 골방이 아니라, 골방과 같이 고요한 마음이다. 잡념을 버리고 하나님을 향해 마음을 집중하며, 사랑하고 용서하는 아름다운 생각만 나오도록 하라.

- "두드리면 열릴 것이다." 하는 것은 육의 소원을 위해 두드리라는 것이 아니라, 진리의 깨달음을 얻기 위해 두드리라는 것이다.

- 기도하는 방법: 생활 속에서 수시로 기도하는 삶을 살아야 한다.

- "저의 죄를 용서하여 주옵소서." 하는 회개의 기도를 하라.
- 범사에 "하나님! 감사합니다." 하라. 현재 가진 것에 감사하며, 과욕하지 말라. 자기 노력 이상의 것을 더 갖고자 기도하는 것은 도둑놈심보다. 공의의 하나님은 각자 노력한 만큼 주신다.
- "하나님 뜻대로 살아가겠나이다." 하며 마음의 각오를 다지라.

- 기도는 하나님의 말씀을 받아서 "행하는 것"이다. 하나님이 계심을 굳건히 믿고, 하늘을 향하여 한 점 부끄럼 없이 사는 삶 자체가 가장 위대한 기도이며, 삶이 곧 예배다.

3. 지도자

- 똑같이 사랑한다는 말을 해도, 순수하게 하는 말은 천사의 말이지만, 사기 쳐서 재산을 가로채려고 하는 말은 사탄의 말이다.

- 종교 지도자가 아무리 훌륭한 설교를 해도, 신도의 재물을 거둬서 더 큰 교회를 짓고 자기의 부귀영화를 바라며 설교하면 사탄의 가르침이 된다.

▪ "저희 교회는 만원사례요, 믿음은 다 같으니 이웃의 개척 교회에 가서 예배를 드리시오." 하며, 이웃 교회의 부흥을 먼저 생각하여 제 신도를 보내는 종교 지도자가 있다면 그를 따르라. 그가 하나님의 사랑을 실천하는 자다.

▪ "부자가 천국에 들어가는 것은 낙타가 바늘구멍을 통과하는 것보다 더 힘들다" 하였거늘, 지금의 교회에서는 부자가 되기만을 기도하고 소원하니, 이는 곧 천국을 포기하고 지옥 행 열차의 티켓을 사는 것과 같다.

▪ 예수는 빈손이었다. 종교 지도자가 예수보다 더 호화롭고 편안하게 살아간다면 잘못된 것이다. 부귀영화와 명예를 바라는 자는 절대로 갈 수 없는 좁고 협착한 길이 종교 지도자의 길이다.

▪ 종교 지도자는 유리로 비춰 봐 한 점의 부끄러움이 없이 살아야 한다. 의식주도 직접 일해서 해결하고, 예수의 가르침과 행함을 그대로 따라야 한다.

▪ 종말은 없다. 지금의 잘못 가는 종교 집단에게만 종말이 있다. 보이지 않는 하나님은 보이는 육의 종말은 관여하지 않으신다. 환경 파괴로 인간이 스스로 멸망을 자초하는 것이다. 종파끼리 싸우기 전에, 무너진 인성을 바로잡고 지구의 몸살을 해결하는 데 뜻을 모으는 게 급선무다.

4. 성전이란

▪ 이 세상 자체가 하나님께서 만드신 성전이다. 자연보다 더 아름다운 성전이 있는가? 보이는 건물이 성전이 아니라, 성스러운 마음가짐이 성전이다.

▪ 반석 위에 교회를 지으라 했다. 지상의 단단한 돌은 인간이 쪼갤 수 있으나, 마음속의 굳은 결의는 세상 무엇으로도 쪼갤 수 없다. 바르고 굳건한 믿음으로 성경의 가르침을 실천하는 것이 마음의 반석 위에 교회를 짓는 것이다.

▪ 손으로 지은 건물의 교회에 모여서 복음을 전하는 것이 아니라, 교회를 개인과 가정에 심어 주어야 한다. 무너지고 부서지는 건물을 짓지 말고, 마음속에 영원히 불변하는 참진리의 교회를 지으라.

5. 십계명

- 십계명은 인간이 죽어서 반드시 통과해야만 하는 열 개의 관문이다.
  - 부모를 공경하지 아니한 자는 "네 부모를 공경하라." 하는 제5계명의 관문이 열리지 않으니 구원받을 수 없다.
  - 살인, 간음, 거짓, 우상 등의 나머지 계명도 마찬가지다.

- 십계명은 하나님의 친필이다. 모기소리만 한 하나님의 음성이라도 들어 보겠다고 여기저기 찾아 헤매지 말고, 십계명부터 암송하고 지키라.

- 십계명은 영혼을 구원하는 양식이며, 십계명을 지키는 것이 구원을 받는 길이다. 인간이기에 지키고자 노력하고 또 노력한다면 지킬 수 있다.

- 십계명을 지키고 천사처럼 아름답게 살아가는 그 마음 하나면 세상에 이루어지지 않는 것이 없다.

6. 보물

- 하나님은 재물이 아니라 우리의 마음을 받으신다. 사랑을 실천하며 천사처럼 변하는 마음이 하나님께 바치는 보물이다.

- 보이지 않는 하나님께 재물을 바치려 하지 말고, 너희를 길러 준 부모에게 용돈 드리고, 찾아뵙고, 효성을 다하라. 그것이 하나님께 효도하는 것이다.

- 하늘에는 선과 악의 창고가 있다. 자기 창고에 선이 많으면 천국으로 구원을 받고, 악이 많으면 심판받아 지옥으로 간다. 그것이 바로 "선한 일을 행한 자는 생명의 부활로, 악한 일을 행한 자는 심판의 부활로" 나오는 것이다.

- "선악과를 따먹지 말라"는 것은 양심을 지키라는 것이다. 선과 악을 구분할 수 있는 양심을 최초에 인간에게 주셨다. 선한 열매는 취하고, 악한 열매는 버리며, 양심에 비추어 부끄럼 없는 삶을 살아가라.

- 가장 작은 거짓말을 하지 않고, 가장 작은 죄를 짓지 않으며, 가장 작은 선행을 하고, 가장 작은 악행을 멀리하는 것이 율법의 일점 일획도 빠뜨리지 말고 다 지키는 삶을 사는 것이다.

7. 우상

- 박물관에 있는 불상은 하나의 예술품이다. 그 조각품에 대고 제 소원을 빌 때 우상숭배가 된다. 십자가라 하여도 그 앞에서 소원을 빈다면 우상숭배하는 것이며, 하나님께 소원을 빈다면 하나님을 우상으로 전락시키는 것이다.

- 지금 기복신앙에 젖어 있는 모든 사람이 우상 앞에 절을 하고 있다. 조각품을 우상이라며 파괴하지 말고, 네 마음속에 있는 욕심의 우상을 무너트리라.

- 생수를 약초가 먹으면 약을 만들고 독사가 먹으면 독을 만든다. 같은 성경을 봐도 선한 지도자는 신도를 천사로 만드는 데 활용한다. 그러나 욕심이 가득한 지도자는 재물을 거두어들여 제가 부귀영화를 누리는 데 악용한다. 그가 바로 성경을 우상숭배의 도구로 전락시키는 거짓 선지자다.

- 성경을 한 획도 빼거나 더하지 말라는 것은, 그 가르침을 빠트리지 말고 온전히 지키라는 것이다. 성경 속에서 자기에게 유리한 구절만 보는 것은, 자기에게 불리한 구절들을 빼 버리는 것이다. 믿음이 제일이요, 행함은 구원과는 관계없다는 것은 자신에게 유리한 쪽으로 성경을 악용하는 것이다.

- 진정한 종교 지도자는 종파에 관계없이 어떤 종파든 어떤 책이든 접하고 보고 깨우쳐 견문을 넓히도록 인도한다. 참진리를 모르고 자신이 없는 자가 남을 이단이라며 배척하고, 신도들의 눈과 귀를 가린다.

8. 예수

- 예수의 재림은 없다. 예수가 다시 온다 해도, 과연 누가 그를 예수라고 믿겠는가? 예수와 같은 삶의 행함이 곧 예수의 재림이다. 각자 모두가 "재림 예수"가 되는, 차원 높은 믿음으로 가야 한다.

- 예수는 "주여 주여 하지 말고, 아버지의 뜻대로 행하라"고 했다. 예수가 전한 하나님의 뜻이 곧 "길이요, 진리요, 생명"이며, 그 가르침이 예수의 보혈처럼 소중한 것이다. 예수를 믿는 것은, 예수의 가르침을 믿고 따르는 것이다.

- 예수는 낮은 자로서 만백성을 섬기고자 했다. 만나는 모든 사람을 다 하나님이라 생각하라. 돈을 벌수록 겸손하고, 높은 지위를 얻을수록 낮아지라.

- 예수는 종파를 만들지 않았다. 인간이 만든 종교와 인간의 교리를 따르지 말고, 예수를 통해 전한 하나님의 참진리를 연구하고 따르라.

- 예수가 2천 년 전에 만백성을 위해 죽었으니, 지금 이 땅에는 예수의 가르침대로 사는 천사만 존재해야 한다. 예수가 죽어 가면서 바란 것은 만백성이 천사가 되어 예수의 자리를 채워 주는 것이지, 지금과 같이 재물을 바치면서 중언부언 제 소원만을 비는 백성들을 바란 것이 아니다.

9. 구원

- 천사가 사는 천국에는 천사만 갈 수 있으니, 천사 같은 마음을 길러야 한다.

- "천국 열쇠를 네게 주리니 땅에서 무엇이든지 매면 하늘에서도 매일 것이라" 했다. 땅에서 천사같이 사는 자가 하늘에서도 천사가 되어 천국에 들어간다. 모든 사람에게 천사같다는 말을 듣는 삶을 살아야 한다.

- 천사의 곱고 아름다운 마음은 부모를 공경하고 어른을 어른으로 대접하는 데에서 출발한다. 효도하는 자는 형제와 화목하게 지내기에 가정이 화목해지고, 이웃과 화목해지고, 국가가 화목해지고, 온 인류가 화목해진다.

- 그러므로 지상의 아름다운 소왕국은 가정에서부터 이루어야 한다.

- 선택된 14만 명만 구원받는 것이 아니라, 천사처럼 변하고자 하는 14만 명을 기초로 온 인류가 천사처럼 거듭나는 영적인 개혁이 시작되는 것이다.

- 천 년에 걸쳐서 하늘에서 이루어진 것같이 이 세상을 낙원으로 만들어, 만백성이 지상의 천국에서 살다가 죽어서 그대로 하늘의 천국으로 들어가는, 영원한 지상 낙원을 건설하는 것이 하나님의 계획이다.

- **이것이 구약과 신약에 이어 "새로운 성경"으로 역사하시는 하나님의 창조의 완성이다.**

- 지금의 믿음으로 구원받을 수 있다면 그 길을 가라. 그러나 자신이 없다면 하나님께서 직접 내리신 160권의 "새로운 성경"을 읽고 구원의 길을 보라!

하나님 머리말씀

이 새로운 성경을 읽는 너희 모두는
이 율법에 따라 행하면 영원히 구원받을 것이니라.

너희 인간이 수년, 수십 년, 평생
성서를 공부하고 기도하는 것은
하늘나라 나의 곁으로 오고 싶은 소망일진대,

몇천 년 전의 너희 인성과 생각이
지금의 너희와는 판이하게 다르니,

꺾여 가고 병들어 가는 너희를 고칠 수 있는 길은,
오늘 내가 선지자에게 내리는 새로운 성경과 같이
너희가 변화되는 것뿐이니라.

나의 예수가 태어난 것처럼
내가 아들 선지자를 선택하여
나의 새로운 성경을 온 세계에 전하고자 하니,

묵은 것은 버리고 새로운 것은 취하여,
너희 모두는
'여호와 하나님! 저의 죄를 용서하여 주옵소서.'
하는 기도문으로 기도하고, 죄를 뉘우치라.

이 새로운 성경은
수천 년간 내려온 성서를 요약한 것이니,
너희는 이 책을 정독하여 쉽게 깨달음을 얻고,
이대로 실천하여 하늘에 오르라.

대역자 머리말

■ 하나님의 율법을 지키는 선지자로 선택을 받도다.

저는 남들처럼 그저 열심히 살아온 평범한 사람이었습니다. 그러나 50대 중반에 사업에 실패하여 많은 부채에 시달렸으며, 건강도 악화되어 눈이 잘 안 보이고, 걷기도 어렵고, 두통이 심해서 잠을 이룰 수 없는 고통의 나날을 보냈습니다. 그때 제가 선택할 수 있는 것은 육의 삶을 끝내는 길뿐이었습니다.

죽기 직전에 그동안에 죄를 지은 이들에게 용서를 빌고 인생을 끝내기로 작정하였습니다. 어려서부터 지은 죄를 빌고 빌다 보니 끝이 없었고, 죽음으로도 그 많은 죄를 용서받을 길이 없다는 생각에 하염없이 눈물이 흘렀습니다. 그 순간 '재래식 화장실의 구더기는 죄를 짓지 않는데, 나는 인간으로서 구더기만도 못한 삶을 살았구나.' 하는 생각이 들면서 괴로움에 몸부림칠 때, 갑자기 하나님의 음성이 들렸습니다.

"나는 여호와 하나님이니라. 너는 십계명을 암송하고 내가 내려 주는 메시지를 받아 책으로 만들어 만백성을 구하라." 하시며, 제 눈을 손으로 문지르게 하시고, 아픈 머리와 다리를 손으로 두드리게 하셨습니다. 그러고 나니 눈도 잘 보이고 걸을 수 있었으며 머리의 통증도 말끔히 낫게 되었습니다. 그때부터 십계명을 암송하고 나면 들려주시는 말씀을 기록하였고, 1999년 8월부터 2004년 7월까지 권당 288쪽, 총 160권을 받아서 "새로운 성경"이라는 책으로 펴내게 되었습니다.

그러한 저에게 죽기보다도 힘든 길이 시작되었습니다. 모든 교인들이 저에게 사탄이요, 이단이요, 악마요, 마지막 시대에 온 거짓 선지자라 하면서 공격하였고, 저를 짐승을 보듯이 대하는가 하면, 편협한 종교 지도자들의 선동으로 신도들이 이 책을 직접 읽어 보고 평가할 기회마저 막아 버렸습니다. 그래서 하나님의 말씀을 세상에 내는 데 많은 어려움을 겪으며, 피를 토하는 심정으로 책을 전하고 있습니다.

그러나 아무리 인간의 힘으로 막으려 해도, 하나님의 뜻이 세상에 전해지는 위대한 역사는 계속될 것입니다. 책으로 전해지는 "하나님의 말씀"은 세상 끝날까지 항상 우리와 함께하실 것입니다. 사람은 죽어도, 책에 기록된 말씀은 영원히 남으니까요.

■ 따뜻한 실천

하나님께서는 어려운 사람들에게 삶의 터전을 마련해 주고, 미래를 열어 주는 것을 기뻐하십니다. 어려운 이웃이 스스로 자립할 수 있도록 이끌어 주는 것이 진정으로 이웃을 돕는 것이라고 말씀하셨습니다. 그래서 일자리가 없는 제자들에게 작은 사업장을 만들어 주는 "달란트 사업"을 하고 있습니다. 식당, 반찬 가게 등을 차려 주고, 기존의 어려운 사업장이 자립할 수 있도록 돕고 있습니다(커피숍, 미용실, 의상실 등).

하나님께서는 교회에 나와서 모든 시간과 재물을 쏟기를 원하지 않으시고, 그 시간과 재물을 교육에 투자하여 스스로 미래를 열어 가기를 원하십니다. 그래서 제때 공부하지 못한 제자들에게 학업을 이어 가도록 하였습니다. 중화요리 주방장을 하며 초등학교 검정고시부터 공부하여 2012년에 방통대를 졸업한 36세 남성, 만학도들의 2년제 중학교에 입학해서 2007년에 명지대학을 졸업한 38세 여성, 중학교 검정고시를 시작으로 숭의여자대학을 졸업한 47세 여성 등이 있습니다. 그밖에도 많은 제자들에게 나이를 초월하여 배우고 깨우쳐서 사회 속의 당당한 일원이 되도록 인도하고 있습니다.

학자금 대출로 힘겨워하는 젊은이들을 위해 "따뜻한 바람 장학회"를 발족하여(2016년 12월) 대출받은 학자금 전액을 매월 갚아 주고 있습니다. 또한, 다문화 가정을 위해 "다문화 가족 랜드"를 조성하여, 각종 시설을 무료로 활용하도록 하고 있습니다.

이러한 따뜻한 실천이 아직은 미약합니다. 그러나 책의 수입이 늘고, 저와 뜻을 같이하는 분들이 늘어나면 계속 확대할 것입니다. 지도자로서 신도의 재물을 헌금으로 거둬들여 착복하는 것이 아니라, 하나님께서 기뻐하시는 일에 사용하도록 중매 역할만 하며 살아가고자 합니다. 이런 제가 과연 사탄이고 이단인가요? 하나님께서 기뻐하시는 일이라면, 저에게 사탄이라 하든 거짓 선지자라 하든 굽히지 않고 실천해 나갈 것입니다.

끝으로, 일상의 삶 속에서 "지금 내가 하는 행동이 과연 하나님께서 기뻐하실까, 슬퍼하실까?" 생각하고, 매사에 하나님께서 기뻐하시는 길을 택하기 바랍니다. 교회에 모여서 집단적으로 예배 드리는 것이 아니라, 개인이나 가정 단위로 새로운 성경을 읽어 스스로 깨우치고 그대로 행하면 충분합니다. 그것이 마음속에 성전을 짓고, 신령과 진정으로 예배 드리는 길입니다. 그러면 천국의 문에 들어서게 됩니다.

2017. 2. 1.

하나님 말씀 대역자 김용철

차 례

십 계 명

이 책은 십계명을 암송하고 나면 내려 주시는 "하나님의 음성"을 듣고 그대로 받아쓴 기록입니다. 하나님께서 십계명을 모세에게 내려 주셨지만, 그것은 만백성에게 내려 주신 것입니다. 마찬가지로 이 책의 모든 말씀도 저에게 내려 주셨지만, 만백성 각자에게 들려주시는 말씀입니다. 여러분도 이 책을 접할 때마다 십계명을 암송하고 나서 정독해 주시기 바랍니다.

제일은, 너는 나 외에는 다른 신들을 네게 있게 말지니라.

제이는, 너를 위하여 새긴 우상을 만들지 말고, 또 위로 하늘에 있는 것이나, 아래로 땅에 있는 것이나, 땅 아래 물 속에 있는 것의 아무 형상이든지 만들지 말며, 그것들에게 절하지 말며, 그것들을 섬기지 말라.

제삼은, 너는 너의 하나님 여호와의 이름을 망령되이 일컫지 말라.

제사는, 안식일을 기억하여 거룩히 지키라.

제오는, 네 부모를 공경하라.

제육은, 살인하지 말지니라.

제칠은, 간음하지 말지니라.

제팔은, 도적질하지 말지니라.

제구는, 네 이웃에 대하여 거짓 증거하지 말지니라.

제십은, 네 이웃의 집을 탐내지 말지니라.

나 여호와가 존재함을 믿는 그 자체가 구원의 길에 들어서는 기본이요, 근본이며, 나의 새로운 성경을 가슴에 안고 정독하는 자, 반석 위에 서서 하늘에 오르는 찬란한 빛을 보게 되는 영광을 얻게 됨이니라. 진정 나를 따르고 믿는 자는 감히 사탄이나 마귀도 근접하지 못하느니라.

〈하나님 말씀〉

2004년 1월

9,416 번째 하나님 말씀

2004년 1월 31일 07시 04분

1 사랑하는 나의 아들아!
2 "네, 아버님! 말씀하옵소서."
3 너희들이 자기 자신의 소중함을 알며,
자기 자신의 모든 것은 제 스스로 역
사하고 다스려 나가는 것이라 하지 아
니하였더냐?
4 너와 같은 사람은 다시 태어날 수 없
으며, 너와 똑같은 형체요, 똑같은 생
각을 가지고 이 세상에는 두 번 다시
태어나지 아니함을 너희들은 알라.
5 그러니 너희 자신이 나에게 어떠한 백
성이더냐?
6 너희 자신이 창조주 나 여호와에게는
내가 창조한 유일한 너희 자신이니라.
7 그리하여 내가 너희들이 소중하고 귀
함이라 하였음이니, 내가 창조한 백성
중에서 너 자신만 유일한 너이니라.
8 그러니 너희 자신에 대한 모든 책임은
너희들 스스로 져야 되며, 모두는 너
희들이 역사하는 그와 같은 삶을 살게
되었음을 알라.
9 너희들과 똑같은 사람이요, 똑같은 자
가 다시 태어날 수 없음이니, 너희 자
신이 나 여호와가 창조하고 내가 만들
어 낸 유일한 자이니라.
10 유일한 너희 각자가 어찌하여 너희 자
신을 대신하여 남이 살아 주기 바라
며, 너희 자신이 모두를 역사하는 것
을 책임지는 그와 같은 마음의 자세로
써 살아가지 아니하는가?
11 너희들을 대신하여 그 누구도 살아 줄
수 없는 것이 이 세상에 나 여호와의
뜻이니라.
12 그리하여 유일한 너희 자신이라는 것
을 내가 다시 한 번 너희들에게 심어
줌을 알라, 사랑하는 나의 아들딸들아!
13 자신의 소중한 인생의 삶을 다른 사람
이 절대 살 수 없으며, 다른 사람이 역
사해 줄 수 없음이니, 다른 사람이 책
임질 수 없다 함이니라.
14 그와 같이 유일한 너희 자신이 다른
사람의 뜻에 의하여 다른 사람에게 맹
종하는 것, 그리고 다른 사람의 종이
되며 희생자가 되어서는 절대 아니 됨
을 너희들은 알아야 될 것이니라.
15 너희는 나에게 오르는 그와 같은 소중
한 것을 어찌하여 남에게 맡기는 그와
같은 자가 되느냐?
16 그러니 너희들이 남에게 의탁하고 남
에게 맡김이니, 바로 너희들이 희생자
가 되어 감을 알라.
17 그러니 맹종하는 그와 같은 백성이 되
지 말며, 너희들이 스스로 남의 종이
되어 구원을 받는 길을 선택하고 오고
자 하지 말라.
18 그는 절대 이루어질 수 없는 것임을
너희들은 알라.
19 더욱이 너희들이 육의 삶에 있어서 어
떠한 삶을 살았느냐 하는 그와 같은
것으로써 너희들의 심판의 결과요, 다
시 영원히 사는 세상에 거듭나느냐 못

나느냐 하는 그 결과가 달렸기 때문이
니라.
20 그러니 그와 같은 미래의 모든 심판은
너희들이 오늘의 그 역사한 것, 네가
살아온 그 발자취에서 유일한 그 길에
의하여 모든 심판을 받음이니,
21 너희 자신이 유일한 나의 창조물이듯
이, 너희가 살아온 유일한 길이요, 너
희가 역사한 그것만 가지고 모든 심판
을 받는다는 것,
22 누구도 들여다볼 수도 없으며 누구도
덜어 줄 수도 없으며 대신할 수도 없
다는 것을 내가 거듭 너희들에게 말함
이니,
23 이와 같은 것을 남이 이룰 수 있으며
남이 죽음의 피로써 대신할 수 있다는
것, 그리고 나의 아들이요, 나를 부르
기만 하면 너희들이 구원을 받을 수
있다는 것, 그와 같은 생각을 저버리
라.
24 유일한 너이기 때문에, 너희들이 얼마
나 아름답고 곱게 살아가며 나의 뜻에
의해 역사하느냐 하는 네가 살아온
길, 유일한 그 삶을 가지고 심판을 받
는다는 것을 절대 잊지 말라.
25 어느 누구도 너희 자신을 구원해 줄
수 없음이니라.
26 그리고 어느 누구도 나에게 오르는 그
길을 대신 올 수 없음이니, 이와 같은
것을 너희들이 명심하고 또 명심하라.
27 사랑하는 나의 아들딸들아, 너희들이
거듭나고 못 나는 것은 한 순간에 모
두가 이루어진다 내가 그리하지 않느
냐?
28 그러니 너희들이 하루를 살아가면서
지옥과 천국을 왔다 갔다 하는 것이
니, 너희들이 지옥에서 나오지 못하는
그와 같은 자가 되어서는 절대 아니
되는 것이거늘,
29 그걸 남이 이루어 줄 수 있다 생각하
는 자, 남의 이름을 빌려서 이루어질
수 있다 생각하는 자는 어리석은 백성
들이니 그리 알라.
30 이 세상에 창조주 나 여호와가 너희들
에게 말하나니, 너는 유일한 너뿐이니
라.
31 그러니 모든 것은 너 스스로 해결하고
너 스스로 모든 답을 찾아가야 된다는
그 소중한 뜻을 잊지 말라.

9,417 번째 하나님 말씀

2004년 1월 31일 07시 14분

1 사랑하는 나의 아들아!
2 "네, 아버님! 말씀하옵소서."
3 나의 사랑하는 아들딸 그 모두가 그리
갈구하고 원하고 바라는 것이 무엇이
더냐?
4 나에게 너희들이 올 수 있는 그것을
위해서 그리 살아가지 아니하던가?
5 그러나 내가 너희들에게 무어라 말하
였느냐?
6 너희들이 나에게 오르는 그와 같은 길
을 오고자 한다면 모두를 다 비우라
하였음이니라.
7 그리고 너희들이 나에게 오고자 한다
면 너희 자신은 모두 네가 책임을 져
야 되며, 그와 같은 은혜를 입고 얻는
것, 영광을 얻고 잃는 것, 그 모두는
너희들 자신의 삶에 달렸다 내가 그리

말하지 아니하였던가?
8 그러니 너희 자신의 몫임을 절대 잊지
말라 전하는 나의 뜻을 깊이 가슴에
새겨야 될 것이니라.
9 모두는 너희 자신에게 달렸으며, 그것
은 네 몫이며, 네가 이루고 못 이루는
것에 달렸다는 나 여호와의 이 무서운
뜻을 너희들이 어찌하여 소홀히 들어
넘긴단 말이더냐?
10 지금의 종교 집단이요, 그들이 수천
년 동안 흘러오면서 가르치고 가르친
길이 무엇이라 말하였느냐?
11 나 여호와의 뜻이 아니요, 참진리가
아닌 비진리에 의하여 그들이 지금 가
르치고 전한다 하였음이니라.
12 그러니 나의 아들을 따르는 제자 너희
들은 전하라, 그리고 나의 법전을 읽
고 깨우친 만백성 너희들은 전하라.
13 모든 백성들이 지금 비진리의 덫에 걸
려 거기서 벗어나지 못하고 있는 것이
니,
14 너희들은 그들을 그 죽음의 구렁에서
구원하지 아니하면 절대 아니 된다는
것, 그것이 너희들이 해야 할 일이며
역사할 대명이라는 것을 절대 잊지 말
라.
15 구원의 길이 아닌 비진리요, 죽음의
길이요, 지옥의 낭떠러지로 떨어지는
그 덫에서 벗어날 수 있도록 그들을
깨우치고 전하도록 그리해야 되는 것
이 너희들이니라.
16 지금 이 순간에 나의 법전을 정독하고
너희 자신이 가는 길을 잘 분석하여
파악하고 들여다보는 그와 같은 시간
을 가질 수 있도록 하며, 그 시간을 가
짐이 얼마나 중요한 것인가를 만백성
에게 전하라.
17 그들이 그 속에서 그 덫에서 벗어나지
못하며, 오늘의 저희들이 가는 길이
진정한 길이라 그리 매달리고 가는 자
는 결코 나를 볼 수 없음이니,
18 스스로 저희들이 가는 길이 어떠한 것
이며, 제가 역사하는 것이 어떤 것이
며, 제가 구원을 받았다 부르짖으나
과연 제가 구원을 받을 수 있는가 구
분할 수 있는 지혜를 그들에게 깨우쳐
주어야 되며,
19 그를 볼 수 있도록 그들을 너희들이
다스려 주어야 되며 인도해야 된다는
걸 절대 잊지 말라.
20 저희들이 지금 그 덫에서 헤어나고자
하는 그 용기가 없으며, 헤어나고자
하는 결단성이 없는 백성은 결코 구원
을 받을 수 없음이니,
21 그들에게 나의 법전을 전해, 그들이
그 하늘의 내 뜻을 깨달아 저희들이
지금 가고 있는 그 생활이 어떠한 것
인가 판단할 수 있는 지혜를 얻어,
22 그 지혜를 얻은 자가 결단성이 있는
용기를 내어 거듭나는 그와 같은 길을
갈 수 있도록 해야 되는 것이 너희들
임을 잊어서는 아니 될 것이니라.
23 너희들이 아니고 나의 법전이 아니면
그 백성들을 구할 수 없다는 것을 명
심하고 또 명심하라, 나의 아들을 따
르는 제자들아!
24 진정한 믿음의 길이 아닌 것, 하늘의
뜻에 의해 역사하지 아니하는 것, 그
와 같은 길을 가는 자들을 너희들은
깨우쳐야 될 것이니라.

25 그들이 참진리요, 하늘의 뜻에 의해
역사하는 것이요, 나 여호와에게 순종
하는 것인가 거역하는 것인가, 그것
자체부터 우선 그들이 깨우칠 수 있는
시간을 갖도록 해야 될 것이며, 그리
고 그들이 판단할 수 있는 기회를 주
도록 해야 되는 것이니,
26 그게 나의 법전을 읽고 접하지 아니하
면 그를 알 수 없다는 것을 알아야 될
것이니라.
27 사랑하는 나의 아들딸들아, 내가 너희
들에게 그리 말하느니라.
28 나의 법전이 하늘에 오르는 길이요,
구원의 길이라 그리 말함이니, 그들이
모두 무어라 말하느냐?
29 사탄이요, 이단이라 말하느니라.
30 예수의 보혈이요, 삼위일체를 인정하
지 않는 자는 사탄이라 그리 말하느니
라.
31 나 여호와가 너희들이 바로 갔으며 바
로 깨우쳐 왔다면, 어찌하여 지금 나
의 아들을 통하여 너희들이 잘못 갔다
그리 가르치겠는가?
32 그러면 너희들이 나의 법전은 사탄이
역사하는 것이요, 비진리가 역사하는
것이요,
33 바르게 가는 너희들을 내가 그저 미혹
하여 지옥으로 밀어내는 그와 같은 역
사를 하는 것이 나의 법전이라 하거든,
34 나의 법전의 그 내용을 들여다보라.
35 그러면 어찌하여 십계명을 지키고 사
는 것이 하늘에 오르는 길이요, 십계
명은 창조주 나 여호와의 친필이니 그
보다 더 소중한 것이 없으며 그를 지
키는 것만이 구원의 양식이라 그리 가
르치며, 나의 아들을 통하여 기록하는
나의 법전에 과연 너희들의 마음을 흩
트려 놓으며 너희들을 미혹하고 유혹
하는 것이 있는가?
36 그렇다면 너희들은 어떠한 것이 진정
한 나 여호와의 뜻이요, 어떠한 것이
하늘에 오르는 길인가 여기서 결정해
야 될 것이며,
37 너희들이 스스로 깨우쳐 결단을 내려
야 할 때가 되었음을 알라, 사랑하는
나의 아들딸들아!

9,418 번째 하나님 말씀

2004년 1월 31일 07시 19분

1 사랑하는 나의 아들아!
2 "네, 아버님! 말씀하옵소서."
3 나 여호와의 가슴이 얼마나 답답하며
내 가슴이 얼마나 저리며 아픔이 있겠
느냐?
4 정녕 나의 뜻을 따라오는 그 길은 오
지 아니하며 바라보지 아니하는 백성
너희들은,
5 밤하늘에 비치는 달빛이요, 그 달빛이
호수에 비침이니, 그 호수 속에 그와
같은 달이 거기에 있음이니라.
6 그러니 나의 백성들이 지금 어떠한 자
들인 줄 알겠느냐?
7 하늘에서 비추는 그 달을 보며 그 달
의 위대함을 보지 아니하고, 너희들이
물속에 비치는 그 달을 보며 그것이
진정한 달이라 하며,
8 그 물속에 달이 비침이니, 그 달은 잡
을 수 있으며 너희들 것으로 만들 수
있다 하여 물속으로 뛰어드는 백성들

과 같음이니라.
9 그러니 물속에 있는 달을 물속에 뛰어
들면 잡을 수 있으며, 하늘에서 비추
는 그 본체의 달은 오를 수도 없으며
잡을 수도 없기 때문에 그는 너희들과
관계가 없으며 그는 아무런 역사함이
없다 하나,
10 물속에 비치는 달이 너희들에게 빛을
발하며 세상을 비추어 준단 말이더냐?
11 하늘에 떠 있는 그 달이 세상을 비추
어 주며 그 모두를 역사하는 것이니라.
12 그러니 오늘의 종교 집단이요, 지도자
들이 하고 있는 짓이 무엇인 줄 알겠
느냐?
13 하늘에 있는 그 달의 위대함이요, 그
달을 보며 저희들이 감사하며 은혜를
알며 더불어 살아가면 될 것이며 그를
달이라 생각하고 살아가면 될 것이거
늘,
14 그들이 지금 물속에 있는 달은 저희들
이 물속에 뛰어들면 잡을 수 있는 것
이라 착각하여, 물속으로 뛰어들면 그
달을 잡을 수 있다 하여 '나를 따르라.'
소리 지르며 뛰어드는 어리석은 백성
들이니,
15 그를 믿고 계속 물속으로 달을 건지려
뛰어드는 백성이 있는 것이 오늘의 형
국이니, 이보다 더 답답하고 가련한
백성이 어디 있단 말이더냐?
16 너희들에게 비춰 주는 태양의 위대함
이 무엇이더냐?
17 모든 생명이 죽고 사는 것을 장악하는
그 태양이 호수에 비치니, 그것을 너
희들이 물속에 비치는 태양은 구원할
수 있으며 제 것으로 만들 수 있다 하
며 그를 잡으려 뛰어드는 어리석은 백
성들이 바로 오늘의 종교 집단이요,
지도자라면 믿겠느냐?
18 하늘의 태양을 보고 하늘을 향하여 너
희들이 달려오며, 그 태양의 빛에 감
사함을 알며, 그가 존재함으로써 너희
들이 살아갈 수 있는 그 은혜 속에 있
거늘,
19 어찌하여 너희들이 그와 같이 물속에
비치는 태양이 진정한 태양이요, 너희
들을 위한 태양이요, 너희들이 소유하
고 잡을 수 있다 하여 그를 잡는다고
물속으로 뛰어드는가?
20 그와 같은 어리석은 것이 오늘의 너희
들이 믿음이라면 과연 믿겠느냐?
21 내가 오죽 답답하고 가슴이 아프면,
너희들을 깨우쳐 주기 위하여 이와 같
은 예를 들어 내린단 말이더냐?
22 정녕 하늘의 그 모두를 다 내리고 또
내리고 내려야만 너희들이 구원을 받
으며 하늘에 오르는 길을 볼 수 있는
어리석은 나의 백성들이란 말이더냐?

9,419 번째 하나님 말씀

2004년 1월 31일 07시 24분

1 사랑하는 나의 아들아!
2 "네, 아버님! 말씀하옵소서."
3 네가 각 곳에 성전을 만들며 서점을
만들어 나의 법전을 만백성이 읽고 깨
우치도록 그 역사를 함이니,
4 그 모든 준비를 함에 있어 네가 고달
프며 너의 제자들 또한 어렵고 힘든
줄 아느니라.
5 그러나 그리하지 아니하면 아니 되는

것이 오늘의 현실이니라.
6 지금 나의 피조물 만백성이 아무리 훌
륭한 책이요, 아무리 아름다운 책이
나왔다 해도 과연 그를 얼마나 사서
보며 얼마나 그를 보고 읽는단 말이더
냐?
7 그러니 나의 법전 한 권을 읽으면 저
희들이 거듭나며 하늘에 오르는 길을
얻을 수 있다 해도,
8 그들은 재물이 아깝고 시간이 아까워
그를 사지 아니하며, 취하지 아니하
며, 읽지 않는 것이 나의 백성들이니
라.
9 그러니 이를 너희들이 말하는 인간의
책을 팔고 사는 그 서점에 아무리 쌓
아 놓고 아무리 전해도, 그들은 재물
이 아까워 저희들의 구원의 길인 이
책을 보지 아니할 것이며,
10 더욱이 보고자 하는 자도 종교 집단이
요, 지도자들이 절대 이를 보지 말라
그리하니, 이는 그저 먼지가 쌓이는
책으로밖에 될 수가 없음이니라.
11 그러니 나의 성전을 만들어 깨우친 백
성들이 모여들어 저희들이 읽고 깨우
친 것을 구전으로 전하지 아니하면 이
를 역사할 수 없으며, 모든 백성들을
읽게 할 수 있는 그와 같은 길이 없음
이니,
12 그리하여 지금 어렵고 힘들게 나의 성
전이요, 서점이라 하여 역사하고 만드
니, 너희들이 한 고비만 넘기면 될 것
이니라.
13 영원히 내가 그와 같이 존재하고 존속
하게 하고자 함이 아니니라.
14 그저 사람과 사람을 통해서 전할 수
있으며, 그 성전이요, 너희들이 말하
는 서점이라는 것도 세상에 존재하지
아니하도록 그와 같은 역사가 이루어
질 때가 있을 것이니라.
15 다만 나의 피조물 만백성이 책을 읽지
아니하며, 글을 읽지 아니하며, 아무
리 구원의 길이라 해도 그를 읽지 아
니하며, 재물이 아까워서 사지 아니하
며, 시간이 아까워 저희들이 보지 않
느니라.
16 더욱이 이를 봐서는 안 된다 부르짖는
자들이 있으니, 일반 서점이요, 너희
들이 말하는 책방이라는 것으로 나의
법전이 세상을 덮고 전하기는 절대 이
룰 수 없음이니라.
17 그리하여 내가 오늘 성전을 만들며 서
점을 만들어, 그곳에서 깨우친 백성들
이 연구하고 깨우쳐 그들이 구전으로
전하고 전하여, 만백성이 이를 보지
아니하면 아니 되도록 그리하고자 하
는 것이 나 여호와의 뜻이니,
18 오늘의 너희들이 그와 같은 것을 역사
하기 힘들고 어렵다 하여 두려워하지
말고, 온 몸과 정성을 다하여 그곳에
너희들이 뿌리를 내리도록 하라, 사랑
하는 나의 아들딸들아!
19 나 여호와의 뜻을 알았다면 너희들이
이를 만들어 전하는 데 최선을 다하거
라.
20 내가 너희들을 사랑함이니라.

2004년 2월

9,420 번째 하나님 말씀

2004년 2월 1일 01시 04분

1 사랑하는 나의 아들아!
2 "네, 아버님! 말씀하옵소서."
3 너희들은 인간사의 아둔한 백성을 보
기를 무어라 하느냐?
4 곰 같은 백성이라 하며 곰 같은 사람
이라 그리하지 않느냐?
5 곰이라는 그 동물이 무엇이더냐?
6 그는 먹고사는 것, 거기에 행동이 어
둔하며, 그저 제가 우직한 것 때문에
너희들이 그를 미련하다 그리 말하지
아니하는가?
7 그러나 나의 피조물 만백성, 가장 지
혜가 높은 백성인 너희들이 먹고살기
위하여 또 생활하기 위하여, 아둔하게
보이고 미련하다는 그 곰보다도 더 미
련하고 불쌍한 것이 너희들인 줄 어찌
하여 모른단 말이더냐?
8 너희들은 육의 세상의 삶을 위하여 영
원히 사는 거듭나는 그와 같은 삶이
요, 그 모두를 저버리고 살아가는 것
이니, 너희들같이 아둔하고 미련한 자
가 없음을 알겠느냐?
9 너희들은 곰이라는 동물에게 미련한
동물이라 말할 자격도 없음을 알아야
될 것이니라.
10 너희들이 육의 세상의 백 년도 안 되
는 그 삶을 위하여 영원히 거듭나는
그 삶을 다 버리는 자, 육의 작은 향락
을 위하여 거듭나는 그와 같은 영광의
은혜를 다 버리는 자,
11 너희들은 육의 세상의 삶을 마치고 반
드시 나 여호와로부터 심판을 받으며,
그 심판은 지옥과 천국이라는 너희들
이 상상할 수 없는 관계가 이루어진다
는 것을 알며,
12 그리하여 구원을 받아야 된다 몸부림
치는 너희들이 살아가는 행동은 그러
하지 못함이니,
13 너희들이 나의 뜻을 거역하며 내 뜻에
순종하지 아니하는 그와 같은 삶을 살
면서 나에게 오른다, 그리고 나로부터
구원을 받는다 함이니,
14 너희들이 곰보다도 더 미련한 백성이
요, 더 가련한 어리석은 백성이라는
것을 알라.
15 그와 같은 말을 할 자격도 없는 자들
이 나의 백성들이요, 오늘의 너희들이
살아가는 그 삶이라는 것을 명심하고
또 명심하도록 그리하라.
16 모두는 너희들이 그와 같은 역사가 이
루어진다는 것을 알면서도,
17 그 길에서 너희들이 영원히 사는 천국
에 오는 그 길을 선택하여 삶을 살지
못하고 지옥의 벼랑으로 떨어지는 그
와 같은 삶을 사는 것이 너희들이니,
18 너희는 곰보다도 더 미련한 백성이라
함을 알라.

9,421 번째 하나님 말씀

2004년 2월 1일 01시 09분

1 사랑하는 나의 아들아!
2 "네, 아버님! 말씀하옵소서."
3 나 여호와가 너희들에게 깨우쳐 전했
느니라.
4 마음이 가난한 사람은 행복한 자이니
라, 그리고 마음이 가난한 자는 하늘
나라에 올 수 있으며 나를 볼 수 있다
내가 그리 말하였느니라.
5 그러니 몸과 마음이 가난하지 아니한
자는 결코 나의 뜻을 받아들일 수 없
으며 나에게 올 수 없는 백성이라 내
가 성서에 기록한 그 뜻을 너희들은
알겠느냐?
6 너희들이 인간 세상에 살아가면서 영
원히 너희 것이 없으며, 너희들이 간
직하지 못하며 모두를 다 저버리고 와
야 되는 그 재물에 대한 집착과 명예
에 대한 집착과 그리고 부질없는 욕심
과 욕망을 버리지 못하고는 결코 너희
들이 나에게 오를 수 없다는 그와 같
은 뜻임을 알겠는가?
7 가난한 자는 행복한 자요, 가난한 자
는 하늘나라 나에게 올 수 있는 자요,
몸과 마음이 가난한 자는 내 뜻을 받
아 구원의 길을 볼 수 있다 한 그것이
바로 그런 의미이니라.
8 너희들이 재물에 대한 집착이요, 명예
에 대한 집착이요, 그리하여 부질없는
욕심과 욕망을 버리지 못한 자이기에,
내가 그와 같은 자는 나에게 오를 수
없다는 것이요,
9 그 모두를 다 저버리고 손을 놓을 수
있는 백성, 그들만이 집착하는 욕심이
없으며 명예와 욕망이 없으며 부질없
는 욕심과 질투와 시기하는 마음을 다
버릴 수 있는 것이요,
10 그를 버리지 못하고 너희들이 재물을
모으는 데 모든 정성을 다 쏟으니, 그
리하여 재물이 없고 가난한 자, 더욱
이 몸과 마음이 가난한 자는 나에게
올 수 있다 가르친 성서의 그 뜻을 너
희들은 알겠느냐?
11 내가 성서에 이미 그리 전하였느니라.
12 그러나 지금 수천 년 동안 믿음 속에
서 오는 백성, 나에게 오를 수 있다는
것, 그리고 오른다면서 지금 가는 백
성들이 무엇이더냐?
13 과연 너희들이 모든 명예요, 재물이
요, 집착을 다 버리며 몸과 마음을 비
운 자들이던가?
14 너희들은 나에게 기도하고 경배하는
것이 나를 위하여 기도하는 것이 아니
요, 너희들 자신만 위하여 기도하는
것이 아니더냐?
15 너희들이 기도하는 것은 너희들이 소
원하는 것, 원하는 것을 이루어 달라
는 기도만 하는 것이 아니더냐?
16 그러니 너희가 과연 마음과 육이 가난
한 자가 되고자 하는 그와 같은 삶을
사는 백성들인가?
17 그리하여 너희들이 육과 마음이 가난
한 자요, 그리하여 너희들이 구원을
받을 수 있는 그 길을 선택해서 오는
백성들이던가?
18 너희들은 더 쌓아 놓고자, 더 이루고
자, 부질없는 것에 헛된 욕심을 버리
지 못하고 있는 어리석은 백성들이니,

19 그러니 그와 같은 백성 너희들이 천국
이요, 나에게 들어올 수 있는 자요, 구
원을 받은 자라 그리 말하지 말라.
20 결코 그와 같은 백성들은 나는 모르
며, 너희들은 구원을 받을 수 없는 자
요, 구원을 받았다 말할 자격도 없는
것이 너희들이니라.
21 그러니 마음이 가난한 사람은 행복한
자요, 가난한 자는 하늘에 들어올 수
있는 자요,
22 몸과 마음이 가난하지 아니한 자는 내
뜻을 받아들일 수가 없으며, 내 뜻을
받아들이지 못함이니 하늘에 오르는
백성이 될 수 없다는 것을 알라.
23 너희들이 모든 재물이요, 명예에 대해
부질없는 것에 집착하는 마음을 버리
지 못하고, 그를 이루어 달라 기도하
는 것이 너희들이기에,
24 너희들이 정녕 하늘에 오를 수 있는
백성이요, 오르고자 하는 백성인지 너
희들 스스로 돌이켜 보고 깨우치라 하
여 내가 이 깊은 밤 나의 아들을 통하
여 나의 법전에 기록하여 너희들에게
내리는 뜻을 알라, 사랑하는 나의 아
들딸들아!

9,422 번째 하나님 말씀

2004년 2월 1일 01시 13분

1 사랑하는 나의 아들아!
2 "네, 아버님! 말씀하옵소서."
3 나 여호와가 너희들에게 말하였느니
라.
4 하늘의 생수요, 내 성령을 너희들에게
붓고자 하나, 담을 그릇에 쓰레기가
차 있으면 아무 데도 쓸모없는 것이라
내가 그리 말하지 아니하였더냐?
5 그러니 내가 너희들에게 성령을 부어
담아 만백성을 구하는 곳에 너희들을
쓰고자 하나,
6 지금의 모든 종교 집단이요, 지도자
가, 너희들이 말하는 수천 년의 역사
를 가지고 있는 도자기라는 것보다도
더 아름답고 정교하게 만들어졌으며
아무리 그릇이 좋고 크면 무엇하겠는
가?
7 거기에 오물이 묻어 있으며 쓰레기가
담겨 있어 내가 생수를 부을 수 없으
면, 결국 너희들은 받아들일 수 없는
자들이 아니더냐?
8 그러니 너희들이 아무리 큰 그릇이요,
대단한 역사를 이루었다 해도 너희들
은 그를 받아들일 수 없느니라.
9 그러니 너희들이 아무리 크고 아름다
운 그릇이라 할지라도 그가 나로부터
내리는 생수를 받아들일 수 없다면,
10 나 여호와는 보잘것없는 작은 그릇이
라도 그가 깨끗하다면 그곳에 생수를
부을 수밖에 없는 것이 나의 뜻이 아
니더냐?
11 지금의 모든 종교 집단이요, 그리고
지도자요, 구원을 받았다 말하는 백
성, 너희들 스스로 부끄러운 줄을 알
아야 될 것이니라.
12 너희들이 도자기처럼 아름다우며 그
릇이 아무리 크다 해도, 그 집단 속에
는 다 썩은 오물이 그득하게 차 있으
니, 내가 만백성을 구하는 생수를 너
희들에게 부을 수가 없는 것이니,
13 이 부을 수 없는 나 여호와의 마음이

과연 얼마나 아프고 저려 오는 줄 알
겠느냐?
14 그리하여 내가 보잘것없는 작은 그릇
도 안 되는 나의 아들에게 지금 나의
성령이요, 내 모두를 부어 줌이니라.
15 그리하여 내가 만백성을 구하기 위하
여 160권이라는 대장정의 법전을 만
들어 역사하는 대명을 내려 나의 아들
로 하여금 이룸이니,
16 너희들은 부끄러운 줄 알고 너희들 자
신이 바로 서는, 그리고 깨닫는 반성
과 회개하는 마음으로 거듭나지 아니
하면 아니 됨을 알라.
17 나 여호와는 너희들이 아무리 크고 호
화로운 그릇이라 해도 그 그릇 속에
오물이 묻어 있으며 쓰레기가 담겨 있
으니, 내가 생수를 어찌 붓는단 말이
냐?
18 생수를 부을 수 없기에, 그저 찌그러
지고 보잘것없는 작은 그릇인 나의 아
들에게 모두를 부어 새로운 역사를 이
루는 그 부끄러운 현실을 너희들이 안
다면,
19 너희 자신이 나의 법전을 가지고 갑론
을박하며 시시비비할 자격이 없는 자
들이라는 것을 알라.
20 불쌍한 나의 백성들아! 너희들은 그
저 겉은 호화로우나, 썩은 물이요, 썩
은 오물을 그득히 담고 있는 자요, 그
것이 오늘의 너희들이라는 걸 명심하
고 또 명심하라.
21 너희들이 이를 거부하며 이는 사탄이
요, 사악한 자가 말하는 것이라 하나,
22 너희들이 머지않아 넘을 수 없는 나에
게 와 심판을 받는 그 길에 들어섰을
때, 너희들은 들어선 순간부터 알게
될 것이며,
23 너희들이 얼마나 잘못 살았는지 두려
우며, 나의 법전을 이단이요, 사탄이
라 하며 나의 아들의 가슴에 화살을
쏘고 비수를 꽂고자 했던 너희들이 얼
마나 그 무서운 죄의 대가를 치르는가
를 알게 될 것이니라.
24 나의 아들은 십계명이라는 것을 지키
라 말하는 자요, 그리고 그대로 지키
고자 하며 가는 자요, 그리고 나의 법
전 속에 과연 너희들이 잘못되게 살라
는 것이 어디 있는가?
25 아름답게 살라는 참진리요, 하늘에 오
르는 그 진리를 나와 나의 아들이 역
사해 이를 전하여 만들며,
26 그 제자들이 또한 손이 부르트도록 나
의 법전을 기록하고 만들어 만백성 너
희들을 구원하고자 내리는 것을 너희
들이 그리 욕하고 능멸한 죄가 무엇인
줄 알게 될 날이 머지않았을 것이니,
그때는 이미 늦었음을 너희들은 알게
될 것이니라.

9,423 번째 하나님 말씀

2004년 2월 1일 01시 19분

1 사랑하는 나의 아들아!
2 "네, 아버님! 말씀하옵소서."
3 이 160권의 법전이 세상에 나가며 오
늘의 모든 백성들이 말세요, 종말이라
하는 험악한 오늘의 이 형국이, 과연
너는 그 시초가 무엇이며 그 원인이
어디서부터 그리 발생되었다 네가 깨
닫고 있느냐?

4 "네, 아버님! 제가 감히 말씀을 드리
면 그렇사옵나이다.
5 아버님께서 사랑하는 아들 예수님을
세상에 보내어 그를 통하여 하늘에서
이루어진 것같이 이 땅에서 그와 같
은 천국을 이루고자 하는 것이며, 하
늘에서 이루어진 것같이 그 모두를 다
이 땅에 이루고자 하는 것이 아버님의
뜻이었사옵나이다.
6 그리하여 참진리를 예수님을 통하여
이 세상에 같이 내려보냈사옵나이다.
7 그러나 그를 찾을 수 있도록 가르치고
전하는 그와 같은 백성들의 삶이 거
기서부터 잘못되었다 저는 그리 생각
하고 있사옵나이다.
8 참진리요, 하늘에서 이루어진 것같이
지상의 천국을 이루고자 예수님을 통
하여 모두를 다 가슴에 담아 세상에
내려보냈으나,
9 그를 접한 백성들이요, 그를 듣고 가
르치고 전하는 그 백성들이 잘못된 길
이요, 잘못 가르친 오늘의 결과라 저
는 그리 생각하옵나이다.
10 예수님을 통해서 참진리요, 올바른 길
을 가르치고 전하여 만백성을 구하고
자 하였으나,
11 그 백성들이 어리석고 우매하여 그들
이 바로 인간의 욕심이요, 욕망의 한
계를 벗어나지 못하고 그 깨달음을 얻
지 못하였으며 그 깨달음을 보지 못하
였으며 그를 받아들이지 못하였다 그
리 생각하옵나이다.
12 그 어리석고 불쌍한 백성들이 잘못 받
아들이고 잘못 이해하였으며, 그들이
또한 잘못 가르치고 잘못 시행하여 지
금의 험악한 상태가 되었다 저는 그리
생각하옵나이다."
13 그러하니라, 나의 아들아!
14 나 여호와가 나의 백성 너희들을 구원
하기 위하여 모두를 다 갖추어 세상에
내려보냈으나,
15 나의 아들 예수가 참진리요, 올바른
길을 가르치고 역사하고자 전했던 것
을 어리석고 우매한 백성들이 욕망이
요, 욕심이라는 그 한계 속에서 저희
들이 그를 중시하며 그보다 더 소중
한 것이 없다 생각하여,
16 저희들이 그 참진리를 가르친 것을 받
아들이지 아니하였으며 그대로 행한
백성들이 없어 잘못 가고 잘못 흘러왔
으니,
17 그 결과로 오늘의 너희들이 종말이요,
마지막 시대요, 들림을 받는다 하는
세상이 되었음이니라.
18 그리하여 그저 세상이 뒤집어지며 재
앙이 내릴 것이며, 믿지 않는 자는 구
원을 받을 수 없다는 이와 같은 험악
한 말들을 하며 험악한 것으로써 나의
피조물 만백성에게 공포 분위기를 만
들며, 이 아름다운 자연을 지옥 같이
만드는 자들이 너희들이라는 것을 알
아야 될 것이니라.
19 너희들이야말로 그와 같은 사악한 자
들이요, 그리하여 너희들 스스로 그와
같이 역사를 만들어 그 테두리 내에서
벗어나지 못하며,
20 나의 피조물 만백성에게 내가 새로운
참진리요, 하늘에 오르는 길이요, 너
희들이 구원의 길을 볼 수 있는 나의
법전을 세상에 내려보내나,

21 이를 보지도 못하며 만지지도 못하며
읽지도 못하게 하며, 너희들이 험악한
세상을 더 험악하게 만들어, 나의 피
조물 만백성이 더 이상 구원의 길이
요, 구원의 빛을 볼 수도 없으며, 마음
에 있는 선의 싹을 틔울 수도 없기에,
22 내가 지금 나의 법전을 내려보내어 너
희들을 다스리고자 하는 것이 나의 뜻
임을 알라, 사랑하는 나의 아들딸들아

9,424 번째 하나님 말씀

2004년 2월 1일 01시 30분

1 사랑하는 나의 아들아!
2 "네, 아버님! 말씀하옵소서."
3 지금의 모든 종교 집단이요, 믿음의
길을 가는 백성들이 쉽게 말을 하느니
라.
4 율법의 시대는 어려운 시대요, 그리고
그는 지키기가 어렵고 힘든 시대라,
그리하여 나의 아들 예수를 보내어 그
죽음으로써 저의 죄를 모두 대속하여
신약의 시대는 너희들이 말하는 편안
한 시대요, 그리고 쉽게 갈 수 있는 시
대요,
5 그리하여 율법은 어렵고 신약은 너그
러운 가르침의 시대라 너희들이 그리
알며 그리 말하고 있지 않은가?
6 그러나 너희들이 가장 지키기 쉬운 시
대가 율법의 시대요, 너희들이 어려운
것을 지키는 것이 신약의 시대요, 더
어려운 것은 제3의 시대라는 것을 너
희들은 알아야 될 것이니라.
7 너희들이 어렵고 힘들다는 그 율법의
시대보다도 신약의 시대에 나의 아들
예수를 통하여 너희들에게 명하고 가
르치는 것이 더 어려운 시대요, 그리
고 그보다 더 어려운 시대가 제3의 시
대라는 것을 너희들은 알아야 될 것이
니라.
8 나의 아들을 통하여 내가 그와 같은
역사를 기록하여 증명하여 주였음을
너희들에게 깨우치고자 함이니 너희
들은 알라.
9 성서에 기록하여 전하였느니라, 나의
아들 예수가 율법이나 선지자를 폐하
러 온 줄 생각하지 말라, 폐하러 온 것
이 아니요, 완성하고자 했다 함이니,
10 그와 같이 완성하는 단계가 과연 얼마
나 어렵고 정성스러운 시대가 되어야
되는지 아는가?
11 너희들이 작품을 하나 만든다 해도 기
초를 다질 때는 여유가 있음이니라.
12 그러나 완성의 시대에 들어가면 너희
들은 정교하게 해야 되기 때문에 하나
만 잘못해도 모든 공이 다 무너지는
그와 같은 이치요, 뜻이 여기 있음을
어찌 모르는가?
13 모든 율법이요, 선지자를 폐하러 온
것이 아니라, 그 모두를 다 완성케 하
고자 왔다는 것이니, 완성이라는 것이
얼마나 어렵고 힘든 길인 줄 알겠느냐?
14 이 의미를 모르는 것이 오늘의 믿음의
길을 가는 백성들이요, 종교 집단의
지도자라 하여 나의 아들 예수가 대속
하였으니, 너희들이 그저 쉽고 간단한
신약의 시대를 가면 되는 것이라 하며,
15 구약의 시대는 지키기 어려운 것이라
하니, 너희들은 그를 잘 모르느니라.
16 구약의 시대는 너희들이 작품을 만들

때 시작하는 시대요, 그리고 신약의
시대는 완성의 시대요, 제3의 시대는
너희들이 나로부터 재판을 받으며 평
가를 받는 시대이니, 그 평가를 받는
것이 얼마나 어렵고 힘든 시대인 줄
알겠느냐?
17 그러니 구약의 시대는 여유가 있으며
준비 단계라는 것을 너희들은 알라.
18 그러나 신약의 시대는 완성하고자 하
는 시대요, 그러니 얼마나 어려운 시
대가 신약의 시대요, 신약에서 원하는
것이 무엇인지 너희들이 알겠느냐?
19 '진실로 너희에게 이르노니, 천지가
없어지기 전에 율법의 일점일획이라
도 없어지지 아니하고 반드시 다 이루
어진다.' 한 그 뜻이 무엇을 말하는가?
20 과연 구약의 시대는 저버린 것이며,
신약의 시대만 역사한다 너희들이 그
리 말할 수 있는가?
21 구약의 시대를 완성하기 위하여 신약
의 시대가 역사했으니, 완성의 시대를
가는 백성들이 얼마나 힘들고 어려운
길인가를 너희들은 알지 못함이니,
22 성서에 기록한 내용을 내가 너희들에
게 전하고자 하니, 들어보도록 그리하
라.
23 너희들은 율법의 시대가 지나고 신약
의 시대가 열렸다 말하느니라.
24 그러나 너희들이 얼마나 욕심에 차 있
으며 이기주의로 변질된 백성들인 줄
알겠느냐?
25 그와 같은 백성들이기에 그리 말할 수
있다는 것을 너희들은 알아야 될 것이
니라.
26 '그러므로 누구든지 이 계명 중에 지
극히 작은 것을 버리는 자, 또 그와 같
이 가르치는 자는 천국에 와서 작다
일컬을 것이며, 작은 것을 행하고 그
와 같이 가르치는 자는 크다 일컬으며
크게 역사할 수 있다.'는 그와 같은 뜻
을 내가 성서에 이미 기록하여 전하지
아니하였던가?
27 너희들이 이를 행하지 않으며, 작은
것을 가르치지 아니하며, 작은 것을
잘못 가르치고 일컬었을 때, 너희들은
나에게 와 받을 것이 없다 내가 그리
말한 그 의미를 과연 너희들은 어찌
아는가?
28 내가 이와 같은 내용을 기록하여 너희
들을 가르치는 그 의미가 어디 있는
줄 알겠느냐?
29 지금은 율법의 시대를 저버리고 새로
운 시대의 것만 찾으며, 그와 같은 것
을 가르치고 있는 이와 같은 형국이기
때문에,
30 너희들이 율법 시대에 그 역사하는 것
을 그대로 가르치고 그대로 역사하는
것은,
31 작은 것이라도 제대로 가르친 자는 나
에게 와서 큰 상을 받을 수 있으나,
32 그리 가르치지 못하며 그리 역사하지
못한 자들은 작은 것을 받을 수 있는
그것밖에 아니 된다는 그 의미가 과연
무엇인가를 너희들은 알아야 될 것이
니라.
33 내가 너희들에게 일렀으니, '너희가
서기관이나 바리새인보다도 더 낫지
못하면 결단코 천국에 들어갈 수 없
다.' 하였음이니,
34 오늘과 같이 그와 같은 삶을 살지 못

하는 백성의 미래를 또한 내가 기록하
여 전했으니, 그러니 너희들이 얼마나
바르고 곧게 살아야 하는지를 알겠는
가?
35 그러니 구약의 시대의 그 백성보다도
신약 시대의 오늘의 삶이 얼마나 어렵
고 힘든 길을 가야 하는지 알겠느냐?
36 내가 구약에 대해 기록하여 '옛 사람
에게 너희들이 살인치 말라, 누구든지
살인을 하면 심판을 받게 될 것이라'
하였으며 그리 가르쳤느니라.
37 내가 구약의 시대에 살인하는 자는 심
판을 받는다 하였으나, 신약의 시대는
과연 내가 무어라 가르쳤는지 알겠느
냐?
38 나는 너희들에게 그리 말하였느니라.
39 신약의 시대의 백성은 형제에게 '노하
는 자는 심판을 받게 되고, 형제에 대
하여 라가라 하는 자는 공회에서 잡히
게 되고, 미련한 놈이라 말하는 자는
지옥 불로 들어간다.' 하였음이니,
40 너희들은 여기서 과연 신약의 시대는
무엇이며 구약의 시대는 어떠한 것인
줄 알겠는가?
41 구약의 시대는 너희들이 살인을 함으
로 심판을 받는다 내가 그리 가르쳤음
이니, 구약에는 너그러움이 있고 여유
가 있느니라.
42 그러나 신약에서는 내가 무어라 하였
느냐?
43 형제에게 미련하다고 하는 자, 그리고
형제를 욕하는 자는 지옥 불로 가는
것이라 가르쳤음이니,
44 과연 신약의 시대의 행함이 너그럽고
편안한 삶이요, 구약의 시대는 어렵고
힘든 시대라 말할 수 있느냐?
45 아니니라.
46 이 뜻을 제대로 깨우치고 볼 수 있는
종교 지도자요, 그리 가르치는 지도자
밑에서 배운 백성들이 제대로 깨우친
자가 있다면 너희들은 이 무서운 뜻을
알 수 있을 것이니라.
47 그러니 형제에게 미련한 놈이라 이야
기하는 자는 내가 지옥 불로 간다 했
으니,
48 나의 아들 예수가 가르친 신약의 시대
가 구약의 시대보다도 얼마나 무섭고
두려운 시대며,
49 행함에 있어서 작은 것도 용서받지 못
하며 작은 것도 용서를 해 줄 수 없는
것이 하늘의 뜻이라는 것을 명시한 것
임을 어찌 모르느냐?
50 그러니 더욱이 제3의 시대에 내가 더
어렵고 힘든 그와 같은 길을 지키고
가도록 너희들에게 내려보내는 것이
나의 법전이요, 나의 뜻이라는 것을
너희들이 깨달아야 될 것이니 그리 알
라.

9,425 번째 하나님 말씀

2004년 2월 1일 01시 37분

1 사랑하는 나의 아들아!
2 "네, 아버님! 말씀하옵소서."
3 나 여호와가 너희들에게 하나가 되라
하였음이니, 하나가 되라는 뜻은 과연
무엇인 줄 알겠느냐, 사랑하는 나의
아들아!
4 "네, 아버님! 하나가 되라는 그 의미
는 참진리의 뜻을 행할 수 있기 때문

이라 저는 그리 생각하옵나이다.
5 저의 제자들이 모두 하나가 된다면 무
엇이 필요하며, 무엇이 아까워서 주지
못하며, 또한 무엇이 귀하며 소중한
것이 있다 하겠사옵나이까?
6 소중한 것, 귀한 것, 그 모두가 다 없
으며, 아무것도 필요 없으며, 저희들
이 주고받는 데 아무것도 거리낌이 없
는 그와 같은 것으로써 변할 수 있다
그리 생각하옵나이다.
7 하나가 되는 것은 저희들이 한 사람
의 몸체가 되는 것이니,
8 하나가 되는 것은 바로 손이 발의 고
통을 덜어 주었다 하여 그것을 자랑할
것이 없으며 칭찬할 것이 없으며 그것
을 내세울 것도 없는 것이라 그리 생
각하며 그 이치라 생각하옵나이다.
9 저 자신이 하나이니, 제 몸에서 오른
손에 들고 있는 그 무겁고 힘든 짐을
왼손에게 넘겨주고, 또한 왼손이 받아
들고 간다 해도 그는 칭찬받을 일이
없으며 자랑할 일이 없으며 아무것도
내놓을 것이 없는 것이 하나의 형체라
저는 그리 생각하옵나이다.
10 저의 제자들에게 하나가 되라 하는 것
은 한 사람이 되는 것과 같으니,
11 하나가 된다면 모두를 다 저희들이 역
사할 수 있으며 이룰 수 있으며, 그것
은 칭찬할 것이 없으며, 저희들이 남
을 위하여 사랑할 것도 없으며, 아무
것도 없는 것이라 생각하옵나이다.
12 저 자신의 몸에서 몸으로 이루어짐이
니, 그것을 가지고 무슨 칭찬이요, 자
랑을 할 수 있겠사옵나이까?
13 그리하여 아버님께서 하나가 되라 하
시는 것이라 그리 생각되옵나이다.
14 하나가 되어 살아간다면 저희들이 베
풂이 무엇이 필요하며, 누가 누구에게
주는 것이며, 누가 누구에게 사랑을
주는 것이겠사옵나이까?
15 그러니 아무것도 어려울 것이 없으며,
아무것도 귀하고 소중한 것이 없으며,
16 제 앞에 쌓아 놓고자 하는 것도 생각
할 필요가 없으며, 욕심이라는 근본도
없어질 것이라 저는 그리 생각하며,
그리하여 하나가 되라는 말씀인 줄 알
겠사옵나이다.
17 하나의 제 몸에서 서로 주고받고 이루
어지는 것이 무슨 칭찬이며, 그것을
남에게 자랑할 것이 무엇이 있겠사옵
나이까?
18 그리고 하나가 되면, 그 진리의 길을
가게 되며 진리를 볼 수 있다 그리 생
각하옵나이다.
19 저희들이 하나가 되어서 역사하는 것
은 칭찬할 것도 없고 자랑할 것도 없
으며 귀하고 소중한 것도 없으며 더
갖고자 하는 것도 없으니,
20 모두를 놓을 수 있으며 모두를 버릴
수 있으며 모두를 던질 수 있고 줄 수
있다 생각하옵나이다.
21 제 몸에서 제 몸으로 움직이는 그와
같은 형국이 아니겠사옵나이까, 아버
님!"
22 사랑하는 나의 아들아, 그러니라.
23 그와 같은 이치를 너의 제자들에게 깨
우쳐 주며, 나의 법전을 읽고 깨닫는
백성들에게 귀를 열어 주고 눈을 뜨게
하여 주라.
24 지금의 종교 집단이요, 지도자들이 무

엇인 줄 알겠느냐?
25 참진리의 길을 가고자 하지 아니하느니라.
26 그리고 그들은 하나가 되고자 하는 것도 생각하지 아니하며, 그와 같은 역사를 이루지 아니하며 이루지 못하는 자들이니,
27 정녕 그들은 나의 뜻에 따라온 백성이 아니요, 베풀고 사랑하는 자가 아니요, 나의 뜻에 의해 살아가는 백성이 될 수가 없음이니라.
28 더욱이 그들은 어떠한 마음으로 사느냐?
29 작은 일 하나 하고도 저희들은 그 대가를 수없이 기다리는 자요, 작은 기도를 드리고 저희들이 역사하기를 바라며 얻어지기를 바라며 이루어지기를 바라는 것이 그들의 오늘의 믿음이요, 오늘의 신앙이요,
30 그들의 신앙의 근본 목적이 작은 것을 해 놓고 거기서 반드시 그 대가가 이루어지길 바라며 소원이 이루어지기를 바라며,
31 몇 배가 더 떨어지기를 바라는 것이 그들의 믿음이요, 오늘의 가는 길이 아니더냐?
32 다만 너의 제자들은 하나가 되라 그리하며, 하나의 그 의미요, 뜻을 알았다면 그와 같은 마음으로써 보고 가도록 하라 그리 전하라, 사랑하는 나의 아들아!

9,426 번째 하나님 말씀

2004년 2월 1일 01시 43분

1 사랑하는 나의 아들아!
2 "네, 아버님! 말씀하옵소서."
3 나의 피조물 만백성 너희들은 하나가 둘이 되고, 둘이 또 셋이 되어 힘을 합치면 그 힘이 배로 증가된다는 것을 잘 아느니라.
4 그러나 너희들은 그와 같은 행위를 하지 아니하느니라.
5 짐승들이 무리를 지어 사냥을 하는 것도 그는 무엇이더냐?
6 힘을 합쳤을 때 저희들은 더 큰 위력을 발휘할 수 있기 때문에 그들은 그와 같은 행위를 하느니라.
7 그러나 그들보다도 지혜가 높으며 그 의미를 아는 나의 백성들은 절대 그리하지 아니하려는 것이니, 그를 바라보는 나 여호와의 마음이 어떠하겠느냐?
8 높은 하늘을 날아가는 기러기의 날아감이 무엇이더냐?
9 그들이 질서 정연하게 날아가는 그 의미가 무엇인 줄 알겠느냐?
10 앞에 가는 자가 날개를 저어서 바람을 일으킴이니, 뒤에 있는 자가 그 바람을 받아 밀어붙이는 그 바람으로 인하여 뒤에 있는 기러기가 좀 더 편안하게 날아가며 덜 힘들게 날아가는 것이 그들이 아니더냐?
11 그리하여 앞에 가는 자는 희생을 다하며, 제가 힘들었을 때 저 또한 뒤로 와서 앞에 가는 자의 은혜를 입으며 덕을 입고 가는 것이 그들의 생태가 아니더냐?

12 날짐승도 그와 같이 살아가느니라.
13 앞에 가는 자가 힘들게 끌고 가며 그
가 젓는 바람의 힘에 의하여 뒤에 있
는 자는 좀 더 수고로움이 적으니, 그
리하여 대열을 지어 흐트러지지 아니
하고 날아가는 것이 그들이 아니냐?
14 그리하여 누구도 갈 수 없는 그 멀고
도 먼 길이요, 높고도 높은 하늘을 날
아가는 그 모습이 얼마나 아름답고 정
겨워 보이더냐?
15 그러니 그들은 있는 힘을 다하여 그
질서를 지키고 가느니라.
16 그러나 그보다도 더 지혜가 높으며 그
모두를 아는 나의 백성들 너희들은 무
엇이더냐?
17 너희가 앞에서 날개를 젓고 감으로 인
해 다른 백성들이 편안하게 간다면 너
희들은 절대 하지 아니하느니라, 그리
고 가지 아니하느니라.
18 그리고 너희가 다음에 뒤로 와 그 은
혜를 받을 수 있으며, 다음에 너희들
또한 힘들고 어려울 때 그들로 하여금
용기를 얻게 되며, 그들로 하여금 너
희가 살아갈 수 있는 길이 있다는 것
을 너희들은 절대 생각하지 아니하느
니라.
19 다만 너희가 앞에 감으로 인하여 뒷사
람이 은혜를 입는다는 것, 그것만으로
너희들은 그를 하기 싫어하여 그와 같
은 행위를 하지 않으니,
20 너희들이 험난한 길을 뚫고 힘들여 앞
에 가면, 너희가 지쳤을 때 다음 사람
이 네가 갈 수 있도록 길을 열어 주는
것은 당연한 것이거늘,
21 너희가 갈 수 있어도 남이 가는 것이
싫어서 절대 그와 같이 하지 않는 것
이 나의 백성들이니,
22 과연 나 여호와가 너희들을 어찌 보
며, 내가 너희들을 어찌 사랑하며, 어
찌 너희들에게 모두를 내려 주고 무엇
을 줄 수 있단 말이더냐?
23 너희들은 짐승만큼도 생각하지 못하
고 살아감이니, 차라리 너희들이 몰라
서 그렇다면 나 여호와는 너희들에게
이 아픈 마음을 전하지 아니할 것이니
라.
24 너무나 잘 알고 모두를 아는 자들이
역으로 행하지 아니하여, 남에게 베풀
며 남의 도움이 되는 것이 싫어서 제
가 힘든 것은 하지 아니하는 자들이
니, 이와 같은 백성들을 보는 내 마음
이 어떠하겠느냐?
25 그저 저희들이 살아가기 위하여 힘을
합쳐 남에게 베풀며 가면, 제가 그 신
세를 지고 그 은혜를 입을 수 있다는
걸 그대로 행하고 지키는 자,
26 기러기와 같은 자, 그리고 짐승들이
집단 행동하는 것, 그것 하나만큼도
지혜롭지 못한 것이 너희들이라면,
27 내가 가장 높은 지혜로 그들을 다스리
게 하여 너희들을 만들며, 동물의 제
왕으로서 존재하도록 만든 너희들의
그 행위를 보는 내 마음이 어떠하겠는
가를 생각해 보았느냐?

9,427 번째 하나님 말씀

2004년 2월 1일 01시 48분

1 사랑하는 나의 아들아!
2 "네, 아버님! 말씀하옵소서."

3 나의 법전을 만들어 세상에 전하는 데
부름을 받은 백성 너희들의 마음 자세
가 과연 어떠한지 알겠느냐?
4 내가 너희들은 하나가 되라 하였으니,
하나가 되는 것은 하나의 육신을 의미
함이니,
5 과연 그와 같은 자들이 너희 자신의
어디를 탓하며, 너희들이 누구를 욕할
수 있다 할 수 있겠느냐?
6 그러나 지금 서로 시시비비하고 너희
들이 하나의 마음이 되지 못하는 것은
무엇이더냐?
7 너희들이 과연 나로부터 나의 법전을
만들어 만백성을 구하는 대명을 받고
부름을 받은 것이 얼마나 귀중하고 소
중한 것이요,
8 그 명을 지키며 그를 역사하기 위해서
너희들이 어찌 가야 되는 것인가를 생
각하는 백성들이며,
9 너희들이 과연 나의 아들을 따르는 제
자들이란 말이더냐?
10 너희들은 그 소중함과 위대함도 머릿
속에 기억하지 않는 백성들임을 알아
야 될 것이니라.
11 너희들이 하나가 되지 못하는 것은 무
엇이더냐?
12 첫 번째는 나의 법전을 만들며 부름을
받은 것이 영광이요, 축복이요, 위대
한 대명이라는 것을 모르는 자요,
13 두 번째는 너희들이 나의 법전을 만들
기 위하여 작은 것은 다 덮어 주고 다
스려 나가야 되거늘,
14 작은 욕심이요, 제 생각의 그 욕심을
버리지 못하고 저에게 모두를 맞추다
보니 너희들이 하나가 될 수 없는 것
이니라.
15 그저 너희들에게 말 한마디 하는 것,
네 앞에 행동 하나 하는 것, 그와 같은
것을 네 마음이요, 네 감정에 비추어
모두를 평가하고 다스림이니, 너희들
이 하나가 될 수 없는 어리석은 백성
들이니라.
16 네 앞에서 물을 엎지르면 어떠며, 밥
그릇을 엎으면 어떠며, 넘어져서 너희
가 가지고 있는 소중한 것을 깨면 어
떠하더냐?
17 그것은 법전을 만드는 것에 선택된 백
성들의 은혜를 생각한다면 다 부질없
는 것이거늘,
18 그 작은 것에 연연하여 지금 너희들이
그 감정을 버리지 못하며 마음의 상처
받음을 버리지 못함이니,
19 그리하여 너희들이 하나가 되지 못하
며 하나가 될 수 없는 어리석은 백성
들이니라.
20 그러니 너희들이 과연 나의 법전을 만
드는 대명에 부름을 받은 그것으로써
작고 큰 그 모두를 다 접어 둘 수는 없
는가?
21 160권의 법전이 세상에 나오는 그 길
에 참여하는 너희들이 얼마나 소중하
고 위대한 백성인지를 안다면,
22 작은 감정을 가지고 너희들의 앞에 있
는 너희 형제요, 법전을 만들며 더불
어 역사하는 나의 아들을 따르는 제자
들 너희들은 얼굴을 붉힐 수가 없음이
니,
23 그것이 네 욕심을 버리지 못하며, 너
를 버리지 못했으며, 너를 비우지 못
하였기에,

24 제가 먼저이며 저를 먼저 생각하는 그
와 같은 마음에서 하나도 변한 것이
없으며 거듭난 것이 없음을 알라.
25 그를 부끄러운 줄 아는 너의 제자들이
되어야 될 것이라 그리 전하며,
26 너의 제자들에게 이와 같은 의미요,
깨우침을 손에 쥐여 주듯이 가르쳐 주
도록 그리하라, 사랑하는 나의 아들아!

9,428 번째 하나님 말씀

2004년 2월 1일 01시 53분

1 사랑하는 나의 아들아!
2 "네, 아버님! 말씀하옵소서."
3 너희들이 험악하게 파도가 치는 무서
운 바다요, 그와 같은 파도가 바다를
지배할 것같이 생각하는가?
4 절대 그렇지 못함이니라.
5 그 험악한 파도는 영원히 제가 그를
지킬 수 없으며 그를 역사할 수 없으
며, 언젠가는 모두가 다 저 스스로 조
용히 무너짐이니라.
6 그러나 조용히 말 없는 그 바다야말로
그 속에 있는 모든 생명체를 보호하고
가슴에 안으며, 잔잔함 속에서 모두가
다 역사하고 갈 수 있는 그 위대함이
거기에 있음이니라.
7 지금 모든 종교 집단이 성난 파도가
치는 바다와 같은 마음으로 나의 진리
를 깨우치며 하늘에 오르는 길이라 그
리 말하나, 결국 거기에는 참진리가
있는 것이 아니며 나의 뜻이 아님을
알라.
8 너희들은 조용히 그저 말없이, 물이
흐르듯이 그리 나의 법전을 전하며 모
두 역사하는 것이 너희들이 가야 할
길이며, 또 반드시 그리 가야 함이니
라.
9 참진리가 세상에 전해짐이니, 파도처
럼 요란하며, 부술 것처럼 부닥치는
그와 같은 형국으로써 참진리가 전해
질 리 없으며,
10 참진리요, 복음은 그와 같은 방법으로
써 전해지지 아니한다는 걸 알라.
11 조용한 바다가 바닷속의 모든 생명체
를 보호하고 끌어안고 있듯이, 너희들
은 조용히 보이지 않는 곳에서 요란하
지 아니한 그와 같은 상태 속에서 나
의 법전을 만들어 세상에 전하며,
12 그저 물이 높은 데서 낮은 곳으로 흐
르는 그 원리대로 모두가 역사한다는
것을 알아야 될 것이니라.
13 잘못된 믿음의 종교 집단 그들이 지금
성난 파도처럼 그리 설치고 너희들을
무너트리려 할 것이며, 나의 아들의
가슴에 화살을 쏘고자 하는 그와 같은
행위를 할 것이니라.
14 그러나 그들은 결코 오래 지탱하지 못
하며 너희들을 이길 수 없음이니라.
15 물 흐르듯이 조용히 미소 속에서 역사
하는 너희들의 그 모습에 그 누구도
이길 자가 없으며 당할 자가 없으며,
16 나의 아들을 따르는 그 백성들이 그리
한 발짝 한 발짝 나가는 것이 모두를
승자로 이끄는 길이요,
17 너희들이 그저 달리고 부닥치고 넘어
지며 가는 것만이 목적지에 빨리 가는
것이 아님을 알아야 될 것이니라.
18 사랑하는 나의 아들딸들아! 그와 같
은 방법으로써 나의 법전이 세상에 전

해지며 모두가 역사하는 것은 참진리
요, 창조주 나의 뜻이기 때문이니 그
리 알라.
19 그리 너희들 제자와 나의 법전을 읽고
깨우친 만백성 너희들은 이를 깨우쳐
야 될 것이니 그리 알라.

9,429 번째 하나님 말씀

2004년 2월 1일 07시 20분

1 사랑하는 나의 아들아!
2 "네, 아버님! 말씀하옵소서."
3 많은 백성이 너를 찾아오며 네 앞에
왔다 하나, 정녕 모든 백성을 구하며
역사하는 자는 네가 160권의 법전을
기록함에 있어서 거기에 수록되는 자,
거기에 이름이 남는 자라 내가 그리
말하였으니, 이것은 무엇을 의미하느
냐?
4 너희들이 마지막까지 견디고 남아 있
는 자를 말하며, 끝까지 변하지 않는
그와 같은 삶을 사는 백성을 의미하는
말이 아니더냐?
5 그러니 너희들은 나의 법전에 기록되
어 그 이름이 영원히 남도록 그와 같
이 마음의 변화가 없이 가는 것이 너
희들이 나의 뜻을 따르는 것이요, 나
의 뜻을 역사하는 백성임을 알아야 될
것이니라.
6 그렇지 못한 자들은 아무리 오늘 믿음
이 높으며 너희들이 나의 법전에 모두
를 다 바쳐 역사한다 해도, 영원히 남
을 수 있는 이름이 아님이니,
7 거기에 기록되는 백성이야말로 영원
히 나의 뜻에 따라 역사하는 백성이라
함을 내가 말한 뜻을 너희들은 알겠느
냐?
8 이와 같은 깊은 의미를 너희들이 새겨
둬야 할 것이며 그를 너희들은 알아
둬야 될 것이니, 이를 잊지 말고 행하
도록 그리하라, 사랑하는 나의 아들딸
들아!
9 지금 나의 백성들이 살아가면서, 그리
고 너희들이 나의 법전을 읽고 깨우쳐
가면서 그리 말하느니라.
10 나의 법전을 높이 들고 그는 뭐라 말
하느냐?
11 이는 도덕책과 같은 것이요, 그저 잘
살라는 것이라 하니, 너희들이 도덕책
과 같다고 하는 것은 무엇이더냐?
12 이는 누구나 지을 수 있으며 인간이
바르게 살 수 있도록 지어낸 책이라
그리 말하는 것이 아니더냐?
13 그러니 너희들의 마음이 열리고 귀가
열린 자와 열리지 않은 자의 그 뜻이
그러하니라.
14 그저 나오는 생수요, 먹고 마시는 그
물은 누구나 마음대로 마시며, 누가
통제하여 마시지 못하도록 하는 그러
한 한계가 거기에 있는가?
15 그저 대가 없이 마실 수 있는 것이 내
가 내린 생수요, 물이 아니더냐?
16 그러니 그 물을 마시는 것을 너희들이
통제할 수 없으며 다스릴 수 없음이
니, 그 물은 누구든지 갈증 있는 자는
편안하게 마음대로 필요할 때 마시느
니라.
17 그것을 마시는 것은 누구나 다 똑같은
권리가 있으며 자격이 있으며 방해하
고 막는 자 없으니, 너희들이 필요할

때 마실 수 있는 것이 생수요, 물이라
하지 않느냐?
18 그러나 생수요, 물을 마시는 것도 어
떠한 사람이 마시느냐에 따라서 변화
가 되지 아니하느냐?
19 가축이 그 물을 마심으로 해서 너희들
에게 무엇을 주느냐?
20 너희들의 삶의 재료로써 사용됨이니
라.
21 그러나 독을 품는 그와 같은 것이 마
셨을 때 그 물은 무엇을 만든다 하느
냐?
22 독소를 만든다 하지 아니하였더냐?
23 그러니 너희들이 나의 법전을 읽고 깨
우치는 것도 너희들의 마음이 열림으
로써 나의 법전의 의미를 알게 됨이니
라.
24 지금 내가 모든 백성들을 깨우치며 그
들이 알아들을 수 있는 그와 같은 것
으로써 전함이니,
25 너희들이 말하는 도덕책과 같은 이야
기요, 의미가 없는 이야기요, 그리고
수준이 낮은 이야기라 그리 말하고 생
각할 수 있으나,
26 너희들은 그 낮은 속에 위대함이 있는
것을 모르는 것이니라.
27 그리고 낮은 곳에 있는 자의 위대함을
모르는 것이니라.
28 너희들에게 뭐라 말하였느냐?
29 너희들이 남으로부터 존경을 받고자
하면 존경하는 것부터 배우며, 너희들
이 높은 자가 되고자 하면 낮은 자가
되는 것부터 배우라 하였음이니,
30 너희들은 낮은 자의 위대함이 얼마나
소중한가를 모르느니라.
31 낮은 것 속에서 너희들이 깨달음이 있
으며, 변화의 역사의 힘이 있는 것이
며, 창조의 능력을 보여 주는 것임을
알아야 될 것이니라.
32 그러니 나의 법전을 가지고 너희들이
생각하는 것도, 이를 듣고 깨우쳐 바
로 설 수 있는 백성과 바로 서지 못하
는 백성, 나로부터 선택된 백성과 선
택되지 못한 백성들이 있는 것은,
33 너희에게 필요한 가축들이 물을 마시
는 것과, 독소를 만드는 것이 그 물을
마시는 것처럼 그와 같이 무서운 차이
가 있음을 알아야 될 것이니,
34 누구도 열어 줄 수 없는 너희들의 마
음의 문을 열고 나의 법전을 접하여
읽고 깨우치도록 그리하라.
35 그리했을 때 그 모두를 알 수가 있음
이니라.
36 너희들이 아무리 낮은 것이요, 도덕책
과 같다 해도, 써서 내린 이요, 전한
창조주 내 마음을 알며 부모의 마음을
알고자 하는 자,
37 그가 효도하는 효성스러운 자라 하였
으며, 효도하는 길을 안다 하듯이,
38 너희들이 나의 법전을 내리는 그 뜻과
의미를 음미하면서 나의 법전을 읽을
때, 너희들은 감히 도덕책 같은 이야
기요, 수준 낮은 이야기요, 그저 누구
나 다 할 수 있는 이야기요, 누구나 들
을 수 있는 이야기요, 어느 장소나 접
할 수 있는 이야기라 할 수 없음을 너
희들은 알아야 될 것이니라.

9,430 번째 하나님 말씀

2004년 2월 1일 07시 25분

1 사랑하는 나의 아들아!
2 "네, 아버님! 말씀하옵소서."
3 알지 못하는 것이 얼마나 무섭고 두려
운지를 모르고 얼마나 용기 있는 행위
를 하는 것인지 알겠느냐?
4 그러니 알지 못하는 것이 얼마나 무서
운 일을 저지르며 어떠한 행위가 이루
어지는 것인지, 그것을 알아야 되는
것이 너희들임을 알아야 될 것이니라.
5 알지 못하고 무서움을 모르며 행하는
자가 용기 있는 것 같으나, 그것은 어
리석음의 소치임을 너희들이 알아야
될 것이니라.
6 확실히 알지 못하면서 그것을 가르치
고 그 길을 인도하는 것, 그리고 그와
같은 역사를 하는 것은 결국 무엇이더
냐?
7 인간 세상에 살아가면서 자신이 알지
못하고 가는 자는 결국 실패의 연속이
아니더냐?
8 적을 알고 자기를 알아야 너희들이 대
비를 할 수 있듯이, 세상의 모두를 알
고 가는 자는 실패가 적으며, 알고 있
는 자는 실패가 있다 해도 대응책이
있으며 그 불행에서 벗어날 수 있는
것이니라.
9 그러니 지금 나의 사랑하는 백성들이
하늘에 오르는 길이요, 믿음의 길이라
하여 가면서 그를 알지 못하며 나 여
호와의 뜻이 무엇인지 알지 못하기에,
10 얼마나 무섭고 두려운 길이요, 잘못된
길을 가고 있는지를 모르며,
11 너희들이 맹종 맹신하는 그 용기가 다
만용이라는 것을 알아야 될 것이니,
12 이를 아직 모르고 있는 백성들을 깨우
치는 것이 너희들이 가야 할 길이니라.
13 더욱이 거듭나는 너희들의 영혼을 위
하여 살아가는 것, 그리고 나로부터
새로운 생명을 얻어 태어나 나와 더불
어 영원히 존재할 수 있는 나의 나라
에 오고자 하는 백성들이 확실히 알지
못하고 가는 것이라면 얼마나 불행하
고 불쌍한 백성이란 말이더냐?
14 확실히 알지 못하기에 너희들이 용감
한 것이니라.
15 그리하여 확실히 알지 못하기에 너희
들이 구원을 받은 자라 말하며 나에게
오를 수 있는 백성이라 그리 말함이
니, 너희들이 모르기에 얼마나 소중하
고 귀한 것을 다 잃고 가는가?
16 너희들이 육의 세상에서 그 삶에 의하
여 모든 점수를 받음이라 했으니, 그
시간이 영원히 기다려 주는 것이 아니
요, 영원히 지속되는 것이 아니니, 그
것이 얼마나 소중하고 귀하단 말이더
냐?
17 너희들이 지금 마시지 아니하면 살 수
없는 물을 그저 작은 그릇에 담아 놓
고 그것을 마셔야 너희들이 산다면,
그 물을 얼마나 귀하고 소중하게 알겠
는가?
18 너희들이 그를 함부로 퍼 마시며 함부
로 쓸 수 있단 말이더냐?
19 그보다 더 소중하고 귀한 것이 너희들
의 정해진 그 생명이니, 너희들의 생
명이 살아 있는 그것이 그릇에 담겨
있는 너희들이 마실 수 있는 생수와

무엇이 다르단 말이더냐?
20 너희들이 나에게 와 심판을 받는 것은
정해져 있으니,
21 그 그릇에 담겨 있는 것을 소모할 때
모두가 끝나니, 너희들이 그를 함부로
쓰며 남용하는 것이 얼마나 만용인 줄
알겠느냐?
22 너희들이 그 소중한 것을 함부로 쓰는
것을 지금이라도 깨우치지 아니하면
아니 될 것이니라.
23 그를 깨우쳐 소중히 관리하고 쓰면서
너희들이 진정한 믿음의 길을 찾는
것, 하늘에 오르는 길을 볼 수 있는 그
역사가 필요함이니라.
24 어찌하여 너희들은 모르면서 무식하
면서 그리도 용감하며 그리도 자신 있
게 살아간단 말이더냐?
25 그러니 이제 나의 법전을 읽고 깨우치
는 백성들이요, 그리고 나의 법전을
접한 백성 너희들은, 세상은 나 여호
와의 뜻에 의해 모두가 존재함이니,
26 이를 내보내는 이의 뜻이 무엇인가를
알고자 한다면, 이를 정성을 들여 읽
으면 너희들은 세상의 이치와 모두를
다 알게 되며, 하늘에 오르는 길을 볼
수 있는 영광을 얻게 됨이니,
27 함부로 행동하지 말며, 함부로 말하지
말며, 살아 숨 쉴 수 있는 이 시간을
함부로 쓰지 말라 그리 전하라, 사랑
하는 나의 아들딸들아!
28 정해져 있는 것이요, 쓰면 소모되며
다시 돌아오지 아니하며 보충되지 아
니하는 것이 너희들의 정해진 생명이
니,
29 내가 그릇에 생수를 담아 너희들에게
이를 먹고살라 하여 각자 그 그릇을
주었음이니, 그걸 함부로 낭비해서는
아니 되는 것이니라.
30 그 어리석은 삶을 살지 말도록 너의
제자들과 많은 백성들에게 전하도록
하라, 사랑하는 선택된 나의 아들딸들
아!

9,431 번째 하나님 말씀

2004년 2월 1일 07시 32분

1 사랑하는 나의 아들아!
2 "네, 아버님! 말씀하옵소서."
3 너를 따르는 사랑하는 그 제자들이요,
나의 법전을 읽고 깨우친 만백성 너희
들은 모든 것에서 벗어나야 되며 모두
를 다 초월해야 되느니라.
4 그와 같은 역사를 이루지 아니하면 나
의 법전이 세상에 나가 만백성을 구하
는 그 역사를 이룰 수 없음이니라.
5 그러니 모두를 벗어나고 모두를 초월
하는 그와 같은 삶을 살도록 목숨을
바치고 마음을 다 바쳐 너희들이 변화
되는 삶을 살지 아니하면 아니 되느니
라, 사랑하는 나의 아들딸들아!
6 그것이 너희들이 가야 할 길이며 너희
들이 역사해야 할 길이라는 것을 알아
야 될 것이니라.
7 모두를 벗어나지 못하며 초월하지 못
한다면 과연 너희들은 일반 백성들과
무엇이 다르며, 지금 더 얻고자 소원
하는 기도를 하며 경배하면서 거래하
고자 하는 자들과 무엇이 다르며, 너
희들이 그들과 무엇이 다르단 말이더
냐?

8 그러니 너희들은 모두를 초월하고 모
두를 넘어야 됨을 알아야 될 것이니라.
9 이 세상에 너희들이 살아가는 속에 악
과 선이 같이 존재한다 했으며 너희들
이 어느 것을 잡느냐 하는 것이 가장
중요하다 했음이니라.
10 그러니 너희들이 모두를 벗어나고 초
월하는 그와 같은 삶을 살지 아니한다
면 너희들은 악의 고리를 잡는 것이
요, 악의 끈을 잡는 삶을 사는 것이요,
11 그러니 내가 너희들에게 이 세상에 널
려 있는, 그리고 이 세상에 퍼져 있는
선과 악의 그 끈 중에서 선의 끈만 잡
아 거둬들일 수 있는 그와 같은 삶을
살라는 것이며, 그와 같이 살지 아니
하면 아니 되는 것이니라, 사랑하는
나의 아들딸들아!
12 그리하기 위해서는 너희들이 모두를
다 초월하며 누구도 뛰어넘을 수 없는
그 선이요, 그 한계를 넘지 아니하면
아니 됨이니라.
13 너희들은 그리 가야 되며 그 길을 가
야 하는 것이니라.
14 그 길이 어렵고 힘든 것이나, 너희들
이 생각하기에 달렸으며 마음 한자리
다스리기에 달렸음이니라.
15 사랑하는 나의 아들아, 너는 먼저 그
모두를 초월하고 넘어야 되며, 그 누
구도 넘을 수 없는 그 험준한 길을 가
고 넘어야 되는 것이니라.
16 그건 결국 너희들이 생각하기에 달렸
느니라.
17 험준하고 힘든 길이라 해도 너희들이
자연과 더불어 가는 길이요, 즐겁고
행복하다 생각하면 평탄한 길을 가는
것과 무엇이 다르단 말이더냐?
18 가다 힘들고 어려우면 쉬었다 가면 되
는 것이요, 내가 너희들에게 쉬지 못
하도록 하는가?
19 그리고 너희들이 자유의지대로 모두
를 행동하지 못하도록 나 여호와가 속
박하는가?
20 모두는 다 너희들이 역사할 수 있음이
니라.
21 그러니 너희들이 이 세상에 접해 있는
모든 악과 선 중에서 모두를 초월하는
그와 같은 삶을 사는 자는 선과 악의
그 끈을 알게 됨이니,
22 그를 구분하지 못하기에 너희들이 잡
는 것은 그저 악의 끈이요, 악의 고리
만 잡아 둠이니,
23 그리하여 그와 같이 모두를 초월하라
함이니라, 사랑하는 나의 아들딸들아!
24 모두를 초월하면 선과 악으로 연결된
그 끈을 너희들이 잡을 수 있으며 그
를 다스릴 수 있음이니,
25 지금 너희들이 모두를 초월하지 못하
고, 남이 넘을 수 없는 그 한계를 넘지
못하고 그들과 똑같은 삶을 산다면,
26 정녕 어떠한 것이 악과 연결된 고리
요, 선과 연결된 고리인지 그를 구분
하지 못함이니, 악의 고리를 잡는 불
쌍한 나의 백성들의 삶을 사는 것이라
그리 전함이니라.
27 사랑하는 나의 아들딸들아, 모두를 넘
고 모두를 초월하라.
28 한 번만 너희들이 그리 행하고 지키고
나가면 그 길보다 더 행복하고 아름다
운 것이 없으며, 모두를 행하지 못함
이 없으며, 뛰어넘지 못함이 없는 것

이니라, 사랑하는 나의 아들딸들아!

9,432 번째 하나님 말씀

2004년 2월 1일 07시 38분

1 사랑하는 나의 아들아!
2 "네, 아버님! 말씀하옵소서."
3 네가 나의 성령을 받아 기록하여 만백
성에게 전하며, 또한 이를 기록하는
선택된 너의 제자들에게, 모두를 벗어
나며 초월하지 못하여 그 고통스러운
눈물을 흘리지 말라 그리 전하라.
4 너희들은 그 길을 다 역사할 수 있으
며 그 길을 갈 수 있음이니라.
5 위대한 나무요, 모든 짐승들에게 안식
처를 주며 인간에게 쉼터를 제공해 주
는 아름드리나무도 결국 씨앗으로써
그 뿌리부터 시작하여 성장하지 아니
하느냐?
6 서서히 성장하여 바로 큰다면 그는 모
든 날짐승들의 안식처가 되며 인간에
게도 쉼터를 줄 수 있는 그와 같은 나
무로 성장하는 것이 아니더냐?
7 그러니 너희들은 여기서 알아야 될 것
이니라.
8 나의 아들이요, 나의 아들을 따르는
제자 너희들은 나 여호와가 곁가지를
쳐 주며 물을 주며 양분을 주며 내가
다스려 감이니,
9 너희들은 곧고 바른 나무로 성장할 수
있으며, 만백성이 쉴 수 있는 그와 같
은 안식처로서 너희들이 성장하는 것
은 당연함이니,
10 오늘 이 시간부터 너희들은 서서히 성
장하는 것이라는 것을 알라.
11 너희들은 씨앗이 뿌려졌으니, 이제 노
란 싹이 나오며 성장함이니, 그 성장
하는 것을 관리하고 양분과 물을 주고
보호하는 것이 나 여호와이니,
12 너희들은 반드시 아름드리나무로서
모든 날짐승의 안식처가 되며 인간의
쉼터가 될 수 있도록 성장하고 변한다
는 것, 그것을 굳건히 믿도록 그리하
라.
13 창조주 나 여호와가 너희들을 관리함
이니, 필요 없는 가지는 잘라 낼 것이
며, 필요 없는 것은 내가 다 정리하고
다스려서 너희들이 아름답게 성장할
수 있도록 나 여호와가 관리한다는 것
을 먼저 믿으라.
14 내가 모두를 키우는 것이니, 너희들은
지금은 미약하나 서서히 성장하여 그
역사의 위대함은 너희들도 모를 만큼
역사한다 하였으며,
15 '나 자신이 이와 같은 능력과 이와 같
이 모든 것을 겸비한 사람인가!' 그리
너희들이 놀라는 그 시대가 올 것이라
하지 않았느냐?
16 비바람이 불어도 꺾어지지 아니하며
부러지지 않는 나무만큼 성장할 때 너
희들이 그를 느끼게 될 것이니라.
17 너희들이 꺾이지 않을 때까지, 어떠한
형국에도 뽑히지 않으며 부러지지 아
니할 정도로 창조주 나 여호와가 너희
들을 기르고 관리하고 보호하고 있음
이니,
18 정원사가 나 여호와이니 걱정하지 말
라.
19 게으른 정원사도 아니요, 나무의 생태
를 모르는 정원사도 아니니라.

20 불어오는 바람을 막을 수 없는 인간의
정원사가 아니요, 비바람이 불어올 때
그를 막을 수 있는 하늘의 나 여호와
가 너희들의 정원사를 하고 있음이니,
걱정하지 말며 두려워하지 말라.
21 그것이 너희들이 다른 점이라는 것을
알라, 사랑하는 나의 아들딸들아!
22 너희들은 내 품에서 내가 필요한 양분
이요, 그 모두를 주면서 관리하고 기
르고 있으니, 정원사 나의 손에 있음
을 알라.
23 그것이 영광이요, 축복이요, 다른 점
이니, 마음의 긍지를 가지며 자부심을
가지며,
24 만백성과 너희들은 차별화되어 있으
니, 오늘의 너희들이 조금씩 변하는
것이 나무가 자라는 것임을 알라.
25 하루를 자란들 그 나무의 자람이 보이
며 성장함이 보이더냐?
26 그와 같이 나 여호와요, 정원사가 너
희들을 잘 가꾸고 기르고 있으니, 자
신과 용기를 갖고 가도록 하라, 사랑
하는 나의 아들딸들아!
27 이것이 내가 너희들에게 내려 주는 상
이니라.

9,433 번째 하나님 말씀

2004년 2월 1일 07시 49분

1 사랑하는 나의 아들아!
2 "네, 아버님! 말씀하옵소서."
3 지금 나의 성경을 갖고 공부하며 그것
으로써 하늘에 오른다 하는 백성들은
그 내용을 수없이 읽었으며 저희들이
몇백 번을 읽었다 말하느니라.
4 그러나 그를 읽은들 무엇하는가?
5 내가 내려보내 성경에 기록된 그 내용
은 너희들이 읽을 줄은 아나, 내려보
낸 나 여호와의 뜻은 읽을 줄 모르니,
6 너희들이 정녕 어찌 바른길이요, 바른
깨우침을 전했다 하느냐?
7 너희들이 인간 세상에 살아가면서 상
식을 배양하는 그 책을 읽는 것도 무
엇이더냐?
8 너희들이 그 책을 읽은들 무엇하겠느
냐?
9 읽으면서 그 속에서 나타내고자 하는
것, 그가 말하는 그 속에 담겨 있는 뜻
을 알지 못하고 책을 읽는다면 과연
무엇하겠느냐?
10 그 책은 너희들에게 진정한 양식이 되
지 아니하며, 너희들이 진정한 깨달음
을 얻을 수 없는 것이니라.
11 더욱이 나에게 오르는 백성들이요, 그
리고 구원의 길을 온다는 백성 너희들
이 비유의 뜻으로써 내려보낸 나의 성
경을 읽을 줄은 아나, 내가 너희들에
게 원하며 바라는 나의 뜻을 읽을 줄
모르는 너희들이 되어 있음이니,
12 오늘 이와 같이 잘못되어 있음이라 내
가 말하지 않느냐?
13 이제 나의 아들을 따르는 백성들이요,
나의 법전을 접한 백성 너희들은 나의
법전을 읽고 깨우칠 때, 너희들이 그
속에 있는 나의 뜻을 읽을 줄 아는 그
와 같은 백성으로 되어야 됨이니 그리
알라.
14 그렇지 아니하면 정녕 너희들은 내 뜻
을 알 수 없는 것이니라.
15 너희들의 구원도 마찬가지라 하지 아

니하였느냐?
16 너희들이 나의 아들 예수의 보혈로 구
원을 받으며, 나를 찾는 것으로써 구
원을 받고자 한다면, 그리고 구원을
받았다 말하는 백성 너희들,
17 그렇다면 나 여호와의 뜻을 먼저 이해
해야 될 것이며, 그리고 예수가 세상
에 나가 그와 같은 어렵고 힘든 그 길
을 걸어온 것, 그 자체의 뜻과 의미를
아는 백성이 먼저 되어야 됨을 너희들
은 알아야 될 것이니라.
18 너희들은 어찌하여 그는 소중한 줄 알
면서, 창조주 나 여호와가 나의 뜻을
전하고자 하는 것은 알려 하지 아니하
고 들여다보지 아니하려 하는가?
19 이것이 오늘의 잘못된 믿음임을 알아
야 될 것이니라.
20 내가 내려보낸 나의 뜻이요, 나의 생
각을 너희들이 알고자 노력하지 아니
하며 거기에 접근하지 아니한다면, 결
국 너희들은 내가 이루고자 하는 그
뜻을 알 수 없는 것이며,
21 그저 책에 쓰인 글은 읽을 줄 아나 내
뜻을 모르는 어리석은 백성들이니라.
22 지금의 모든 종교 집단 너희들이 한
계단만 더 오른다면, 그리고 너희들이
조금만 더 생각할 수 있는 믿음의 길
을 가고 있다면 너희들은 그 모두를
알 수 있을 것이니라.
23 그러나 모든 종교 집단이요, 지도자
너희들은 이해관계에 빠져 있으며 제
품삯을 건지는 데 정신이 없는 그와
같은 자들이요,
24 그리고 각종 헌금을 바친 자 또한 종
교 지도자가 품삯을 챙기는 데 연연하
듯이, 너희들이 갖다 바치고 헌금한
것에 대한 대가를 찾고, 작은 일을 역
사하며 그 대가는 크게 바라는 그와
같은 마음에 지금 젖어 있으니, 거기
에 모두를 다 맞추고 가니 무엇을 알
겠느냐?
25 거기에 진리가 있느냐?
26 거래하고 거래하며 물건을 사고파는
그와 같은 형국이 오늘의 믿음이니,
그를 보는 나 여호와의 가슴이 얼마나
아픈지 알겠느냐?
27 이제 글을 글로써 읽는 것이 아니요,
그 글을 쓴 사람의 그 뜻과 의미를 파
고들어 가 그 속에 젖어 보는 것, 그
사람이 되는 것, 그와 같은 마음으로
책을 접하고 읽을 때,
28 너희들은 한 권을 읽는다 해도 단 한
번을 읽는다 해도 깨달음을 얻으며 읽
는 그 모든 의미를 알고 가치를 얻게
될 것이니라.
29 그러니 나의 성경을 접하는 백성, 나
의 법전을 접하는 백성은 글로써 나의
책을 읽어 소설책이요, 그저 누구나
다 쓸 수 있는 책이요, 시중에 널려 있
는 그와 같은 책이라 말하기 전에,
30 그와 같은 내용을 내려보낸 나를 읽을
수 있으며, 내 마음을 알 수 있는 마음
으로 나의 법전을 읽고 접하며,
31 그와 같은 마음으로써 살아가도록 그
리하면 모두를 얻을 수 있을 것이니
그리 알라, 사랑하는 나의 아들딸들아!

9,434 번째 하나님 말씀

2004년 2월 1일 07시 53분

1 사랑하는 나의 아들아!
2 "네, 아버님! 말씀하옵소서."
3 나의 성경을 읽고 읽은들 나의 뜻을
생각하지 아니하며 그 뜻을 알지 못하
고 읽는다면 그 읽은 횟수가 무엇이
필요하며, 너희들이 그곳에 빨간 줄,
파란 줄을 쳐 놓고 암송한들 무엇하겠
느냐?
4 아무런 의미가 없다 함을 너희들은 알
아야 될 것이니라.
5 그러니 나의 법전을 읽는 백성 너희들
또한 나의 뜻이요, 나의 생각을 모르
고 그를 알려고 노력하지 아니한다면,
너희들이 나의 법전을 천 번을 읽은들
무엇하겠느냐?
6 지금의 믿음의 길을 가는 백성들과 다
를 것이 하나도 없음이니라.
7 지금의 믿음의 길을 가는 종교 집단이
요, 지도자들의 형태가 어떠한 줄 알
겠느냐?
8 학업에 열중해야 될 학생이 가방을 메
고 학교는 가느니라.
9 그러나 배움에는 관심이 없으며 그저
놀고 불량한 것에만 모두를 다 바치는
그와 같은 학생이 있다면,
10 그 학생이 만일 초등학교부터 성년의
교육을 모두를 다 마칠 때까지 그와
같은 행동으로 살아간다면 그 학생은
무엇이 남겠느냐?
11 그는 불량한 행위요, 그저 놀고 즐기
는 데만 그 모두를 다 바쳤다면, 그 학
생이 무엇을 알며 무엇을 이루며 무엇
을 얻었다 하겠느냐?
12 지금의 모든 종교 집단이요, 지도자
너희들이 그러하니라.
13 가방만 메고 학교에 왔다 갔다 하는
그와 같은 학생과 무엇이 다르더냐?
14 학생은 학생이되, 학생이 해야 할 신
분을 지키지 아니하며 학생으로서 해
야 할 것을 저버리고 행하지 아니함이
니, 그는 바로 놀고먹는 불량한 학생
이요, 잘못된 학생이 아니더냐?
15 그러니 그 가는 세월은 무엇을 잃어버
리느냐?
16 가장 소중한 젊음이요, 가장 소중한
삶의 시간을 모두 낭비하는 데 바치는
것이 아니더냐?
17 오늘의 종교 집단이요, 믿음의 길을
가는 신도, 그리고 지도자 너희들이
바로 그와 같은 학생들과 같으니라.
18 가방만 들고 왔다 갔다 하는 불량 학
생과 같은 것이 오늘의 종교 집단이
요, 지도자이니라.
19 학생은 학생이되 학생의 신분으로서
제 직분을 다하지 못하며 그 역사를
다하지 못하는 자, 그리고 제자리를
지키지 못하는 자, 정녕 학생의 신분
이라도 그가 학생이라고 말할 수 있겠
느냐?
20 그러니 오늘의 모든 믿음의 길을 가는
너희들이 그와 같은 학생과 같은 형국
에 빠져 있으며 거기서 헤어나지 못하
고 있음을 너희들은 알아야 될 것이니
그리 알라.

9,435 번째 하나님 말씀

2004년 2월 1일 08시 00분

1 사랑하는 나의 아들아!
2 "네, 아버님! 말씀하옵소서."
3 이제 모든 믿음의 길을 가는 백성들이
요, 그리고 이방인이라는 백성, 그리
고 나의 아들을 따르는 백성 너희들이
지금 알고 있으며 가고 있는 그 믿음
이 정녕 어떠한 믿음의 길인지 너희들
은 다 알고 있을 것이며 이제 깨달았
을 것이니라.
4 지금의 백성들이 진정한 믿음의 길을
가는 길이 아니요, 그를 역행하는 삶
의 길을 가고 있다는 것을,
5 그리고 나 여호와의 뜻이요, 나의 아
들 예수를 통하여 이루고자 했던 그것
과는 관계없는 그와 같은 길을 가고
있다는 것을 너희들 스스로 잘 알고
있을 것이니라.
6 모든 종교 집단과 지도자 그 신도들이
과연 어떤 길이요, 어떤 길의 믿음으
로 왔느냐?
7 정도의 길을 가기 위해 노력하는 백성
들을 너희들은 밀어붙였으며, 그 길을
가지 못하도록 하는 것이 너희들이었
음이니라.
8 참진리요, 진정한 진리를 깨우쳐 나에
게 오르고자 하는 백성들, 구원을 받
고자 하는 그 백성들을 방해하는 것,
그리고 그 길을 가지 못하도록 하는
것이 너희들이요,
9 또 참진리의 역사가 뿌리내리지 못하
도록 하는 것이 오늘의 믿음이요, 신
앙의 길을 가는 백성 너희들이 한 일
이며, 너희들의 목적이 거기 있다면
과연 믿겠는가?
10 나의 아들 예수의 이름을 부르며, 나
를 찾으며, 정녕 나의 뜻을 위하여 뿌
리를 내리는 진정한 믿음의 길을 가는
것이 아니라,
11 너희들은 남들이 가는 것을 방해하며
참진리가 세상에 내려와 뿌리를 내리
며 역사하고자 하는 것을 다 막고 방
해하는 것이 오늘의 너희들의 신앙의
목적이요, 믿음이 아니었다 말할 수
있느냐?
12 2천 년 전 나의 아들 예수를 통하여
내가 참진리요, 하늘에 오르는 길을
너희들에게 깨우쳐 나의 백성을 구하
고자 했느니라.
13 그러나 너희들이 그를 죽게 하였으며,
그리하여 그가 전하고자 한 진정한 참
진리를 그 제자요, 그 누구도 입을 열
지 못하도록 했으며, 전하지 못하도록
했으며,
14 그를 전하고자 하는 자를 너희들은 살
해하며 죽게 했으며, 단죄하는 그와
같은 사악한 역사가 2천 년 전에 이루
어지지 아니하였더냐?
15 그러니 나의 참진리가 세상에 내려오
는 것을 방해하는 것이 오늘의 신앙이
요, 오늘의 너희들의 믿음이라 할 때,
과연 너희들이 할 말이 있는가?
16 지금 내가 나의 아들을 통하여 160권
이라는 대장정의 법전을 가지고 너희
들을 거듭나는 길로 다시 태어나는 길
로 인도하며,
17 너희들이 심판대 앞에서 울고불고하
지 않는 백성을 만들기 위하여 내가

나의 아들을 통하여 지금 내려보내니,
이를 너희들이 뭐라 말하느냐?
18 사탄의 장난이요, 거짓된 자가 말세에
와서 나의 피조물 만백성을 혼미케 하
는 사악한 자라 하여 종교 지도자들이
나의 법전을 두고 뭐라 말하느냐?
19 이를 보는 순간 너희들은 재앙이요,
이를 보는 순간에 너희들은 지옥행이
니, 이는 절대 보지도 말며 열어 보지
도 말며 듣지도 말며, 그가 하는 강론
을 듣지도 말라 그리 전함이니,
20 2천 년 전, 내 참진리요, 나의 뜻을 전
하고자 한 나의 아들 예수를 죽게 했
던 자들과 무엇이 다르더냐?
21 지금까지 믿음이요, 신앙이라는 것, 2
천 년 동안 흘러온 너희들의 믿음이
요, 신앙의 그 뿌리는 무엇이더냐?
22 진정한 진리가 세상에 내려오지 못하
도록 했으며, 구원을 받고자 몸부림치
는 그 백성들을 밀어붙이는 것, 그리
고 지옥으로 밀어 떨어트리는 것,
23 그것밖에는 한 것이 없는 것이 오늘의
종교 집단이요, 지도자요, 맹종 맹신
하며 구원을 받았다 악을 쓰고 있는
그 불쌍한 백성들이 한 짓이니,
24 여기에 너희들이 토를 달 수 있으며
아니라 말할 수 있으면 말하라.
25 2천 년 전에 너희들의 조상의 뿌리가
그러했으며, 너희들의 신앙의 원천의
샘이 그와 같은 행위를 했으며, 그 후
손이 2천 년을 흘러와,
26 내가 너희를 불쌍히 여겨 나의 아들
예수를 내려보냈듯이, 나의 아들을 세
상에 내려보내어 글로써 증거하며 책
으로 증거하여, 너희들이 보고 듣고
심판할 수 있도록 모두를 내가 역사하
여 내려보내거늘,
27 이것을 나의 아들 예수를 죽였듯이 그
보다 더 짓밟는 사악한 행위를 함이니,
28 너희들은 나의 참진리요, 나의 뜻을
세상에 내려가는 것을 막게 한 자요,
그 뿌리를 내리지 못하도록 하는 자
요, 나를 보고자 하는 백성들을 눈을
멀게 한 자요,
29 그것이 오늘의 너희들의 믿음이요, 신
앙이요, 살아온 목적이요, 그 목적을
위하여 모두를 바치고 살아온 불쌍한
백성들이라면, 너희들이 여기서 할 말
이 있거든 죽어 내 앞에 와 그 답을 제
시하라.

9,436 번째 하나님 말씀

2004년 2월 1일 11시 43분

1 사랑하는 나의 아들아!
2 "네, 아버님! 말씀하옵소서."
3 너희들이 말하기를 나의 계명 중에
'네 부모를 공경하라.'는 그 대목이 있
음이니, 너와 너의 제자들은 어찌 가
르치는가?
4 네 부모를 먼저 공경하며 사랑하는 것
이 나 여호와를 사랑하는 것이요, 나
를 공경하는 것이라 그리 가르칠 것이
니라.
5 그러나 수천 년 동안 지금의 믿음을
가져 온 그 백성들은 뭐라 말하느냐?
6 너희들이 믿음이요, 예수의 보혈이요,
은혜 속에서, 그리고 창조주 나 여호
와 안에서 네 부모를 사랑하고 공경하
는 것이 하늘에 오르는 길이라 그리

가르침이니,
7 너희들이 그를 양손에 놓고 분석해 보
라.
8 같은 말인 것 같으며 부모를 공경하라
는 것은 똑같은 말이나, 정녕 그 의미
가 다름을 너희들은 알아야 될 것이니
라.
9 한쪽은 네 부모를 먼저 공경하고 사랑
하는 것이 나 여호와를 사랑하는 것이
며 나를 기쁘게 하는 길이라 그리 가
르치며,
10 한쪽은 나를 경배하며 나를 믿는 속에
서 그 안에서 부모를 사랑하고 공경하
라 그리 가르침이니라.
11 그러나 내가 말하기를, 너희들이 먼저
네 부모를 공경하고 사랑하는 쪽에 내
가 있음을 알아야 될 것이며, 내 품 안
에서 네 부모를 공경하라는 것이 아님
을 너희들은 알라.
12 내가 나의 아들 예수를 통하여 그가
제자들에게 뭐라 가르쳤느냐?
13 사막에서 죽어 가는 자를 살리는 이방
인의 그 행동이 하늘에 오르는 길이
요, 나에게 오르는 길이라 한 그 의미
를 너희들은 모르고 있는가?
14 내가 하라는 것은, 너희들이 부모를
먼저 사랑하고 공경하는 그 마음에서
나를 믿고 따르는 그 마음이 이루어지
며, 그것이 진실한 마음이라 그리함을
너희들은 어찌 모르는가?
15 너희들이 만질 수 있고 들을 수 있는
길러 준 그 부모를 알고, 볼 수 있으며
같이 생활하는 그 부모에게 효도를 하
지 못하는 자들이, 보이지 아니하고
볼 수 없는 나를 기쁘게 하며 효도를
다한다는 것은 과연 어느 것이 진심이
라 말할 수 있느냐?
16 보지 않으면 믿지 못하는 자들이, 어
찌하여 보이지 않는 나를 공경하는 것
보다 보이는 네 부모를 사랑하고 존경
하며 공경하는 것을 그리 소홀히 생각
하는 마음을 갖고 있단 말이더냐?
17 너희들이 보이지 않는 나를 공경하며
나를 따른다는 것은 오로지 계산된 것
이요, 그 계산된 장삿속에서 부르짖고
있는 자들임을 너희들은 알라.
18 지금 나의 아들이 가르치는 것은, 먼
저 네 부모를 공경하며 이 성전에 와
나 여호와를 경배하는 그와 같은 깨달
음으로 가라 하는 것은 무엇이더냐?
19 그는 모두를 다 드러내는 것이요, 감
추는 것이 없으며, 속이는 것이 없음
이니라.
20 그러나 너희들이 교회요, 법당이요,
성당을 먼저 사랑하며 나 여호와를 먼
저 사랑하며 그리고 네 부모를 사랑하
는 것은, 너희들이 남고 넘치는 것이
있으면 그때 부모에게 갖다 주라는 것
과 똑같은 말이니라.
21 너희들이 사랑이라는 것이 나를 사랑
하는 것이 백이라 하면 백을 다 채우
고 나서 나머지를 네 부모에게 주라는
것과 똑같은 얘기니,
22 너희들은 백이라는 사랑을 절대 채울
수 없으며 행할 수 없는 것이 너희들
이니라.
23 그러니 거기에 무서운 말의 차이가 있
음을 너희들은 알라.
24 너희들이 나에게 채울 수 있는 사랑이
요, 나의 은혜에 보답할 길은 끝이 없

음이니라.
25 너희들의 육의 부모요, 길러 준 부모
에게 감사하고 은혜 갚을 것이 천 가
지라면, 내가 생명을 주며 영혼을 주
어 세상에 내려보낸 것은 만 가지이니,
26 너희들이 큰 것을 채우고 나서 작은
것을 채우기가 쉽더냐, 작은 것을 채
우고 거기서 훈련되고 배우면서 큰 것
을 채우는 것이 옳더냐?
27 나는 여호와이니라, 그리고 창조주이
니라.
28 그러니 너희들이 네 부모에게 채울 수
있는 천 개의 사랑을 다 채우고 나에
게 베풀 수 있는 만 개의 사랑을 다 채
우지 아니해도,
29 네가 네 부모에게 채운 것은 내 만 개
중에 10분의 1을 차지함이니, 거기서
부터 네가 더 채우는 것이 나로부터
사랑을 받는 길이요, 나를 기쁘게 하
는 길이라는 것을,
30 어찌하여 너희들은 이를 역으로 가르
치는 사악한 행위를 한단 말이더냐?
31 모두를 다 채우고 저희들이 배부르고
저희들의 교회요, 성당을 아름답게 꾸
며 놓고 역사한 다음에 남는 것으로
제 부모를 사랑하라 하니,
32 너희들은 백 명이 들어오는 성전에 천
명이 오면 또다시 지으니, 천 명이 들
어올 수 있는 것에 맞추는 것이 나를
사랑하는 것이며 나 여호와의 뜻에 역
사하는 것이라 하니,
33 너희들이 천 명이 들어오는 것을 또
지으려다 보니, 네 부모를 돌아다볼
수 있으며, 네 자식을 돌아다볼 수 있
으며, 네 이웃을 돌아다볼 수 있느냐?
34 이 사악한 자들아! 이것이 잘못된 종
교 지도자들이요, 잘못된 것이라 함을
너희들은 깊이 깨우쳐 깨닫도록 그리
하라.
35 이를 읽고도 깨우치지 못하는 자는 스
스로 지옥문 앞에 가서 몸부림치고 통
곡하는 것이 네 모습이라는 것을 절대
잊지 말라, 사랑하는 나의 아들딸들아!

9,437 번째 하나님 말씀

2004년 2월 2일 07시 57분

1 사랑하는 나의 아들아!
2 "네, 아버님! 말씀하옵소서."
3 이제 나의 성전을 찾아오는 자, 그리
고 너를 찾아오는 자, 그 모든 백성에
게 너는 물으라.
4 '너는 정녕 구원을 받고자 하며, 다시
태어나는 영광을 얻고자 하며, 창조주
인 여호와 하나님께 오고자 하느냐?'
물으라.
5 그리하여 정녕 그들이 그것이 소원이
며 그리 오고자 하는 마음을 갖고 있
다 하며, 꼭 그와 같은 길의 은혜를 입
고자 한다면,
6 나의 성전을 떠나지 말며, 나의 법전
을 가슴에 안고 정독하라 그리 전하라.
7 이제는 나의 법전을 읽고 깨우치는
것, 그리고 나의 법전을 정독하여 내
가 너희들에게 원하는 것이 무엇이며
내가 너희들과 더불어 역사하는 것이
무엇인가를 깨닫고 알아서 그 길을 가
는 백성 외에는 그 누구도 구원을 받
을 수 없다 함을 알도록 그리 전하라.
8 나의 법전을 읽고 깨우치는 백성처럼

그 인성이 고우며 변하고자 노력하는
백성이 세상에 없음이니, 바로 너희들
이 으뜸이며 우등생이 아니더냐?
9 모든 종교 집단이요, 지금의 믿음의
길을 가는 그 백성들은 그 기본의 틀
을 깨고서 생각할 수 없으며 역사할
수 없는 그 골이 깊이 파져 있느니라.
10 모든 종교 집단이요, 그 믿음의 길을
가는 지도자들에게 재물을 걷지 말며
헌금을 받지 말며 제왕적인 자세를 하
지 말라 그리 말하면, 그들은 죽어도
그를 따를 수 없으며 인정할 수 없으
며 그 틀을 깰 수가 없음이니라.
11 제가 지금 재물을 거둬들이고 헌금을
거둬들이고 십일조를 걷는 즐거움 때
문에 믿음의 길을 가며 살아가는 자들
이기에,
12 그것을 해서는 아니 된다 말하면 그들
은 그것을 제쳐 놓고는 지옥이 아니라
불바다를 간다 해도 생각하기 싫어하
며 생각할 수 없으며, 그리 마음을 돌
려놓을 수가 없는 것이 그들이니라.
13 저희들이 죽어 불바다의 지옥을 간다
해도, 오늘 헌금을 받으며 십일조를
받으며 더 큰 교회를 지으며 저희들이
제왕적인 대우를 받는 것이 더 행복하
고 더 큰 영광이요, 꿀맛이기 때문에,
14 그들은 절대 그것을 빼놓고는 생각하
려 하지 아니하며 생각조차도 하지 아
니하려 하니, 그들과 대화할 수 없으
며 너희들과 같이할 수 없는 것이 그
운명이니라.
15 그리고 구원을 받았다는 그 틀에 젖어
있는 나의 백성들, 광신이요, 그저 맹
종 맹신하며, 저희들은 구원을 받은
자요, 구원을 받았다는 그 틀을 버리
지 못하며 깨지 못하면 그들은 아무리
해도 마음을 돌릴 수가 없음이니라.
16 '그대로 있으면 구원을 받으며, 이 길
로 가면 구원을 받는데, 내가 왜 다른
길로 가며 어렵고 힘든 길을 가는가?'
그리하여,
17 구원을 받는다는 것이 그들의 목적이
기 때문에, 구원을 받았다는 생각, 받
을 수 있다는 생각을 버리지 못하는
자들이기 때문에,
18 그들은 절대 너희들과 대화할 수 없으
며 그들의 문을 열 수 없으며,
19 거기에 들어 있는 병을 고치지 않으면
내가 너희들을 통하여 내리는 주옥같
은 나의 성령의 가르침을 그들은 절대
받아들이지 못하며 이해하지 못하느
니라.
20 죽으면 죽었지 그들은 그를 받아들이
려 하지 아니함이니 그리 알라.
21 그러니 너희들이 가는 길이 그리 어렵
고 힘드느니라.
22 그러니 너희들이 그들을 깨우치고 또
그들에게 전달하는 것, 그리고 그들이
스스로 일어서는 것, 그와 같은 것을
그들은 절대 하지 아니하려 하며, 하
지 아니하려 할 것이니라.
23 그러니 너희들이 거둘 자와 거두지 못
할 자를 모두 선별하는 현명함을 얻어
야 한다는 나의 법전에 기록된 내용을
너희들은 알겠는가?
24 절대 그들은 그와 같은 틀을 깨지 아
니하고 대화할 수 없어서 아무리 훌륭
하고 주옥같은 것을 넣어 주어도 아니
되니,

25 이를 읽지 아니하는 자들은 절대 나에
게 오를 수 없으며 깨달을 수 없는 것
이 바로 무엇이더냐?
26 그와 같은 백성들이 나의 법전을 읽고
깨우쳐 문을 열고 변화되지 아니하며
오늘의 그 길을 가고자 한다면,
27 절대 그들은 돌아설 수 없으며 깨우칠
수 없으며 거듭날 수 없는 백성들이라
는 것을 명심하고 또 명심하도록 그리
하라.

9,438 번째 하나님 말씀

2004년 2월 2일 08시 40분

1 사랑하는 나의 아들아!
2 "네, 아버님! 말씀하옵소서."
3 너의 제자가 너에게 물었느니라.
4 다른 세상에 다른 생명체가 모두 존재
하는 것인가, 그리고 과연 다른 백성
은 살고 있는 것인가, 그리고 다음 세
상은 있는가 하는 것을 너에게 물었느
니라.
5 네가 뭐라 말했느냐?
6 보이는 인간의 세상을 생각하지 말라,
보이지 않는 인간 형체의 세상이요,
차원 높은 세상이 있음이라 네가 그리
깨우쳐 주었느니라.
7 지금의 모든 나의 백성들이요, 나의
법전을 읽고 깨우친 백성, 그리고 너
를 따르는 제자들이 지금의 살아가는
한계가 무엇인 줄 알겠느냐?
8 너희들의 지금의 믿음이 무엇이더냐?
9 너희들이 가는 것은 글자가 있는 책만
읽고, 글자가 있는 책이 전부이지 아
니하느냐?
10 형체가 있는 것만 너희들이 보고 읽고
깨우치는 것이니, 글자가 없는 세상을
볼 줄 모르며 글자가 없는 책을 읽지
못하는 백성들이 바로 너희들이 아니
더냐?
11 너희들은 알아야 될 것이니라.
12 너희들이 말하기를 하늘을 두루마리
삼고 바다의 그 많은 물을 잉크로 삼
아 쓰고 또 써도 진리를 다 쓸 수 없으
며 나의 뜻을 기록할 수 없는 것이라
하였음이니,
13 너희들이 글로써, 책으로써 만들어서
깨우치고자 전하는 그 양이 과연 얼마
나 되겠느냐?
14 그러니 너희들이 형체를 보는 것으로
써 깨닫는 것이 얼마나 된단 말이더냐?
15 그러니 보이지 않는 하늘의 진리가 너
희들이 글로써 만들어 낸 것보다 얼마
나 더 위대하고 방대한 줄 알겠느냐?
16 오늘의 모든 종교 집단이요, 지도자들
이 형체가 있는 저희들이 읽고 볼 수
있는 글만 가지고 하늘에 오르는 길이
요, 믿음이라 몸부림치고 있음이니,
그들이 아무것도 알지 못하며 내 뜻을
알지 못하며 잘못 가는 자들이라 그리
하였음이니라.
17 써도 써도 다 못 쓰는 그 많은 하늘의
진리가 책으로 내려온 것이 과연 얼마
나 되며,
18 너희들이 말하는 66권의 성서요, 구
약이요, 신약이라 하는 것, 과연 그것
이 나의 진리를 얼마나 전하고 깨우친
다 생각하는가?
19 그러니 너희들이 보이는 글로써 읽을
수 있는 책에 기록된 내용만 볼 줄 알

며, 기록되지 아니한 그 위대한 책을
볼 줄 모르기 때문에 변화되지 못하며
깨우치지 못함이니라.
20 내가 지금 나의 뜻이라 하여 나의 아
들을 통하여 내리는 160권의 법전이
내가 너희들에게 하늘에 오르는 길을
깨우치는 것이지, 하늘에 오르는 길이
요, 구원의 길이 아니라 함을 너희들
은 알겠느냐?
21 나의 법전에 기록된 내용이 하늘의 뜻
에 얼마나 되겠는가?
22 너희들이 헤아릴 수 없이 많은 것이
진리요, 하늘에 오르는 길이거늘, 너
희들의 눈으로 볼 수 있고 셀 수 있는
진리의 뜻을 가지고 구원을 받고 하늘
에 오른다 하는 것이 너희들의 어리석
음이니,
23 다만 너희들에게 그 길을 깨우쳐 주는
것이니라.
24 나의 법전 또한 무엇이더냐?
25 너희들이 지금 형체요, 글로써 보이는
것만 읽고 깨우치는 것이니, 그것이
아니요,
26 보이지 않는 세상의 방대하고 위대한
참진리가 있는 것, 책에 없는 것을 보
고 책에 쓰이지 않은 것을 배우고 깨
우치라 하는 것이 나의 법전을 세상에
내려보내는 것이니,
27 이제 나의 아들을 따르는 제자들이요,
나의 법전을 읽고 깨우친 만백성 너희
들은 이와 같은 하늘의 이치를 알도록
그리하라.
28 너희들이 정녕 형체를 보이지 않고 사
는 세상이 있으며 형체를 보이지 않고
역사하는 세상이 있다는 것, 그와 같
은 위대함을 느끼고 깨닫도록 하며 너
희들은 그를 봐야 될 것이니,
29 내가 너의 제자에게 정답을 내렸음이
니 그리 알라, 사랑하는 나의 아들아!
30 글로써 하늘의 진리를 전하고 깨우친
다면 과연 얼마나 전하고 얼마나 되겠
느냐?
31 너희들이 목숨을 바쳐 지켜야 된다며
한 획도 넣고 빼지도 말라는 그 성경,
구약과 신약, 그걸 가지고 몸부림치니,
32 내가 너희들에게 내리는 진리는 수억
개요, 그 수를 헤아릴 수 없는 것이 나
의 진리요, 가르침이라 했거늘,
33 성서에 기록된 내용이 얼마나 되며,
그것의 몇 분의 일이나 된다 하겠느냐?
34 너희 눈으로 셀 수 있는 만 개 중에서
하나도 안 되는 걸 가지고 그것이 만
개를 다 대변하며 만 개의 깨우침을
얻는다 그리 말함이니,
35 그리하여 너희들이 보이는 책이요, 보
이는 글로만 기록되어 있는 책을 가지
고 하늘에 오르는 길이요, 깨우쳤다
하지 말라 함이니,
36 보이지 않는 책을 읽을 줄 알아야 되
며, 보이지 않는 책에 기록되어 있는
내용들을 깨달을 줄 알아야 되며,
37 그를 깨닫지 아니하면 너희들이 죽은
자요, 썩은 믿음이라 함이니라.
38 그리하여 내가 나의 아들에게 말하지
아니하였느냐?
39 나의 법전을 읽고 깨우치는 백성 너희
들은 살과 뼈를 만들어 깨달음을 얻고
전하라 한 그 의미를 알겠느냐?
40 그와 같은 어리석은 삶을 가지고 구원
을 받았다 하늘에 올랐다 하는 이와

같은 백성이기에, 너희들은 겸손할 줄
을 모르며 두렵고 무서운 줄을 모르는
것이니라.
41 기록되어 있는 책이요, 너희들이 형체
를 볼 수 있는 가르침보다도 보이지
않는 책에 기록되어 있는 보이지 않는
책을 읽을 수 있는 눈을 떠야 되며, 보
이지 않는 책의 글씨를 볼 수 있는 그
와 같은 백성이 되어야 될 것이니,
42 네가 너의 제자가 묻는 말에, 보이지
않는 세상의 위대함이 있다는 그 가르
침, 그것이 바로 정답이니라.
43 그러니 이제 나의 아들을 따르는 제자
너희들은 들으라.
44 너희들은 글로써 보이고 그 형체가 나
타난 것을 가지고 읽고 보고 만질 수
있는 그것으로써 세상사의 이치를 다
깨우쳤다 하지 말며,
45 160권의 법전을 읽음으로써 너희들이
참진리요, 하늘의 뜻을 깨우쳤다 그리
하지 말라.
46 너희들은 인생을 살면서 과연 160권
을 다 읽을 수 있을 것이냐 말하니, 너
희들이 보이는 책도 읽지 못한다면 보
이지 않는 책을 어찌 읽어서 깨우침을
얻는단 말이더냐?
47 그러니 다른 차원 높은 세상이 있음을
너희들은 알라.
48 그리고 너희는 그 세상에 와야 되며,
오늘의 삶을 넘는 것이 그 세상에 오
는 것이니라.
49 그러니 너희들이 법전이요, 성서의 66
개요, 660개요, 6,600개가 아니라 6억
6천 개를 가지고 깨우치고 가르친다
해도, 끝이 없는 하늘의 보이지 않는
책의 내용을 알 수 없으니,
50 그 보이지 않는 책의 내용을 알고 깨
우치도록 하기 위해 나의 법전이 세상
에 내려오니, 이 위대한 역사를 아느
냐?
51 그를 만들고 전하는 너의 제자들, 그
것을 인도하는 것이 너희들이니,
52 너희들의 바른 행동은 끝이 없으며,
너희들이 변하는 것은 끝이 없이 변해
가는 삶을 살지 아니하면 아니 되느니
라, 사랑하는 나의 아들딸들아!

9,439 번째 하나님 말씀

2004년 2월 2일 08시 48분

1 사랑하는 나의 아들아!
2 "네, 아버님! 말씀하옵소서."
3 글로써 내려 준 몇 개 안 되는 그 형체
를 보고 너희들이 구원에 오르는 길이
라 하며, 글로써 보이지 않는 책 속의
내용을 보지 못하는 어리석은 백성들
이 하늘에 오르는 길이요, 그것이 나
의 백성을 구하는 길이라 그들이 하고
있는 작태가 무엇인지 알겠느냐?
4 그들은 그와 같은 이치요, 그 세상을
보려 노력하는 것이 아니요, 감히 생
각도 못 함이니라.
5 그러니 내가 너에게 내린 모든 진리의
뜻을 그들의 머릿속에 집어 넣어 줘도
그들은 알지 못하며 당황하느니라.
6 너를 찾아온 전도사라 말하는 자가 뭐
라 말하느냐?
7 머리가 혼잡하고 머리가 흔들려 정립
할 수 없으니, 이게 어떻게 되는 건지
분간할 수 없다 제가 그리 말하지 않

더냐?
8 그것이 바로 너에게 내리는 나의 성령
의 가장 낮은 것같으며 가장 깨우칠
것이 없는 것같은 나의 법전이요, 나
의 성령의 위대함이 거기에 있음이니,
9 마음을 열지 않고 생각을 고치지 않는
자는 혼동하여 알 수 없는 것이 오늘
의 종교 집단 지도자들이니라.
10 그와 같은 자들이 무엇을 위해서 지금
까지 존재했느냐?
11 저희가 무리를 만들고 그저 많은 무리
속에서 모이는 것이 진리요, 하늘에
오르는 길이라 하여 저희들이 무리의
숫자를 갖고 장사하며 저희들이 모두
를 다 역사하는 것, 물리적인 무리의
힘을 가지고 모두를 통제하려는 것이
그들이 아니더냐?
12 그러니 저희들이 감히 나의 성전이요,
나의 뜻을 가르치는 곳의 그 소중하고
귀한 것을 숫자 높음에 따라서 팔고
사는 그와 같은 행위를 하는 것이 있
을 수 있는 얘기인가?
13 이게 나 여호와의 발등에 불을 지르는
자요, 나의 발등에 못을 박는 것보다
더 사악한 자들임을 알라.
14 저희들이 정녕 참진리를 깨우치고 그
것을 역사한다 했다면, 저희들이 그걸
어찌 팔고 사고 거래를 할 수 있는가?
15 제가 더 나은 곳에 또는 더 어려운 곳
에 가고자 한다면, 그건 무상으로 전
해 주고 가야 되지 않느냐?
16 너희들이 역사하는 모든 것은 하나님
께 바치는 것이요, 나를 위해 바쳐서
만들었다 함이니,
17 너희가 아무리 큰 것을 만들어도, 너
희가 거둬들여 그것을 만들 때는 나
여호와에게 바치며 하나님의 것이요,
하나님께 역사하기 위해 거둬들였다
하였으니, 주인이 나이거늘,
18 어찌 너희들이 팔아먹고 장사하는 그
와 같은 행위를 한단 말이더냐?
19 그것이 오늘의 종교 집단이니, 나의
아들을 따르는 너의 제자들은 정신을
차릴 것이며, 너희들의 마음이 흔들려
서도 아니 되며, 나의 아들 앞에 파장
을 이루는 행위를 해서는 절대 용서받
지 못함이 여기 있느니라.
20 그와 같은 자들을 누가 다스릴 것이
며, 그와 같은 자를 누가 깨우칠 것이
며,
21 보이는 것, 그저 형식적인 것, 그저 형
태가 있는 것만 믿는 그들, 그래도 또
믿지 못하는 그들을 나의 법전이 아니
면 과연 누가 깨우친단 말이더냐?
22 이제 나의 아들을 따르는 제자 너희들
은 들으라.
23 모든 종교 집단의 지도자들은, 너희들
이 재물을 거둬들이지 말라 말할 때,
뭐라 하느냐?
24 이는 저희들이 거둬들이는 것이 아니
요, 하나님의 일을 역사하며 그를 위
하여 거둬들이는 것이지 제가 받는 것
이 아니요, 제가 거둬들이는 것이 아
니요, 하나님이 거둬들인다 하였음이
니라.
25 너희들이 재물을 거두어들일 때, 교회
를 짓는 것은 과연 나를 위하여 따로
거둬들였으며, 그리고 너희들이 교회
를 짓기 위한 재물을 따로 거둬들였는
가?

26 과연 교회를 짓기 위하여, 성전을 짓
기 위해서, 더 화려하고 방대하게 짓
기 위하여 나에게 바치는 재물로써 역
사하며, 그것을 바치는 것은 나의 것
이라 하며,
27 벽돌 하나 갖다 놓는 것도 하나님께
바치는 것이며 하나님께 은혜 받기 위
해 갖다 바치는 것이라 하며, 그 재물
을 가지고 역사하지 아니했는가?
28 너희들이 그와 같은 말로써 그 교회
요, 성당을 만들었다면 그 주인은 내
가 아니더냐?
29 내 이름을 팔아서 내 것으로써 만들었
으면 그 등기 문서라는 것도 내 이름
으로 되어야 하지 않느냐?
30 그러니 내 이름을 팔아 너희들이 만들
어 놓고, 또 다른 곳으로 이전할 때,
또 다른 장사하는 장소를 찾아 떠나기
위해서 이를 사고 팔고 하며,
31 너희들이 웃돈까지 얹으며 웃돈까지
더 많이 거둬들이기 위하여 온갖 방법
을 다 동원함이니, 그것이 오늘의 너
희들의 실정이니,
32 정녕 이게 장사꾼이요, 사기꾼들이 하
는 짓이 아니더냐?
33 첫째는 너희들이 사기꾼이니라.
34 내 것이라 하여 내 이름을 팔아 너희
들이 그 형체를 만들고, 팔아넘길 때
는 나에게 물어보지도 아니하며 주인
의 허락도 없이 그냥 팔아 버리니,
35 너희들이 정녕 나의 것으로 만들었다
면, 다른 곳으로 이전하고 떠날 때, 너
희들이 더 큰 역사를 위해 또는 어려
운 고행의 길을 가기 위해 떠난다 해
도 그건 무상으로 넘겨야 되며, 무상
으로 남겨 주어야 되는 것이 너희들이
라 하였느니라.
36 네가 어제 너의 제자에게 듣지 않았느
냐?
37 저희들의 종교 집단이요, 십자가를 높
이 만드는 것, 십자가를 더 화려하게
만드는 것, 그것은 나의 아들의 고통
이요, 내 뜻을 위하여 그리 만든 것이
라 말은 하나, 너희들은 무엇이더냐?
38 더 많은 웃돈을 받기 위하여 그와 같
은 행위를 하는 것이 너희들이니, 이
를 보는 나 여호와의 가슴이 찢어지고
아픔을 너희들은 아느냐?
39 장작불에 타는 그와 같은 사람과 같으
니라.
40 산 사람이 타는 것보다 더한 고통이
나 여호와의 고통이니 그리 알라.
41 장작불에 인간이 타니, 살이 튀고 뼈
가 튀는 그 처참한 꼴보다도 더 처참
하게 뭉개져 있으며 무너진 것이 나
여호와의 아픈 마음이라는 것을 너의
제자들은 알도록 그리하라.
42 그들이 뭐라 말하였느냐?
43 간판을 좋은 자리에 붙이며 간판을 화
려하게 붙이는 것을 왜 그리 붙이느냐
하니,
44 남들에게 잘 보이는 곳에 좋은 자리에
간판이 있어야 이 교회요, 성당을 팔
때, 더 많은 웃돈을 받을 수 있기 때문
에,
45 죽기 아니면 살기로 여기는 제가 고수
해야 된다는 웃지 못할 얘기를 듣지
아니하였더냐?
46 그것이 종교 지도자요, 오늘의 믿음이
니,

47 저희들이 내 이름을 팔아 거둬들이는
것이 과연 하늘에 바치는 것이며, 저
희들 말로 나를 위해 역사하는 것이더
냐?
48 내 것은 하나도 없으며, 장사 밑천으
로 만드는 것이 그들이니, 사기꾼이
요, 도적이요, 강도요, 짐승만도 못한
자들이라 하는 말을 너희들은 믿으라.
49 너희들은 오늘의 종교 집단이 가는 것
이 그와 같은 행위이니,
50 참진리를 헐뜯고 비방하며 세상에 빛
을 비추지 못하도록 하며, 나의 참진
리가 내려가는 것, 그리고 나의 사랑
하는 아들의 가슴에 비수를 꽂으며 너
희들의 가슴에 비수를 꽂으며 너희들
을 울리는 것,
51 그리고 나의 법전을 태워 버리고 찢어
버리는 것이 그들의 오늘의 목적이요,
52 그저 숫자만 늘리며 장사하기 위하여
모두를 하며, 그 숫자를 늘려 장사를
하고 팔고 살 때 더 웃돈을 얹어 받으
며,
53 그리고 그 힘으로써 과시하여 저희들
이 모든 걸 이루고 통제하고 지배하고
자 하는 것이 오늘의 신앙이요, 믿음
의 목적으로 가는 어리석고 불쌍한 백
성들이니라, 사랑하는 나의 아들딸들
아!
54 내가 나의 아들을 통하여 내리는 것이
한 자라도 틀리며 내용이 틀리거든,
너희들이 나의 법전을 놓고 떠나며 나
의 아들에게 너희들이 침을 뱉고 떠나
도 내가 말을 하지 아니할 것이니라.
55 그러나 그렇지 아니하거든 너희들은
생명을 바쳐 목숨을 바쳐, 네가 오늘
선택된 그 자리에서 물러나지 아니하
며 양보하지 않는 그와 같은 현명함으
로 살라.
56 물러나는 순간에 너희들이 갈구하는
영원한 구원의 길은 절대 없음이니라.

9,440 번째 하나님 말씀

2004년 2월 2일 08시 54분

1 사랑하는 나의 아들아!
2 "네, 아버님! 말씀하옵소서."
3 오늘의 종교 집단이요, 지도자들이 우
리 부자의 이름을 팔아 재물을 거둬들
이느니라.
4 재물을 거둬들일 때는 나에게 바치며
나에게 오르고자 하여 나의 창고에 쌓
아 놓기 위하여 받아 거둬들이느니라.
5 그러나 그를 처분할 때는 나에게 물어
보는 것도 없고 의논할 것도 없이 처
분하여 착복하는 것이니, 오늘의 그들
의 믿음이라는 것은 결국 무엇이더냐?
6 선함을 행하고자 나에게 오르고자 하
는 백성들까지도 그 길을 막고 눈을
감게 했으며,
7 귀로 듣지 못하도록 한 그와 같은 행
위를 하고 있는 것이 그들의 믿음의
목적이며, 그들이 지금 가고 있는 신
앙이라는 것을 너희들은 알겠느냐?
8 정녕 그들이 지금 나에게 오르고자 하
며 내 뜻을 펴고자 하는 것, 그와 같은
것을 2천 년 전에 방해를 했으며 그를
다 막은 자들이니라.
9 그 후손이 2천 년의 세월이 흐른 지금
내가 나의 성령이요, 새로운 성경이
요, 나의 법전을 내려보내는 이것마저

도 빛을 보지 못하도록 하며,
10 이를 보고 깨우치는 백성들이 하늘에
오를 수 있는 그 길을 막고자 함이니,
그건 무엇이더냐?
11 저희들이 나의 이름을 빙자하여 거둬
들인 것을 가지고 장사하고 그를 또
팔고 사는 데 웃돈을 붙이는 그와 같
은 사악한 행위를 할 수가 없으며 그
를 이룰 수가 없기 때문이니라.
12 더욱이 그들이 만든 그 교회요, 성전
이라는 것이 앞으로 저희들이 운영하
기도 어려울 것이며 지탱하기도 어려
운 그와 같은 형국으로 돌변할 것이니,
13 이를 막고 이를 지탱하기 위하여 그들
이 온갖 수단과 방법을 가리지 아니함
이니,
14 그들이 나의 아들 네 앞에 와서 이 진
리가 맞고 안 맞고를 따지는 것이 무
엇인지 아느냐?
15 만백성을 구하는 진리가 옳고 그름을
가지고 공부하고 따지는 것이 아니라,
16 저희들의 추하고 못난 모습이 드러나
며 무너질까 봐, 저희들이 잘못 가는
것 앞에 진실이 나타날까 봐,
17 그 진실을 막기 위한 아집이요, 고집
으로 와서 공격하고 질문하며 따지는
것이니라.
18 진정 나의 백성들에게 참진리의 길을
열어 주도록 하기 위해, 이게 잘못 가
는 것이기에 가르치고자 한다면, 너희
들은 이마를 맞대고 연구하고 수정하
고 또 다스려 다듬어 나가면 되지 않
겠느냐?
19 너희들이 하나의 원고를 쓸 때 다듬고
다듬어서 완성품을 만들듯이, '너와
네가 아니요, 우리는 다 같이 하나님
의 백성이니, 당신이 받았다는 것, 당
신이 내는 그 책, 그리고 내가 공부하
고 가르치는 성서, 이를 맞대 놓고 연
구하여,
20 우리가 아름답게 깨달음이요, 우리에
게 도움이 되는 것이요, 우리가 하늘
에 오르는 길을 볼 수 있으며 우리의
인성을 찾을 수 있는 길이라면 그를
장려하고 살리는 방법으로 다듬고 다
듬도록 하자.' 하는 것이 진정한 지도
자이니 그리 알라.

9,441 번째 하나님 말씀

2004년 2월 2일 08시 58분

1 사랑하는 나의 아들아!
2 "네, 아버님! 말씀하옵소서."
3 모든 형체요, 보이는 것에 의한 삶을
살며 그를 위하여 가르치며 그를 위하
여 좇아가는 종교 집단의 지도자들,
형체에 대한 삶에 사로잡혀 살아가는
자들이 그들이니,
4 보이지 않는 위대한 세상이요, 보이지
않는 책의 그 위대함을 알지 못한다
하지 않았느냐?
5 그러니 저희들이 보이지 않는 세상의
아름다움을 보지 못함이니라.
6 그리고 글이 없는 그 위대한 책을 읽
을 줄 모르며 그 책을 볼 줄 모르는 어
리석은 백성이라 그리하였음이니라.
7 그러니 세상의 이치를 벗어나 나 여호
와가 가르치는 나의 법전이요, 새로운
성경의 그 뜻을 그들이 어찌 알 수 있
으며 들을 수 있겠느냐?

8 그러니 저희들은 나의 법전을 읽어도 그 뜻을 알지 못하며, 내가 내리는 나의 아들의 주옥같은 강론을 들어도 알지 못하며, 정신이 오락가락하는 그와 같은 형국에 처하게 되는 것을 너희들은 알아야 될 것이니라.

9 정녕 저희들이 보이지 않는 세상의 책을 읽을 줄 알며 그 마음이 열렸다면 방대한 세상의 이치를 앎이니,

10 내가 나의 아들을 통하여 내리는 새로운 성경이요, 법전의 글을 접하고 읽을 때 그는 바로 깨달을 수 있으며 바로 그 의미를 알 수 있는 것이니라.

11 그러니 내가 나의 아들을 통하여 글로써 책으로 만들고 그리고 나의 아들을 통하여 말로써 직접 강론으로 저희들 귀에 담아 주나, 그것도 알지 못하며 그것이 진리의 뜻이라는 걸 깨닫지 못하는 그 백성들이,

12 볼 수도 없는 하늘의 뜻을 어찌 알며, 나 여호와가 원하는 것이 무엇이며, 내가 이루고자 하는 것이 무엇인지 내가 건설하고자 하는 것이 어떤 것인지 그들이 어찌 알며, 그 길인들 볼 수 있겠느냐?

13 그러니 길도 볼 수 없는 자들이 하늘에 오르는 길이요, 구원을 받았다 함이니, 나에게 오는 길이 얼마나 협착하고 어렵고 힘든 길인지 알겠는가?

14 그 길을 저희들은 오지도 아니하며 가려 하지도 아니하며 그저 나에게만 왔다 생각하는 어리석은 백성들이기에 하늘의 뜻을 모르는 불쌍한 자들이니라.

15 그러니 그들을 어찌 깨우치겠느냐?

16 그들은 글자의 형체가 있는 책만을 보며 그 글만 읽을 줄 아는 자요, 그것도 제대로 해석하지 못하며 써 내려보낸 자의 뜻이 무엇인지 깨닫지도 못하고 그저 읽기만 하는 그 불쌍한 백성이니, 그리하여 160권이라는 대장정의 나의 법전이요, 나의 성령을 책으로 만들어 부어 줌이니라.

17 부어 주고 부어 주어야 그들이 그나마 한 줄을 읽고 깨우칠 때가 있기 때문이니 그리 알라, 사랑하는 나의 아들 딸들아!

9,442 번째 하나님 말씀

2004년 2월 2일 09시 51분

1 사랑하는 나의 아들아!

2 "네, 아버님! 말씀하옵소서."

3 나의 피조물 만백성 너희들이 오늘의 세상에 삶이니라.

4 그러나 이 세상의 삶보다 한 계단 높은 차원의 세상에 너희들이 돌입한다면, 그 세상에는 지도자가 없으며, 지휘자도 없으며, 선생이요, 가르치는 자가 없는 그와 같은 세상이 역사함이니라.

5 그러니 너희들이 오늘의 삶의 세상을 벗어나 다음의 차원 높은 세상에 돌입하면 그와 같은 역사가 이루어지는 것이니라.

6 이와 같은 세상에 돌입하는 나의 백성이요, 나의 아들을 따르는 제자 너희들이 역사하기를 바라는 것이 나 여호와의 뜻이니라.

7 그러나 모든 종교 집단이요, 지도자들

이 그와 같은 이치의 깨달음을 모르느
니라.
8 너를 찾아와 그 전도사라는 사람이 너
에게 무엇을 물었느냐?
9 너에게 다음과 같은 것을 물었느니라.
10 이 세상의 모든 종교 집단이요, 지도
자라는 것은 그 자격을 갖춰야 되며
그리하여 목자로서 설 수 있다 하였음
이니라.
11 소정의 교육 과정을 거쳐 그 자격증을
받은 자만 종교 집단의 지도자라 그는
그리 말하였음이니라.
12 그러니 네가 그에게 뭐라 말하였느냐?
13 너희들이 인간 속에서 받는 소정의 그
자격증은 인간이 명한 것이요, 창조주
나 여호와의 뜻에 의해 역사하는 그와
같이 선택된 자는 나로부터 모든 임명
장을 받으며 나로부터 자격증을 받으
니, 내가 선택하여 그를 쓰고자 했을
때 쓴다 그리 말하였느니라.
14 그는 너에게 말하고 싶은 것이 있었음
이니라.
15 모든 종교 지도자는 소정의 과정을 거
쳐 그 자격을 획득한 사람만 성서를
가르칠 수 있으며 교회의 지도자가 될
수 있다 그는 그리 말하고 싶었으며,
16 나의 아들 너는 정녕 그러한 교육의
과정을 거치지 아니하였으며 그와 같
은 인간이 내는 자격증을 소지하지 아
니하였으니, 정녕 당신을 믿어도 될
것이냐 하는 그와 같은 질문을 하고
의문을 갖고 왔으나,
17 네가 그와 같이 대답해 주므로 그는
말문을 닫고 갔느니라.
18 지금의 모든 종교 속에서 가는 그 신
도들은 그것을 그리 중요시하며 그것
이 저희들의 모두라 생각하느니라.
19 소정의 그 교육 기간이 얼마나 길다더
냐?
20 그 짧은 기간 속에 그들은 인간에게
받은 그 임명장을 가지고 세상에 나와
지도자요, 선생이라 그리함이니, 그것
이 무엇이 중요하며 무엇이 위대하던
가?
21 그들은 나의 뜻에 의해 나로부터 선택
된 선생이요, 지도자가 아니요, 인간
너희들이 육성한 것이니라.
22 인간 사업을 위해 너희들이 인간의 상
업 속에서 그와 같이 역사하고 또 그
와 같이 길러 내고 그와 같이 가르치
고 선생이 되고 제자가 되는 그 속에
서 너희들이 만들어 낸 것이지,
23 나 여호와의 진정한 뜻을 가르치며 참
진리를 전하기 위해 내가 선택한 선생
이 아님이니라.
24 이제 모든 종교 집단이요, 지도자요,
그리고 나의 아들을 따르는 너의 제자
들은 알고 있을 것이니라.
25 하늘의 지도자요, 하늘의 뜻을 받드는
선생은 나 여호와가 직접 임명하며 내
가 임명권자라는 그와 같은 대답을 네
가 했을 때, 그는 너에게 그와 같은 자
격이 너는 없는 자라 말하고 싶었으나,
26 네가 말하는 그 의미를 제가 생각할
수 없으며, 제가 감히 따를 수 없으며,
제가 알지 못했던 세상의 아리송한 그
와 같은 가르침을 가르치기에,
27 '당신은 자격증을 갖추지 아니하였지
않느냐?' 하는 것을 질문하지 못했으
며,

28 '자격증을 갖추지 아니하였기 때문에
당신이 하는 것은 진정한 지도자요,
진정한 가르침이 아니요, 하늘의 뜻이
아니다.' 하여 네가 어찌하여 이 뜻을
받게 되었느냐 그는 묻고자 했으나,
29 네 대답에 그가 말 못 하고 갔음이니
라.
30 이것이 오늘의 종교 지도자들이 가지
고 있는 수준이요, 그들의 상식이라는
것을 너는 참고하라.

9,443 번째 하나님 말씀

2004년 2월 2일 09시 55분

1 사랑하는 나의 아들아!
2 "네, 아버님! 말씀하옵소서."
3 하늘의 참뜻을 받아들일 수 있는 가슴
이 열린 자는 나의 법전이요, 내가 너
를 통하여 내리는 나의 강론이요, 가
르침을 듣고 가슴이 두근거리며 두려
움과 무서움을 알 것이며, 그렇지 아
니한 백성들은 그것을 알 수 없음이니
라.
4 오로지 제 손에 있는 것, 제 손에 쥔
것만 위대한 것이라 생각하며, 남의
방대한 세상의 넓고 높은 이치를 절대
알려 하지 않는 것이 그들이니라.
5 지금의 종교 집단과 지도자 그들이 뭐
라 하느냐?
6 재물을 모으는 것이 그들의 믿음의 목
적이요, 그들은 그를 위하여 모든 신
앙이요, 믿음의 생활을 하고 있음이니
라.
7 그러니 거기에 재물을 거둬들이고 재
물을 모으는 것은 나 여호와의 뜻이
아니요, 그는 잘못된 것이요, 그는 죄
악의 행위라 하면 그들이 뭐라 하겠는
가?
8 당연히 너희들에게 잘못된 자요, 그들
은 절대 받아들이지 아니하며, 되려
너희들에게 손가락질하며 정신 나간
자라 그리 말할 것이니라.
9 또한, 너의 제자들이 뭐라 말하느냐?
10 너희들은 구원을 바라지 아니하며 구
원을 원하지 아니하며, 마지막 한 자
리 구원의 길이 있는 것도 양보하는
것이 너희들이 가는 길이라 하니, 그
들이 뭐라 말하느냐?
11 믿음이라는 길을 오랜 세월을 가고 있
는 자들일수록 그리하느니라.
12 구원을 받지 아니하며 구원의 자리까
지 양보한다면 무엇 때문에 그 믿음의
길을 가느냐 하며, 믿음의 목적을 모
르며 믿음의 길을 모르며 믿음의 위대
함을 모르는 미친 자라 그들이 말하지
아니하는가?
13 바로 그들의 수준이요, 그들의 깨달음
이 그것이니,
14 감히 저희들은 구원이라는 것을 버려
본 적이 없으며 구원을 위해 모든 시
간을 바쳤으며, 재물을 바쳤으며, 수
십 년 동안 그를 위해 몸 바쳐 온 자에
게 그것을 바라지 말며 그것도 양보하
는 것이라 하니,
15 그들의 상식으로는 그것을 알아들을
수 없으며 깨달을 수가 없는 것이니라.
16 초등학교 학문을 가지고 있는 자에게
대학의 학문을 갖다 주입시키면 못 알
아듣는 것처럼 그와 같은 형국이 되어
있음을 알라.

17 평범한 진리이니라.
18 너희들이 믿음이요, 교회를 가고자 한
다면 만원사례라 써 붙인 교회를 가라
하였음이니라.
19 그리고 이웃의 교회를 위해 저희 교회
의 신도를 보낼 수 있는 그와 같은 믿
음으로 가는 종교 지도자가 있다면 그
는 하늘의 뜻이요, 나 여호와의 뜻에
의해 가는 자라 하니, 그들 스스로 시
인하지 않더냐?
20 세상에 그런 교회는 없고 그러한 미친
자는 없으며 정신 나간 자는 없다 그
리함이니,
21 나 여호와의 뜻이요, 내가 역사하는
것과 반대로 가며 거부하고, 내가 앞
으로 가라 하면 뒤로 가며 우로 가라
하면 좌로 가는 행위를 하니,
22 그와 같은 자들이 지금 내 뜻에 의해
모두를 역사한다 그리함이니라.
23 저희들이 그와 같은 교회가 이 세상에
없으며, 그와 같은 교회가 있다고 말
하는 자는 미친 자라 말하니,
24 바로 누가 미친 자이며, 누가 잘못된
것이며, 거짓 증거를 하는 것이며, 나
의 사랑하는 백성들을 속이는 자들이
냐?
25 이제 너희들은 스스로 판단할 길이 있
으며 판단할 줄 알 것이라 그리 믿노
라.
26 이제 나의 법전을 읽고 접하는 백성
너희들은 한 구절 한 구절 주옥같은
나의 가르침을 너희 가슴 깊이 새겨
네 것으로 만드는 데 잠시도 소홀히
해서는 아니 됨이니 그리 알라.

9,444 번째 하나님 말씀

2004년 2월 2일 09시 58분

1 사랑하는 나의 아들아!
2 "네, 아버님! 말씀하옵소서."
3 나의 선택된 백성이요, 너를 따르는
제자들은 인간 세상에 살아가는 그 삶
이 과연 육의 세상의 너희들의 이익을
위하여 투자하는 그와 같은 삶을 위해
좇아가며 살지 않는가, 너희 자신을
돌이켜 보도록 그리 물으라.
4 지금의 모든 백성이요, 믿음의 길을
가는 그 백성들의 행동 하나하나가 그
들은 인간 세상의 이익을 위해 모두를
투자하며 거기에 바쳐 모든 믿음의 길
을 가기에 정녕 아름다운 참진리의 길
을 보지 못하는 백성들이라 그리하였
음이니라.
5 그러니 나의 아들을 따르는 제자요,
나의 법전을 읽고 깨우친 만백성 너희
들도 세상의 이해관계요, 이익 관계를
위해 투자하는 데 몰두하며 그것에만
모두를 다 바치는 것은 아닌가 돌이켜
보도록 그리하라.
6 만에 하나 너희들이 인간 세상의 이익
을 위해 투자하는 데 연연한다면 나의
법전은 세상에 나갈 수 없으며 빛을
볼 수가 없음이니라.
7 그러니 나의 아들을 따르는 제자 너희
들은 나의 새로운 성경을 위하여 사는
선택된 백성이 되어야 됨이니라.
8 너희들은 나의 법전을 만들어 새로운
성경을 만들어 만백성에게 전하며, 참
진리의 길이요, 너희들이 천사와 같은
삶을 살아가는 그 길을 위하여 너희들

은 모두를 투자하며 모두를 던져야 된
다는 것을 절대 잊지 말라.
9 이와 같은 이치를 너희들은 깨우쳐야
될 것이며, 깨우쳤다면 너희들이 그리
행하고 가야 되는 것이니라.
10 이 세상의 모든 백성들 스스로가 그들
자신의 이익을 위하여 저희들을 위하
여 모두를 투자한다 해도 너희들은 절
대 그와 같이 해서는 아니 될 것이니
라.
11 너희들은 투자의 선택에서 모든 백성
들과 오늘의 믿음의 길을 가는 백성들
과 차별화됨을 알라.
12 너희들은 절대 육의 세상의 이익을 위
해서 투자하는 것이 아니요, 나의 법
전을 위하여 나의 성령을 기록하여 만
백성에게 전하는 그곳에 너희들이 모
두를 다 투자하는 선택의 길을 가야
됨을 절대 잊지 말라, 사랑하는 나의
아들딸들아!
13 너희들의 이익을 위하여 투자하는 백
성이 되어서는 나의 진리를 알 수 없
으며, 그를 전할 수가 없으며, 그를 보
고 깨우칠 수 있는 백성이 될 수 없으
며,
14 너희들 자신이 인간 세상의 이익을 위
해 투자하고 거기에 모두를 바친다면
너희들은 나의 진리를 볼 수 있는 눈
이 가려져 있으며, 들을 수 있는 귀가
막혀져 있는 나의 선택된 백성들이니,
15 너희들이 나의 진리요, 나의 가르침을
듣고 보지 못한다면 나로부터 선택된
백성의 그 자격이 박탈됨이니, 그리
알도록 하라.

9,445 번째 하나님 말씀

2004년 2월 2일 10시 02분

1 사랑하는 나의 아들아!
2 "네, 아버님! 말씀하옵소서."
3 너를 따르는 소중한 나의 백성이요,
그리고 나의 법전을 읽고 깨우친 만백
성 너희들은 들으라.
4 나의 법전을 읽고 깨우친 선택된 너희
들은 이 세상에 오늘의 사는 그 삶을
위해 만족한 마음을 가지고 세상을 바
라보는 그와 같은 마음으로 살도록 그
리하라.
5 너희들은 작은 것부터 큰 것의 만족감
을 얻기 위하여 무엇인가 이루고 역사
하고자 하는 생각을 저버리라 함이니
라.
6 너희들은 만족을 모르기 때문에 어떠
한 줄 알겠느냐?
7 너희들의 오늘의 삶이 고통스러우며
너희들의 오늘의 삶이 잘못 가고 있음
이니라.
8 모든 종교 집단이요, 지도자 그들이
만족을 모르느니라.
9 범사에 감사한다면서 만족함을 모르
며, 그 만족을 추구하기 위하여 작든
크든 저희들이 만족을 느낄 때까지 그
를 구하고자 하여 저희들이 무엇을 이
루어 달라, 그리고 소원을 이루어 달
라 하며 추하고 듣기 어려운 그 기도
를 하는 것이니, 그들은 만족을 위하
여 살아가고 있는 것이니라.
10 저희들은 그와 같은 삶을 살지 아니한
다 해도, 작은 것부터 큰 것까지 만족
을 느낄 때까지 구하고자 하며 만족을

느끼려는 그것이 바로 욕심이니 그 욕
심이 끝이 없으며,
11 만족을 위하여 저희들이 살아가니 더
달라, 이루어 달라 하며 그리고 제 앞
에 쌓아 놓고자 하는 것이니,
12 그들이 살아가는 삶이 얼마나 불행하
고 가련한 백성들이며 미련한 백성들
인지 알겠느냐?
13 그들을 깨우치는 것이 너희들이 가야
할 길임을 알라.
14 너희는 만족을 알고 생활하며 산다면
만족을 하는 백성이요, 스스로 기쁨이
요, 그 삶에 만족을 얻는 것이며, 그
만족 속에서 얼마나 행복을 느끼는 줄
알겠느냐?
15 만족한 것을 얻기 위하여 노력하지 않
는 백성, 만족함을 느끼는 백성이야말
로 정녕 만족을 다 충족시킨 자요, 얻
을 것을 다 얻은 자요,
16 구할 것이 없는 그와 같은 사람의 삶
을 사는 가장 행복한 백성임을 너희들
은 알라.
17 모든 면에서 만족한 마음을 가지지 못
하고 그 생각을 버리지 못한다면 너희
들은 결국 무엇이더냐?
18 나 여호와가 그리 뽑아 버리고 버리라
는 그 욕심을 버리지 못한 자들이기
때문에, 너희들이 그 욕심을 거둬들이
고 버리지 못한 자들이기 때문에,
19 그 욕심으로 하여금 너희들은 고통스
럽고 어렵고 힘든 세상살이를 살며,
가도 가도 끝이 없는 그 죄악 속으로
서서히 빠져들어 가는 것이 너희들임
을 알라.
20 만족함을 모르는 자, 그리고 만족을
추구하기 위해 살아가는 자는 결국 자
신이 서서히 늪에 빠지는 것처럼 지옥
의 구렁텅이에 빠져 가는 것을 모르고
사는 가장 어리석은 백성이니라.
21 만족을 채우고 만족을 얻고자 하면 너
희들이 만족한 마음을 먼저 갖고 깨닫
도록 그리하라.
22 그리하면 모두를 다 얻는 것이 하늘의
뜻이니라.

9,446 번째 하나님 말씀

2004년 2월 2일 10시 06분

1 사랑하는 나의 아들아!
2 "네, 아버님! 말씀하옵소서."
3 너희들이 오늘의 살아감에 가장 중요
한 것은 내가 나의 법전에 수없이 기
록하여 전했음이니라.
4 오늘의 삶을 만족하게 생각하는 자,
그리고 오늘의 삶에 행복을 느끼는
자, 그와 같은 마음을 가지고 가는 사
람이 되어야 된다 하였음이니라.
5 그러니 만족을 얻고자 노력하는 자,
만족을 모르는 자, 그리고 오늘의 삶
에 행복을 모르는 자, 그와 같은 자는
어떠한 것을 내려 준다 해도 그는 편
안한 마음이 없으며, 그는 욕심을 버
릴 수 있는 백성이 못 됨이니라.
6 재물을 하늘에서 비 오듯이 쏟아 내린
들 무엇하겠는가?
7 높고 높은 자리를 준다 해도 더 높은
곳을 위해 자신의 끝없는 욕심의 만족
을 위하여 가다가 스스로 그것에 대한
재가 되어 쓰러져 감을 너희들은 알아
야 될 것이니,

8 이제 나의 아들을 따르는 제자 너희들
은 오늘의 생활에 만족하며 오늘에 행
복한 마음을 스스로 갖고 살아가도록
그리하라.
9 그리하여 내가 너희들에게 말하기를,
마음 한 자리 다스리는 것이 하늘에
오르는 길이요, 구원의 길을 오르고
못 오르는 것이요, 구원의 길을 보고
못 보는 것이 거기 있다 함을 너희들
은 알지 않느냐?
10 네가 선한 마음을 가지면 모두가 선을
따르며 선이 이루어지게 되며, 너희들
주변은 악이라는 것이 뿌리를 내리지
못하며 선만 너희들에게 존재하는 그
와 같은 세상이 된다 하지 아니하였더
냐?
11 너희들이 악한 마음을 가지면 모든 악
이 따라서 일어나며 그리고 네 주변은
모든 악이 다 지배하는 그와 같은 세
상이 된다 하였음이니, 그리하여 너희
들이 마음 한 자리를 다스리라 하였음
이니라.
12 그러니 너희들이 말하는 사탄이요, 천
사요, 그것도 그 근본이 너희들의 마
음에 있으며, 너희들이 죄를 짓고 안
짓는 그 모두도 선과 악을 선택하는
것도 너희들의 마음에 그 자신에게 모
든 근본의 뿌리가 있다는 것을 잊지
말라, 사랑하는 나의 아들딸들아!
13 그러니 너희들이 오늘의 삶에 대해서
불평불만 하지 말며, 오늘의 생활을
위하여 너희들이 불만족하여 만족을
얻기 위하여 끝없는 그 욕심의 뿌리를
버리지 못하는 어리석은 삶을 살지 말
도록 그리하라, 사랑하는 나의 아들딸
들아!
14 너희들이 만족을 모르는 자는 반성할
줄 모르느니라, 그리고 회개할 줄 모
르느니라, 그리고 행복함을 모르느니
라.
15 그러니 저 자신을 혹사하는 자요, 저
자신을 몰고 가다 결국 벼랑에 떨어지
지 아니하면 다 타서 재가 되는 그와
같은 불행한 것을 맞게 되는 것이 너
희들이니,
16 이를 절대 잊지 말고 전하도록 그리하
라, 사랑하는 나의 아들딸들아!
17 모두를 회개할 줄 모르며 반성할 줄
모르며 거듭날 줄 모르는 백성이 만족
을 모르고 욕심을 버리지 못한 불행한
백성이니 그리 알라.

9,447 번째 하나님 말씀

2004년 2월 2일 10시 11분

1 사랑하는 나의 아들아!
2 "네, 아버님! 말씀하옵소서."
3 내가 너희들에게 뭐라 하였느냐, 또한
너를 찾아온 그 전도사라는 자에게 네
가 뭐라 말했더냐?
4 너희들이 생명으로 태어난 것이 소중
한 것이요, 너희들이 어떤 믿음의 길
을 가고 어떤 믿음을 선택하는가는 중
요하지 않다 하지 아니하였더냐?
5 이제 너를 따르는 제자들이요, 만백성
너희들은 들으라.
6 너희들이 이단이요, 사탄이요, 미신이
요, 잡신이라는 것을 믿고 따르는 것
은 바로 무엇이더냐?
7 그것은 너희들이 모르고 믿으면 그것

이 바로 미신이요, 잡신이라 함이니라.
8 서낭당이라는 곳에 돌무더기 앞에 절
을 하는 자, 그와 같이 기도하고 소원
하는 것, 그리고 너희들이 날짐승을
믿는 것, 세상 모두를 믿는 것을 그들
이 알기 때문에 그리 믿느냐?
9 모르기 때문에 그를 믿는 것이니, 잡
신이요, 이방인이요, 사탄이라 말하지
말라.
10 다만 어리석고 모르고 불쌍한 백성들
이니, 그를 깨우쳐 주면 될 것이니라.
11 소라는 짐승을 믿는 자가 소가 어떤
능력을 가지고 있는지를 안다면 과연
그들이 그를 믿겠느냐?
12 그들의 존재를 모르며 그들이 가지고
있는 능력을 모름이니라.
13 그저 주는 대로 먹고 너희들이 다루고
부리는 짐승일 뿐이니, 그걸 안다면
그를 숭배하고 믿겠느냐?
14 그러니 그들이 다른 미신이요, 다른
신이요, 모든 다른 잡신을 믿는 그와
같은 것은 무엇이더냐, 나의 사랑하는
아들딸들아!
15 "네, 아버님 말씀대로 어리석고 모르
기 때문이옵나이다.
16 그 실체를 모르기 때문에, 그가 가지
고 있는 능력을 모르며 그의 한계를
모르니,
17 모르고 어리석은 백성들이기 때문에
그들을 믿는 것이 미신이요, 잘못된
잡신이요, 우상을 숭배하는 그와 같은
형국이 되는 것이라 이제 깨달았사옵
나이다."
18 그러니 지금 수천 년 동안 믿음의 길
을 가는 그 백성들이 참진리를 모르며
나의 뜻을 모르고 간다면, 덩치만 클
뿐이지 과연 그들이 믿는 것이 무엇이
더냐, 사랑하는 나의 아들아!
19 "그게 바로 미신이옵나이다, 그리고
우상이옵나이다.
20 아버님께서 말씀하신 모든 종교 집단
속에서 가는 그 백성들은 결코 악한
것이 아니요, 사악한 것이 아니요, 그
들의 마음이 포악해서가 아니라, 그들
이 모르고 어리석기 때문에 그러하오
니,
21 그리하여 어리석고 모르는 백성을 밉
다 저주하며 제 뜻이 아니다 하여 내
치며 그리고 사탄이요, 이단이요, 악
마라 몰아붙이는 것이 얼마나 가혹한
행위며 잘못된 것이며 이기주의이며
저만 아는 백성인가?
22 모르는 것은 가르치는 것이 지도자요,
선생의 위치이니,
23 모든 종교 집단이요, 지도자들은 저희
들의 신도를 가르치고 깨우치기 전에,
모르는 자들을 깨우치는 것이 하늘에
오르는 것이요, 아버님의 뜻이라 그리
이제 깨달았사옵나이다.
24 모르기에 미신을 믿으며, 모르기에 잡
신을 믿으며, 모르기에 소들을 믿으
며, 모르기에 강을 믿으며, 모르기에
산을 숭배하며,
25 그리고 돌무더기 앞에 절을 하며 경배
하는 것, 그리고 저희들이 깎아 놓고
절을 하는 것, 형상을 놓고 절하는 것,
26 그것이 그들이 악하고 사악한 것이 아
니라 모르기 때문에 그 사탄의 길을
가며, 아버님의 뜻을 거역한다는 것을
알았으니,

27 그들을 깨우치는 데 모두를 투자하는
것이 바른길이라 그리 생각되옵나이
다.
28 그들이 바로 섰을 때 저의 제자들이
바로 설 수 있으며, 그들이 깨우침에
들어섰을 때 법전을 읽고 깨우친 아버
님의 모든 백성들이 바로 설 수 있으
며, 아버님의 뜻이 세상에 전해지며
역사할 수 있다는 것을, 미련하고 아
둔하게 이제야 알았사옵나이다, 아버
님!
29 모두는 아무것도 아니옵나이다.
30 미신을 믿는 것도 결국 그가 미신을
믿는 것을 모르기 때문에 그 길을 가
는 것이요, 잡신을 믿는 것도 모르기
에 가는 길이요,
31 그저 바윗덩이 앞에 고개 숙여 울고불
고하는 것도 그가 모르기 때문이요,
정한수 떠 놓고 눈물로 비는 그 여인
의 마음도 모르기 때문이요, 달을 보
고 기도하는 여인의 마음도 모르는 것
이요, 해 앞에 와서 고개 숙여 소원을
비는 것도 모르기 때문이니,
32 모르고 어리석은 백성들이니, 밉고 잘
못된 것이요, 아버님을 배신하고자 하
는 것이 아니요, 아버님을 욕하고자
하는 것이 아니요,
33 아버님의 아들딸들이 모르고 미련하
기에 그와 같은 행위를 하니, 모르고
믿는 것이 미신이요, 잡신이요, 아버
님의 뜻을 거역하는 것이요, 사탄의
길이라는 것,
34 그러니 그들을 깨우치는 것이 저희들
의 대명이며, 알고 있는 자가 인도하
는 것이며, 그것이 저희들의 대명이
요, 그리하여 아버님께서 지도자라 말
씀하셨으며 선생이라 말씀하셨으며
전사라 하는 말씀을 알았사옵나이다.
35 이제는 모두가 모르기 때문에 잘못 가
는 것이요, 악하고 사탄이기 때문에
그리 가는 것이 아니니,
36 사탄도 미운 자도 마귀도 미신을 숭배
하는 자도 이 세상에는 존재하지 아니
하옵나이다.
37 오로지 미련하며 부족하며 어리석음
만 존재하는 것이라 그리 깨닫고 있사
옵나이다."
38 사랑하는 나의 아들아, 그리하여 네가
나의 아들이며, 내 뜻을 알며, 아버지
의 뜻을 아는 나의 사랑하는 아들이며,
39 그 뜻을 받아들이는 너의 제자들 또한
나의 사랑하는 아들딸이요,
40 아버지를 위해 창조주 나를 위해 그들
이 살아가며 내 뜻을 알고자 몸부림치
는 사랑하는 나의 아들딸이 있기에,
재앙은 세상에 없음이니 그리 알라.

9,448 번째 하나님 말씀

2004년 2월 2일 22시 29분

1 사랑하는 나의 아들아!
2 "네, 아버님! 말씀하옵소서."
3 너희들이 인간 세상에 살아가면서 그
러한 말이 있지 않더냐?
4 호랑이를 그리고자 하여 그림을 그림
이니, 그가 호랑이를 그리지 못한다
해도 고양이의 형태는 그릴 수 있는
것이 인간 너희들이라 하지 아니하였
더냐?
5 그러니 너희들이 하고자 노력하는 자

와 노력하지 아니하는 자의 그 차이점
이 거기에 있음을 또한 너희들에게 깨
우쳐 주는 것이 아니던가?
6 그러니 내가 나의 아들 너를 통하여
십계명을 암송하고 또 암송하도록 하
는 것이 무엇인 줄 알겠느냐?
7 네가 암송하고 또 암송함으로써 너도
모르는 사이에 네가 십계명을 지키는
사람이요, 십계명대로 살아갈 수 있는
나의 아들로서 거듭나게 하기 위하여,
네가 나에게 경배하고 기도할 때마다
십계명을 암송하라 함이니,
8 이제 너와 너의 제자들은 십계명을 암
송하는 것으로 그쳐서는 아니 될 것이
며, 십계명의 구절구절을 너희들이 암
송할 때마다 '나는 이를 지키겠다.' 하
는 그와 같은 생각이요, 꼭 지키고 살
겠다는 다짐을 해야 됨을 알라.
9 그리하면 너희들이 과연 지키고 있는
가, 지키지 않는가 너희 자신을 스스
로 하루에도 몇 번씩 들여다보는 그와
같은 삶으로써 살아가야 함을 너희들
은 절대 잊어서는 아니 됨이니라.
10 내가 나의 아들 너에게 십계명을 암송
하라 함은 그와 같은 다짐 속에서 살
아가도록 하고자 함이니,
11 나의 아들을 따르는 제자 너희들 또한
십계명을 암송하고 암송할 때, '나는
이를 반드시 지키겠다.' 하는 생각을
했을 때 너희들이 지킬 수 있는 길이
있으며, 지킬 수 있는 백성으로서 거
듭날 수 있음을 절대 잊지 말며, 이제
그와 같이 행하고 살아가도록 그리하
라.
12 그리되면 너희들도 모르는 사이에 그
를 지키는 백성이 되어 있으며, 남들
에게 한 점의 부끄러움이 없는 그와
같은 삶을 사는 나의 아들딸로서 거듭
난 그 모습으로서 너희들이 비칠 것이
니라.
13 너희들이 하늘에 오르는 길이요, 나에
게 구원을 받아 천사가 되고 안 되는
그와 같은 삶이, 지상에서 너희들이
역사하는 것, 살아가는 것, 여기서 변
화되는 그것이 모두 심판의 기준이라
하였음이니,
14 하늘에 오르는 양식이라는 십계명을
암송하고 또 암송하며 지키고 지키는
그와 같은 삶을 살지 아니하고는 결코
너희들이 나에게 올 수 없으며 그와
같은 은혜를 얻을 수 없음이니라.
15 그리하여 선택된 백성 너희들에게 내
가 십계명을 암송하도록 하며, 또한
다스려지지 않은 나의 아들에게 십계
명을 암송하고 암송하도록 하여 나의
성령의 뜻을 받아 책으로 만들어 내는
그 역사의 어렵고 힘든 길을 가도록
하며,
16 그와 같은 기도를 배로 드릴 수 있도
록 하여 또한 내가 그를 받아들이고
내가 들을 수 있도록 하면서 그의 마
음을 굳게 하며 각오를 다시 하며, 그
를 지키고 살겠다는 굳은 결의를 갖도
록 하는 것이 나의 뜻이니,
17 나의 아들을 따르는 모든 제자 너희들
이 십계명을 암송할 때마다 그대로 암
송하는 것이 아니요, '나는 지키는 백
성이 되겠다.' 하는 약속을 하며,
18 너희들이 지키고 사는지 안 사는지 하
루에 한두 번 이상 꼭 너희 자신을 점

검해 보도록 그리하라.
19 그리해야만 너희들이 변화될 수 있을
것이며, 너희들도 모르는 사이에 변화
된 네 자리에 서 있음을 알게 될 것이
니라.

9,449 번째 하나님 말씀

2004년 2월 2일 22시 32분

1 사랑하는 나의 아들아!
2 "네, 아버님! 말씀하옵소서."
3 너희들이 살아가면서 그 삶의 형태가
무엇인 줄 알겠느냐?
4 나의 사랑하는 모든 백성 너희들이 지
옥으로 가는 그 문은 행하기가 쉬우며
즐거운 길이니라.
5 너희들이 지옥으로 가는 문은 쉽게 모
두를 역사할 수 있는 것이요, 지옥문
앞에서 들어가지 아니하려고 몸부림
치나 그곳을 가지 아니하면 아니 되는
것이 너희들의 삶이니라.
6 그러니 이제 모든 믿음의 길을 가는
백성들이요, 나의 아들을 따르는 제자
요, 나의 법전을 깨우친 만백성 너희
들은 가슴에 깊이 새기라.
7 너희들이 지옥으로 가는 문이요, 그
길은 행하기가 쉽고 즐거운 마음으로
써 행할 수 있는 것이니라.
8 그러니 지금의 모든 종교 집단이요,
지도자 그들이 과연 어렵고 힘든 길을
가는가?
9 그저 행하기가 쉽고 즐거운 길을 가는
것으로써 저희들의 믿음이요, 신앙의
생활이요, 구원을 받는다 하니, 그게
바로 지옥으로 가는 문이라 함을 너희
들은 알라.
10 너희들이 살아가면서 행하기가 쉽고
즐거운 것이 바로 지옥의 관문으로 가
는 길이라는 걸 잊지 말도록 그리하라.
11 너희가 선한 것은 나로부터 구원의 길
이요, 그리고 너희들이 거듭나는 영광
이요, 은혜를 얻는 것이며, 영원히 사
는 세상에 너희들이 새 생명으로 태어
나는 것이니라.
12 그러나 그는 행하기가 어려우며 누구
나 함부로 갈 수 없는 것이며 고통과
시련의 길이라는 것을 나의 아들을 따
르는 제자 너희들은 명심하여야 될 것
이며,
13 나의 법전을 읽고 깨우친 만백성 너희
들은 이를 알고 그와 같은 것에 두려
워하지 말라.
14 너희들이 나에게 오르는 구원의 길은
힘들고 어려운 길이니라.
15 그러나 그것이 나에게 오를 수 있는
길이라는 걸 명심하도록 그리하라.
16 지금의 종교 집단과 지도자, 그리고
그 신도들이 행하기 쉬우며 편안한 그
길을 선택하며 믿음 자체도 그와 같이
편안한 길로 감이니,
17 그것이 곧 나에게 오르며 영원히 거듭
나는 하늘에 오르는 길이 아니요, 지
옥으로 가는 길을 선택하고 그 길을
향해 가고 있다는 것을 너희들은 절대
잊어서는 아니 될 것이니 그리하라.
18 행하기가 어려우며 고통스러운 것, 그
것이 바로 너희들이 거듭나는 길이요,
영광된 길이라는 것을 절대 잊지 말
며, 가슴속 깊이 새기도록 그리하라,
사랑하는 나의 아들딸들아!

9,450 번째 하나님 말씀

2004년 2월 2일 22시 37분

1 사랑하는 나의 아들아!
2 "네, 아버님! 말씀하옵소서."
3 너희들이 죽어 나에게 왔음이니, 너희
들이 가지 않으려고 발버둥치는 지옥
의 관문 앞에서 울고불고하지 아니하
며 너희들이 그곳에 가지 아니하는 것
은 어떠한 삶을 살아야 되는 줄 알겠
느냐?
4 내가 나의 아들을 통하여 나의 법전에
수없이 기록하여 전하였거늘, 너희들
은 어찌하여 그를 지키고 행하는 데
그리 소홀하며 너희들의 마음 자세를
다스리지 못하는가?
5 너희들이 얼마나 무섭고 강한 마음으
로써 나에게 오고자 노력해야 그 모두
를 이루고 역사할 수 있다 생각하는가?
6 너희들은 이 세상의 어떠한 것을 이루
는 것보다도 더 어렵고 힘든 길이요,
그 누구도 함부로 역사할 수 없는 것
이 나에게 오르는 길이요, 거듭나는
영광이라 하지 않았느냐?
7 그러니 얼마나 어렵고 힘든 길인지 내
가 익히 너희들에게 깨우쳐 전하였느
니라.
8 그러니 너희들이 그를 함부로 소홀히
듣고 행하지 말라.
9 너희들이 지옥의 관문 앞에서 들어가
지 아니하려고 몸부림치며 울고불고
그리하지 않으려거든, 내가 나의 아들
에게 전한 몇 가지를 지키고 살면 될
것이니라.
10 너희들은 너희 자신을 먼저 생각하지
말며 자기를 버리며 자기를 접어 두고
삶을 살아야 될 것이며, 그렇지 않은
자는 지옥의 관문 앞에서 몸부림치는
자가 될 것이니라.
11 모두를 다 놓으라 했음이니라. 아무것
도 손에 쥔 것이 없는 그와 같은 마음
으로 살아가는 자라 함이니, 너희들은
이를 따르라.
12 그리고 사랑을 실천하는 자임을 알라.
너희들이 사랑을 실천하는 것은 영혼
의 구원의 길이라 내가 그리 가르치지
아니했던가?
13 그리고 내가 너희들에게 욕심을 버리
라 하였음이니라. 너희들이 욕심을 버
림으로 하여 베푸는 것을 배우며 나눔
을 배울 수 있는 것이니라.
14 그리고 사랑이라는 것을 실천하고 행
함으로써 너희들이 진실된 삶이요, 진
실된 길을 갈 수 있으며, 악을 다스리
며 거짓을 다스려 너희들이 진실된 삶
을 살 수 있는 것 또한 사랑을 베풀고
사랑을 실천하는 길이요, 그와 같은
삶을 살아야 된다는 걸 절대 잊지 말
라.
15 너희들이 나의 십계명대로 살고자 노
력해야 하며, 그리 지키고 살고자 노
력하지 아니하는 자는 절대 그 관문을
들어가지 못하는 백성이라는 것을 알
며,
16 그리고 지금 내가 나의 아들을 통하여
새로운 성경이요, 새로운 법전이요,
'하나님! 말씀하옵소서.' '하늘에 오르
는 길'이라는 이를 읽고 깨우쳐 너희
들이 이와 같은 것을 지키고 살고자
노력해야 되는 것이니,

17 이와 같이 노력하지 않는 자들은 결국
지옥의 관문 앞에서 결코 벗어날 수
없는 백성이라는 것을 명심하고 또 명
심하도록 하라.
18 너희들이 울고불고 몸부림치며 지옥
문 앞에서 들어가지 아니하려는 그 불
쌍한 모습에서 구원하고자 하여 내가
나의 아들을 통하여 너희들이 지켜야
할 몇 가지를 내림이니,
19 이를 명심하여 생활에서 하나하나 지
키고 살아가는 그와 같은 변화된 모습
의 삶을 살도록 그리하라.

9,451 번째 하나님 말씀

2004년 2월 2일 22시 42분

1 사랑하는 나의 아들아!
2 "네, 아버님! 말씀하옵소서."
3 지금의 믿음의 길을 가는 백성들이 내
앞에 와 나의 아들을 협박함이니라.
4 너희들이 나의 아들을 협박하며 굳건
히 믿으며 마음을 바꾸지 못하는 것이
무엇이더냐?
5 너희들이 그저 편안하게 나의 아들 예
수를 믿기만 하면 그 보혈로써 구원을
받을 수 있다는 것, 그 마음을 돌릴 수
없으며 그것을 지울 수 없는 것이니,
그것 또한 너희들의 욕심이니라.
6 그러나 나의 아들은 그와 같은 것으로
써 구원을 받을 수 없다 하며, 나의 아
들의 보혈로써 구원받을 수 없으며 너
희들이 행하는 것으로써 구원을 받으
라 함이니,
7 너희들이 이를 가지고 나의 아들의 가
슴에 활을 쏘며 나의 아들의 가슴에
비수를 꽂으며, 그리고 나의 법전을
태우고 그를 존재하지 못하도록 하니,
8 내가 너희들을 불쌍히 여기며, 나의
아들을 사랑하며, 나의 아들이 법전을
만들며 그 제자들이 만들어 세상을 구
하는 그 길을 역사함이니, 내가 너희
들에게 하나의 기회를 주고자 함이니
라.
9 이는 너희들이 나의 아들의 가슴에 활
을 쏘며 비수를 꽂고자 하며 나의 법
전을 찢어 버리고 태우는 너희들의 마
음을 돌릴 수 없으며, 그것으로써 나
의 법전을 공격하며 나의 아들을 공격
하기에,
10 내가 너희들에게 하나의 길을 알려 주
고자 하며, 너희들이 보혈로써 구원을
받는 것을 그리고 나에게 오를 수 있
는 것을 내가 전하고 너희들에게 깨우
쳐 주고자 함이니 그리 알라.
11 이는 나의 법전을 만드는 제자들이요,
나의 아들을 사랑하기에 내가 너희들
에게 지울 수 없는 것, 그리고 너희들
이 놓을 수 없는 것, 헤어날 수 없는
것, 나의 아들 예수의 보혈로써 구원
을 받아 나에게 오르는 백성이 될 수
있는 것을 내가 하나 너희들에게 깨우
쳐 주고자 함이니, 너희들은 명심하여
듣고 행하도록 하라.
12 이것을 너희들이 행하지 못할 때, 너
희들은 절대 예수의 보혈로써 구원을
받았다 하지 말며, 나의 아들의 가슴
에 활을 쏘려 하지 말라.
13 너희들에게 내가 명하느니라, 너희들
이 이 세상에 살아가면서 알고 지은
죄, 모르고 지은 죄, 그리고 너희들이

실수한 것, 그리고 잘못된 것을 회개
하며 반성하느니라.
14 그러니 너희들이 한 번 회개하고 반성
한 그것을 두 번 다시 행하지 아니하
며 그 죄를 범하지 않는다면, 너희들
은 나의 아들 예수의 보혈로써 구원을
받으며 나에게 올 수 있는 그 길을 열
어 줄 것이니, 이를 명심하라.
15 이것 외에는 내가 너희들에게 더 이상
열어 줄 길이 없으며, 내가 나의 아들
을 보호하며 나의 법전을 보호한다 해
도 내가 너희들에게 던져 줄 수 있는
것이 없으며 이게 마지막 기회이니 그
리 알라.
16 너희들이 나의 아들 예수의 보혈로써
구원받는 것, 나를 찾기만 하면 구원
을 받는다는 것을 지우지 못하여 그것
이 잘못되었다 가르치는 나의 아들의
가슴에 너희들이 독화살을 쏨이니,
17 나의 아들을 사랑하며, 그 제자를 사
랑하며, 나의 법전이 세상에 나가 만
백성을 구원하는 그 길에 너희들이 적
과 적으로서 존재하지 아니하도록 하
려 내가 너희들에게 하나의 기회를 내
려 주는 것이니, 이것은 내가 너희들
에게 내리는 상이니라.
18 너희들이 지은 죄요, 그리고 너희들이
회개한 것이요, 눈물 흘리고 콧물 흘
리며 너희들이 반성했다는 것을 두 번
다시 그와 같은 죄를 짓지 아니하고
행하지 아니한다면 너희들이 나에게
오를 수 있는 그 길을 열어 줌이니 그
리 알라.
19 이것이 나의 아들을 사랑하며 나의 아
들을 따르는 그 제자들이요, 법전을
만들어 만백성을 구하는 그들을 위하
여 내가 모든 백성에게 내리는 상이
니, 이것 외에는 너희들이 그와 같은
길이 없음을 알라.
20 그러나 너희들이 잘못을 뉘우치고 울
고불고 회개하고 나서 또다시 그 죄를
반복한다면 너희들은 절대 나에게 올
수 없으니, 나의 아들 예수의 보혈로
써 구원을 받을 수 있다며 나에게 명
을 받은 자라 말하지 말라.
21 절대 이는 용서치 않을 것이며, 너희
들은 두 번 다시 그와 같은 역사가 있
을 수 없다는 것을 알게 될 것이니, 너
희들이 말로써도 표현하지 말라.
22 너희들이 한 번 회개하고 반성한 죄를
짓지 않는 자, 내가 예수의 보혈이요,
나를 찾는 것으로써 구원의 길을 열어
준다 함이니,
23 이는 지금 나의 아들을 사랑함이요,
나의 법전이 세상에 나가 그 모두를
역사하는 그 제자들을 사랑함이니 그
리 알라.
24 이것이 나 여호와의 뜻이요, 하늘의
법도라는 것을 너희들은 알라.
25 절대 너희들은 구원받았으며 보혈로
써 은혜를 받았다 하지 말라.
26 너희들이 회개한 것, 깨우친 것을 두
번 다시 행하지 말며, 나에게 거짓된
행위를 하지 말며 나에게 거짓 약속하
지 말며, 나에게 약속한 것을 지키라.
27 이것이 하늘의 법도임을 잊지 말라 그
리 전하라.

9,452 번째 하나님 말씀

2004년 2월 2일 22시 48분

1 사랑하는 나의 아들아!
2 "네, 아버님! 말씀하옵소서."
3 네가 나의 성령을 받아 기계로 녹음을
하여 그것을 너의 제자들에게 전함이
니, 그를 가지고 너의 제자들이 기록
하여 나의 법전을 책으로 만들어 냄이
니,
4 내가 너에게 이 기계를 중단시키며 또
중단시키는 그와 같은 오늘의 역사가
어찌하여 있었는지 너는 알고 있는가,
그리고 그 원인이 어디에 있는지 알고
있느냐?
5 "네, 아버님! 저는 알고 있사옵나이다.
6 아버님께서 사랑하시는 저의 제자요,
그리고 아버님께서 구원하고자 하시
는 저의 제자들의 마음이 흔들리며 그
들이 동요가 있기에, 아버님께서 그들
에게 기적을 보이고자 함이니,
7 그리하여 이 기계를 중단시켰으며 아
버님의 말씀을 기록하지 못하도록 그
들에게 보여 주셨으며 그들에게 역사
하신 것이라 그리 저는 알고 있사옵
나이다.
8 그러니 아버님의 그 고통이요, 수고스
러움에 저 자신이 고개를 들 길이 없
으며, 뭐라 드릴 말씀이 없사옵나이
다."
9 사랑하는 나의 아들아, 너를 따르는
제자들이 어렵고 힘든 그 길을 나와
저희들이 비틀비틀 걷는 어린아이에
서 이제는 바로 설 수 있는 그와 같은
단계에 와 있으니,
10 그들이 다리 힘을 얻어 등 돌리고 돌
아가는 것을 내가 막고자 함이니, 네
아픈 마음을 달래고자 내리는 기적의
역사이니 그리 알라.
11 너의 제자들에게 그리 전하라.
12 내가 그 기계를 중단시켜 그를 행하지
못하도록 하며 나의 성령이요, 내 뜻
을 기록하지 못하도록 하며 듣지 못하
도록 한 그와 같은 기적의 역사를 보
여 준 것은 너의 제자들을 내가 버리
지 않고자 함이니,
13 이는 내가 그들을 사랑하며, 또한 그
들의 공이 있기에 내가 그리하였으니,
14 그 제자들에게 바로 서고 두 번 다시
흔들리는 마음을 갖지 말도록 그리 전
하며,
15 오로지 앞만 보도록 하며, 160권의 법
전을 만드는 것이 세상을 모두 다 얻
은 기쁨보다도 위대한 것이라는 것을
깨닫고 160권을 만드는 데 게을리하
지 말라 그리 전하라.
16 160권의 법전이 세상에 나오며 나의
아들의 그 머리가 백발이 되었을 때
모두를 다 얻고 볼 수 있다 하였거늘,
17 지금까지 너희들이 100권이 넘도록
노력했으며 그 모두를 역사한 것이 3
분의 1도 안 남은 여기에서 주저하고
모두를 포기하는 것은 너무나 억울하
고 가련하여,
18 내가 너희들에게 보여서는 안 되는 그
와 같은 기적의 역사로써 내가 너희들
을 다스려 줌이니,
19 그 은혜를 깨닫고 감사한다면 법전을
만드는 데 흔들리는 마음을 바로잡아
너희들이 160권의 법전이 세상에 나

올 때까지 모두를 다 바쳐서 역사하라.
20 머지않은 그 시간에 모두를 이루고 볼
수 있거늘, 어찌하여 여기서 무너지려
하느냐?
21 내가 너희들을 사랑하며, 또한 너희들
이 무너지는 것을 보며 말 못 하는 나
의 아들의 그 가슴 아픔보다도 내가
더 아픔이니라.
22 부모와 자식 간의 삶에 부모가 자식을
일찍이 버렸음이니, 그 부모가 자식을
버리지 아니하면 아니 되기에 그 자식
을 버려 생이별을 하고 몇십 년의 세
월이 흐른 다음에 그 부모가 자식 앞
에 내가 부모라 말하지 못하며 그를
돕고자 해도 돕지 못함이니,
23 어렵고 힘들게 살아가는 그 자식을 어
머니 아버지로서 도우며, 내가 어머니
요, 아버지라 말하지 못하며 다른 사
람을 통하여 그를 돕는다면, 도와주는
부모의 가슴이 얼마나 아프고 저리겠
느냐?
24 그 제자들이 무너지는 것, 그들이 쓰
러지는 것을 볼 때 네가 얼마나 가슴
아파할 것이며 네가 얼마나 고통스러
워할 것인지 나 여호와가 알기에, 그
들을 구원하고자 그와 같은 역사를 내
렸음이니,
25 그들에게 나의 뜻을 거역하며 나의 뜻
을 저버리는 일이 없도록 그리 가라
전하라.
26 부모가 자식 앞에 나타나지 못하며,
죄가 있어 그를 돌보면서 돌본다 말하
지 못하며 떳떳한 부모의 역할을 하지
못하는 그 가슴이 얼마나 저리고 아프
겠는가?
27 나의 아들 네가 그 제자들이 무너지는
것을 보면서 말하지 못하며 잡지 못하
며 그들을 다스리지 못하며, 그저 묵
묵히 바라보는 네 가슴의 아픔을 나
여호와가 볼 수 없고 너희들이 잘못되
는 것을 볼 수 없어,
28 내가 이루어서는 안 되는 그 기적의
역사를 이루어 너희들을 지켜 주고자
했으며, 너희들이 바로 가도록 하게
했으며,
29 얼마 남지 않은 그 역사의 길에 너희
들이 올 수 있도록 한 나 여호와의 그
뜻을 너희들이 생각한다면,
30 너희들이 어떠한 마음으로 가야 될 것
인지 그 제자들에게 깊이 깨우쳐 행하
도록 네가 그리 전하라.
31 나의 뜻이니라.

9,453 번째 하나님 말씀

2004년 2월 2일 22시 55분

1 사랑하는 나의 아들아!
2 "네, 아버님! 말씀하옵소서."
3 너의 제자들이 이 길을 가면서 어렵고
힘들어 그들이 스스로 무너지며 떠나
고자 하는 그와 같은 고통을 나는 아
느니라.
4 그러면서 내가 너를 통하여 너의 제자
들이요, 나의 법전을 읽은 백성들에게
완벽한 삶을 살라, 완벽한 백성이 되
라 하며, 내가 그를 늦추지 아니하고
명하는 것을 이 세상의 모든 백성들은
모를 것이며, 너를 따르는 제자 그들
도 모를 것이니라.
5 그리고 나의 법전을 읽고 깨우친 만백

성 그들도 그를 모를 것이니라.
6 사랑하는 나의 아들아, 너는 과연 고
통에서 견디지 못하고 떠나는 그 제자
들을 바라보는 네 마음의 아픔을 내가
알면서, 그들이 떠나는 것을 볼 수 없
어 그들을 바로잡아 주고자 내가 그와
같은 역사를 하면서도,
7 그들에게 더 완벽하게 더 곧고 바르게
어렵고 힘든 흔들리지 않는 그와 같은
삶을 살라 명하는 것을, 이 세상의 모
든 백성은 몰라도 너는 알고 있지 않
으냐, 사랑하는 나의 아들아!
8 "네, 아버님! 저는 감히 알 수 있다 말
씀을 드릴 수 없으나, 제가 조금은 느
끼고 있사옵나이다, 아버님!"
9 너는 어찌 생각하느냐, 정녕 이것이
나 여호와의 사랑이요, 내가 네 제자
들을 사랑하는 길이라 생각하지 아니
하는가?
10 "네, 아버님! 그것은 아버님께서 무엇
보다도 사랑하시는 것이며, 아버님의
모두를 다 던져서 그들을 아끼고 사랑
하시는, 그 누구도 받을 수 없으며 역
사할 수 없는 큰 은혜요, 사랑이라 그
리 생각되옵나이다."
11 그렇다면 내 마음이 과연 어떠하며,
내가 왜 그와 같이 엄격하게 완벽한
삶을 살라 하며 그리 어렵게 다그치는
것인 줄 알겠느냐?
12 "네, 알고 있사옵나이다.
13 바다에 그물을 던져 고기를 거둬들임
이니, 그 그물이 간격이 넓으면 어찌
되겠사옵나이까, 아버님!
14 그물의 크기만큼 큰 고기들은 가지 못
하나, 그 그물보다 작은 고기들은 다
빠져나가는 그와 같은 형국이 되지 않
겠사옵나이까?
15 그러니 큰 고기는 나가지 못하나 작은
고기들이 던진 그물에서 빠져나간 형
국이 된다면, 그것이 저희들의 가슴에
죄악이 남는 것이요, 저희들이 죄악의
뿌리를 완전히 뽑지 못한 것이며,
16 아버님께서 다스리고자 해도 그와 같
이 저희들이 작은 죄요, 작은 욕심들
이 저희 자신을 지키고 있으니 저희
들이 모두 넘어지는 것이며,
17 남아 있는 죄의 싹이요, 그 씨에 의하
여 저희들 자신까지 모두 무너지는 그
와 같은 형국이 되기 때문에, 이를 아
버님께서 다스리고자 하시는 것이라
그리 생각되옵나이다, 아버님!
18 저희들이 집을 지으며 움막을 지음이
니, 그저 힘들고 어렵다 해서 하늘을
막는 지붕을 소홀히 하여 그 간격을
조밀하게 하지 못하여 물이 새고 빗
물이 샌다면, 그 집은 가치가 없으며
존재할 수 없으니,
19 빗물이 새는 것을 아시는 아버지께서
하늘에서 내리는 빗물이 새지 않도록
지붕을 단단하게 만들며, 하늘을 받치
고 있는 움막의 지붕을 완벽하게 만들
어 비가 새는 것을 막는 것처럼,
20 그와 같이 저희들의 작은 욕심이요,
작은 죄악의 씨앗이 남아 있다면 저희
들은 결코 구원을 받지 못하며, 결국
지옥이라는 그 문턱 앞에서 몸부림치
며, 아버님을 원망하며 또한 법전을
원망하며 저를 원망하는 그와 같은 형
국이 되기에,
21 아버님께서 하늘에서 내리는 비를 막

을 수 있는 완벽한 지붕을 만들며 새
지 않는 지붕을 만들고자 하시는 것이
며,
22 큰 그물이 아니라 어떠한 작은 것도
빠져나가지 못하는 완벽한 그물을 만
들어, 거기에 걸린 모든 고기를 거둬
들이고 잡아들일 수 있도록 하는 이
치의 뜻에서 아버님께서 그와 같이 하
시는 것이라 이 미련한 아들은 그리
생각하고 있사옵나이다, 아버님!
23 작은 죄에 대한 것을 알지 못하며 그
리되면 작은 욕심이요, 그 죄의 뿌리
가 탐욕을 일으키게 되며, 저희 자신
이 모두 태워지며 무너지니,
24 그 무서운 결과는 결국 지옥문 앞에서
가지 않겠다 몸부림치는 가련한 형국
이 되기에,
25 아버님께서 그와 같은 은혜와 영광 속
에서 축복을 얻을 수 있도록, 그와 같
이 몸부림치는 죄악의 고통을 면하게
하기 위하여 아버님께서 그리하신다
생각하옵나이다.
26 지붕을 소홀히 해 놓아 비가 새는 것
같이 해서는 아니 되기 때문에, 완벽
하게 비가 새지 않도록 그와 같은 것
을 만들기 위하여 저희들에게 완벽한
자가 되라, 그리고 하나의 어떠한 허
점도 용서할 수가 없다 말씀하시며,
27 바로 서라 그리고 너 자신을 던지라,
그리고 네 욕심을 버리라, 그리고 네
손을 쥐었다 펴듯이 아무것도 남지
않는 그와 같은 것으로 되라, 그렇지
아니하면 너희들은 이룰 수 없는 것이
니라,
28 그리고 너희들이 가지고 올 수 없는
부질없는 재물에 대하여 어리석게 모
두를 바치는 삶을 살지 말라, 그리고
너희들은 구원을 바라지 말며 구원을
원하지 말라, 그리고 하늘에 오르는
한 장의 자리가 있을 때 그 자리까지
양보하며 내 주라는 아버님의 그 뜻을
알고 있사오며, 저는 그리 깨닫고 있
사옵나이다."
29 사랑하는 나의 아들아, 이 세상의 모
든 백성들이 내 뜻을 알겠느냐?
30 네가 있음이니, 나 여호와의 기쁨이
요, 네가 그를 행하고 전함이니, 또한
너의 제자들이 그를 듣고 깨우칠 것이
며, 그리고 나의 법전을 읽은 백성들
이 깨우칠 것이며, 만백성이 나 여호
와의 이와 같은 뜻을 알 것이니,
31 그들이 완벽한 삶을 살아가는 데 주저
하지 아니하는 자들로 마음을 다스릴
것이며 행동을 다스릴 것이니,
32 이 세상은 바로 내가 천 년이라는 세
월 후에 지상의 낙원을 이루는 것에
어떠한 오차도 없이 실수 없이 이루어
져 가고 있음이니,
33 그 모두는 나의 기쁨이니라, 사랑하는
나의 아들아!

9,454 번째 하나님 말씀

2004년 2월 3일 07시 01분

1 사랑하는 나의 아들아!
2 "네, 아버님! 말씀하옵소서."
3 네가 울고 있는 것을 나 여호와는 알
고 있음이니라.
4 그러니 네 가슴에 우는 눈물을 거두도
록 그리하라.

5 모든 것이 고통과 시련의 대가가 있어
서 얻어지는 것이 값지고 보람된 것이
아니더냐?
6 그저 쉽게 얻는 것, 가볍게 얻는 것은
너희들이 소중함과 귀함을 모름이니,
7 네가 바로 서지 못하며 바로 가지 못
하여 눈물 짓는 마음을 나 여호와는
아느니라.
8 시련과 고통의 그 역사 속에 모두는
다듬어질 것이며 모두가 다 이루어질
것이니라.
9 또한 네 제자들을 바라보며 그들의 마
음을 보며 한없이 우는 네 마음을 아
느니라.
10 그러나 그들 또한 세월이 지남으로써
모두는 변하고 변할 것이니라.
11 너는 무엇을 그리 마음 아파하는가?
12 내가 네 가슴 아파함을 알고 있음이니
라.
13 사랑하는 나의 아들아!
14 "네, 아버님! 말씀하옵소서."
15 너희들이 사람을 용서하며 잘못된 자
를 용서할 때, 수백 번을 용서해도 그
것을 다하지 못함이니, 용서할 수 있
는 데까지 용서하라 성서에 기록되어
있는 그 내용을 너는 알며 너의 제자
들이 그를 배워 알고 있음이니,
16 그러나 너의 제자들이 그와 같이 남을
용서하며 이해하는 마음을 네가 보지
못하며, 단 한 번의 실수도 용서치 못
하며, 단 한 번의 잘못됨도 그를 눈감
아 주지 못하고 받아주지 못하며, 그
를 사랑으로 다스려 주지 못함이니,
17 그것을 보는 네가 마음속으로 울고 있
음을 나 여호와는 알고 있음이니라.
18 나의 성전에 왔다가 떠나간 자, 그리
고 그들이 떠나가서 또한 다른 짓을
하는 자, 그와 같은 자들이 돌아온다
할 때,
19 더 아름다운 마음으로 더 반가운 마음
으로 기쁘게 받아 주지 못하는 너의
제자들을 보는 네 마음이 또한 울고
있음을 알고 있느니라.
20 그들이 제자리요, 제 몫 때문에 그러
하다는 것을 너는 알고 있으며, 그리
하여 네가 아픈 마음으로 울고 있는
걸 아느니라.
21 그러나 그 모두도 세월이 지나면 그들
을 용서하며 이해하고 받아 주며 그들
을 다 가슴에 안을 수 있는 그와 같은
제자들로 변화될 것이니라.
22 그러니 고통과 시련 속에서 그들이 변
화되는 것이 값진 것이요, 아름다움이
니,
23 너는 마음속에 우는 눈물을 거두도록
하라, 사랑하는 나의 아들아!
24 네 마음을 아느니라.
25 너희들이 일곱 번을 용서하며 70번씩
7번이라도 용서를 해야 된다는 성서
를 듣고 배우고 깨우친 그 백성들이
단 한 번의 실수도 용서하지 못하며
사랑으로 다스리지 못하는 그와 같은
것을 보고 네가 마음에 울고 있음을
아느니라.
26 그러나 그들이 그와 같은 것을 행하고
따름에 있어서 저 스스로 싸우며 저
자신을 다스려서 그를 넘고 이길 수
있는 것이니,
27 그리고 떠났다가 돌아오는 제자들을
진심으로 사랑하고 진심으로 받아들

이지 못하는 일부 제자들 때문에 네가
가슴 아파 우는 것,
28 그 또한 시간이 지나면 그들이 모두
스스로 깨달으며 돌아옴으로 인해서
한 형제요, 더불어 살아가기를 잘했다
는 그와 같은 체험을 했을 때, 돌아오
는 자를 용서할 수 있는 마음의 길을
가지 않겠느냐?
29 너희들은 완벽하지 못함이니, 다스리
고 또 다스려 가는 것이니, 그와 같은
것 때문에 네가 울지 말라.
30 그리고 가슴 아파하지 말라.
31 그리고 너 또한 완벽하게 한 점의 부
끄러움이 없이 변하지 못하는 것, 그
것 때문에 울지 말도록 그리하라.
32 너 또한 시련과 고통 속에서 바로 설
날이 있을 것이니, 그때 가면 알게 될
것이니라, 사랑하는 나의 아들아!

9,455 번째 하나님 말씀

2004년 2월 3일 07시 05분

1 사랑하는 나의 아들아!
2 "네, 아버님! 말씀하옵소서."
3 너를 따르는 그 제자들은 모든 마음을
비우며 모두를 다 대중적으로 사랑하
라 하지 않더냐?
4 똑같은 마음으로 사랑하라는 나 여호
와의 뜻을 깊이 새겨 너희들이 그리
행해야 될 것이니라.
5 너희들이 마음으로 더 깊이 사랑하는
마음을 가지고 있는 사람, 그리고 그
리워하는 사람, 그 모두를 다 지워 버
리며 살아야 하느니라.
6 그리하여 모두를 똑같이 사랑하는 그
마음 외에는 가져서는 절대 깨달음을
얻을 수 없으며, 나에게 오를 수 있는
그와 같은 기초가 다져질 수 없음을
너희들은 알라.
7 네가 남을 사랑하며 남을 그리워함이
니, 그와 같이 네가 남을 사랑하며 소
중히 여기며 그리워하는 것만큼 그
사람이 너를 생각하지 아니하며 그리
워하지 않으면,
8 그것 또한 네 생각이요, 네 마음속에
는 괴로움과 고통스러움이 있을 것이
며 섭섭한 마음을 갖게 됨이니, 그리
하여 그와 같은 마음을 갖지 말라는
것이니라.
9 또한 그 모두가 다 너희 자신의 욕심
이라 생각되지 않더냐?
10 그러니 그리워하고 사랑하는 만큼 받
지 못할 때, 너희들이 돌아오지 아니
하는 것을 섭섭하게 생각하며 그를
괴로워하는 고통을 또 겪게 됨이니라.
11 그러니 그 모두가 다 무엇이더냐?
12 그것이 다 욕심을 버리지 못한 것이기
때문이니, 그리하여 너희들이 모두를
똑같이 사랑하는 마음으로 가지 아니
하면 아니 됨이라 하니, 그 욕심의 뿌
리가 남아 있기 때문이니라.
13 너희들이 미워하는 사람, 보고 싶지
않은 사람, 그와 같은 사람들을 마음
에서 모두 다 지우라 함이니, 그건 무
슨 뜻인 줄 알겠느냐?
14 "네, 아버님! 알겠사옵나이다.
15 미워하며 보고 싶지 않은 그러한 사
람이 있음이니, 그 마음이 괴로우며
저 자신이 고통스럽다는 것, 그리고
저 자신의 욕심이라는 것,

16 그리하여 저희들은 어떠한 사람이든
누구든 똑같이 대중적으로 보며, 모두
를 가슴에 안고 모두를 똑같이 사랑하
라 하시는 말씀,
17 절대 인간을 차별하지 말라는 그 말
씀은 오로지 저희들이 변할 수 없기
때문에 그리 가르치심을 이제 알겠사
옵나이다."
18 사랑하는 사람, 그리워하는 사람, 더
사랑을 받고 싶어하는 사람, 너희들을
더 기억해 주기를 바라는 마음, 네 마
음처럼 그가 사랑하는 마음을 똑같이
전해 주기 바라는 것, 그 모두가 다 너
희들의 괴로움이요,
19 그로 인하여 고통이요, 그리하여 섭섭
한 마음을 갖고 사는 것이 인간이니,
20 그와 같은 마음을 가지고 사는 근본을
버리라 함이니라.
21 그 또한 너희들이 아름답지 못한 욕심
이기 때문이니 그리 알라, 사랑하는
나의 아들딸들아!

9,456 번째 하나님 말씀

2004년 2월 3일 07시 12분

1 사랑하는 나의 아들아!
2 "네, 아버님! 말씀하옵소서."
3 나 여호와가 나의 아들을 통하여 너희
들에게 나의 뜻을 전했느니라.
4 너희들이 계명대로 지키며 나의 법전
대로 살아 참진리의 길을 깨달으며 그
길을 따라 나에게 오르고자 한다면,
5 너희들에게 가장 소중한 것은 너희 자
신을 버려야 되며 자기를 포기해야만
된다 내가 그리 말하지 아니하였더냐?
6 나 여호와의 뜻을 거역하고 하늘에 오
르고자 하는 그와 같은 삶을 살고자
한다면, 이 세상의 삶이요, 세속의 삶
에서 부귀와 영화를 얼마든지 누리고
향락을 즐기며 살 수 있는 것이 인간
너희들이니라.
7 나 여호와의 뜻을 따라 나의 뜻에 순
종하며 하늘에 오르고자 하는 그와 같
은 생각을 버리고 산다면, 그리고 그
모두를 저버린다면,
8 너희들은 인간 세상에서 자기 자신을
위주로 살며, 자신의 존재 가치를 높
이기 위하여 삶을 살게 됨이니,
9 너희들은 부귀와 영화를 누릴 수 있으
며 인간의 향락을 누릴 수 있으며 즐
거운 삶을 살 수 있는 것이니라.
10 그러나 너희들이 하늘에 오르고자 하
며 나의 뜻에 따르고자 한다면, 너희
들은 인간 세상의 부귀와 영화요, 그
모두는 다 버려야 되며 그를 취할 수
가 없음이니라.
11 이는 곧 무엇이더냐?
12 너희들이 하늘에 오르고자 하며 내 뜻
에 따라 거듭나는 인생을 산다면 자기
자신을 포기하며 자기 자신을 버려야
되며 자기를 생각하지 아니하는 그와
같은 삶을 살아야 되기 때문이니라.
13 그러니 이것이 너희들이 가야 할 길이
며 너희들이 가는 운명임을 어찌하겠
는가?
14 너희들이 하늘에 오르는 것을 포기한
다면 자기 자신이 존재하는 것을 알게
되며 육의 존재함을 위대하게 보며 자
기 자신의 삶을 살아가게 되는 것이니
라.

15 자기 자신의 삶이란 무엇이더냐?
16 인간 세상에 인간의 삶이요, 그 속에
서 너희들이 얼마든지 부귀와 영화를
누릴 수 있으며 권세를 누릴 수 있으
며 인간이 말하는 행복한 삶을 살 수
있는 것이니라.
17 이는 바로 무엇인 줄 알겠느냐, 사랑
하는 나의 아들아!
18 인간의 존재를 위해서 살아가는 것이
니라.
19 너희들이 인간의 존재를 저버리며 나
에게 감사하며, 자기를 접어 두고 남
을 먼저 기쁘게 생각하며, 남을 위하
여 기도하며, 남을 위해 사랑을 베풀
며 살아가는 사람은
20 너희들이 인간 세상에서 누리는 부귀
와 영화는 누릴 수 없으며 그것과는
거리가 멀어지는 그와 같은 삶을 살게
됨이니,
21 이와 같은 뜻을 알았다면 너희들이 어
떠한 길을 선택해야 하는가?
22 오늘의 삶에 대하여 너희들이 후회하
지 말며 가슴 아파하지 말라.
23 다시 한 번 내가 너희들에게 전함이니
라.
24 인간 세상에서 너희들이 부귀와 영화
요, 권세를 누리고 사는 것은 바로 너
희들이 무어라 해도 자기 자신이 존재
하며 자기 자신을 위한 삶을 사는 것
이요, 인간 세상의 네 이름 앞에 너희
이름을 위해 사는 것이요,
25 그러나 그와 같이 하지 아니하고 하늘
에 오르고자 하는 자는 그 모두를 놓
고 버려야 됨이니,
26 그와 같은 것이 너희들 주변에 있을
수 없는 것이 오늘의 나의 백성이요,
나로부터 선택된 백성들이요, 너희들
이 살아가는 삶이라는 것을 잊지 말
라, 사랑하는 나의 아들딸들아!

9,457 번째 하나님 말씀

2004년 2월 3일 07시 21분

1 사랑하는 나의 아들아!
2 "네, 아버님! 말씀하옵소서."
3 인간 세상 속에서 살아가며 남을 때린
자는 다리를 뻗지 못하고 불안함과 공
포 속에 잠을 자며, 맞은 자는 비록 맞
았으나 다리를 뻗고 편하게 잠을 잔다
는 말이 있지 않으냐?
4 그러니 지금의 모든 종교 집단과 지도
자, 그리고 광신하는 신도들, 그들이
과연 어떠한 길을 선택하고 사는가?
5 그들은 맞은 자가 편안히 잠자는 그와
같은 것을 모르느니라.
6 다만 그들은 때리는 자의 자리를 지키
기 위하여, 그리고 때리는 자가 고통
스럽게 구부리고 잠자는 그 길을 위하
여, 그 길을 선도하며 그를 갈구하는
것이 오늘의 종교 집단이요, 지도자
요, 그리고 맹신하고 맹종하는 그 신
도들의 행태라면 너희들은 믿겠는가?
7 그들이 참진리요, 아름다운 나의 뜻이
요, 그리하여 세상을 정화하고자 하는
많은 사람들이 나왔을 때, 그 어리고
나약한 자들을 어찌하는가, 그들을 어
찌 핍박하는가?
8 너희들은 때리는 자보다도 더하게 짓
밟으며, 그 포악한 행동은 누구도 감
당할 수 없으며 생각할 수 없음이니라.

9 제 뜻을 따르지 아니한다 하여 내가
내린 소중한 사람들의 생명을 함부로
단죄하는가 하면, 너희들이 말하는 살
인의 행위도 서슴지 않고 하는 것이
그들이니,
10 어렵고 나약한 자를 때리는 데 얼마나
몰인정하며 인정미가 없는 인간이더
냐?
11 그러니 살인을 하는 그 자체보다 더
포악하고 잔인한 자가 없음이니, 살인
하는 행위를 하면서 저희들이 사랑을
베푸는 자요, 나 여호와의 뜻에 의해
역사하며 만백성을 깨우친다 말할 수
있느냐?
12 그러니 그들이 저희들보다 나약한 자
요, 힘없는 자를 때리는 것을 즐거움
으로 생각하며,
13 그것이 믿음이요, 나를 기쁘게 하는
것이라 그리 착각하고 그와 같은 행위
를 하니,
14 아무리 못난 자식이라 해도 부모 앞에
서 형이라는 자가 동생을 때리는 것을
보고 기뻐하는 부모가 없듯이,
15 너희들은 어찌하여 그와 같이 때리는
자요, 광란의 짓을 즐겨 하는 것인가?
16 이게 오늘의 너희들의 사랑이요, 나의
피조물 만백성을 하늘로 이끈다는 너
희들이 하고 있는 행위이며 작태이니
라.
17 그러니 이를 보는 나 여호와의 마음이
어떠하겠는가?
18 너희들이 하늘에 오르는 길이요, 그리
고 나에게 역사하는 길이요, 거듭나는
삶을 산다는 자들이 그와 같은 것은
모두를 벌써 접어 두었으며 너희들과
는 관계없는 그와 같은 형국이 지금
지속되고 있음이니라.
19 다만 너희들은 지옥문을 두드리며 지
옥문을 향해 달려가는 그와 같은 삶을
살고 있는 것이니,
20 부질없는 인간의 욕심 때문에 인간의
욕심에 눈이 어두워 하늘의 뜻을 모르
며 참진리요, 내가 가고자 하는 것, 내
가 역사하고자 하는 것을 모르는 백성
들이니,
21 모르는 자가 무슨 죄가 있더냐, 사랑
하는 나의 아들딸들아!
22 그러니 그들을 깨우쳐 주라.
23 내가 너에게 기록하여 무어라 말하였
느냐?
24 무당이라는 자, 그리고 잡신을 섬기는
자, 돌 앞에 기도하는 자, 모든 날짐승
이요, 들짐승에게 기도하는 자, 바다
와 강에 가서 기도하는 그 백성들이
그들이 가지고 있는 능력이요, 한계를
모르기 때문에 거기 가서 고개 숙이고
경배하고 신으로 받든다 하지 않느냐?
25 그들이 모르기 때문에 그러함이니, 그
들의 능력을 모르며 그들의 이치를 모
르기 때문이니,
26 그를 깨우쳐 주는 것이 너희들이 할
일이요, 모르는 자를 원망하지 말며
욕하지 말라 하였음이니,
27 너희들 또한 그들에게 나의 법전을 전
해 주고 스스로 돌아올 수 있는 그 길
에 최선을 다하도록 그리하라, 사랑하
는 나의 아들딸들아!
28 모르기에 그리하는 자들이 더 많으니
라.
29 너희들이 알면서 하는 사악한 자들도

있으나 모르기에 따라가는 자이니라.
30 모르고 따라가는 자들은 모르는 것이
죄이니, 그들을 다스려 주도록 하라,
사랑하는 나의 아들딸들아!

9,458 번째 하나님 말씀

2004년 2월 3일 07시 32분

1 사랑하는 나의 아들아!
2 "네, 아버님! 말씀하옵소서."
3 인간인 너희들이 길고도 긴 여행을 떠
남에 있어서 가는 길이요, 그 모두를
알고 가는 백성과 아무것도 모르고 가
는 백성의 차이점이 무엇인 줄 알겠느
냐?
4 "네, 아버님! 저는 그리 생각하옵나이
다.
5 모두를 알고 가는 그 백성은 편안한
여행이 될 것이며 흔들림이 없는 여행
이 될 것이라 그리 생각되옵나이다.
6 그러나 모르고 길을 가는 자는 어두운
암흑에서 헤매는 것 같은 길을 가는
것이 그 여행자의 가는 형태라 저는
그리 생각되옵나이다, 아버님!"
7 사랑하는 나의 아들아, 그러하니라.
8 정녕 목적지를 확실히 알고 가는 자는
편안한 여행이요, 즐거운 여행이나,
그를 알지 못하고 가는 자는 어두운
길이요, 암흑의 길을 헤매는 것과 같
음이니라.
9 그러니 지금 너희들의 믿음의 길이 과
연 어떠하더냐?
10 너희들이 10년, 20년이요, 그리고 평
생을 바쳐서 가는 그 길이 과연 즐겁
고 행복한 길이라 그리 말할 수 있는
가?
11 너희들은 모두를 다 바치며 모두를 다
갖다 봉사하는 그와 같은 삶이요, 그
것이 오늘의 믿음의 길이 아니던가?
12 과연 너희들이 편안한 길이요, 행복한
길이요, 마음의 부담이 없는 그와 같
은 믿음의 길을 왔다 생각하는가?
13 그것이 너희들의 행복이요, 즐거움이
요, 기쁨이라면 정녕 나는 너희들에게
말하지 아니할 것이니라.
14 그러나 너희들이 마음 한자리라도 불
안한 마음이 있으며, 바치기만 하며
봉사하는 것만으로 너희들에게 돌아
오는 것을 느끼지 못할 때, 과연 그것
이 즐거운 길이요, 행복한 길이라 생
각하는가?
15 그러니 여기서 너희들은 알아야 될 것
이니라.
16 육의 세상에 살아가는 것으로써 너희
들이 행복이요, 불행이라는 것을 따지
기 전에,
17 너희들이 구원이요, 영원히 거듭나는
세상의 삶을 살아가는 데 확신이 있으
며 자신이 있으며, 그리고 너희들 말
대로 구원을 받았다 할 때, 너희들이
당당하게 받을 수 있으며 받을 자격이
있고 받았다 말할 수 있는 자가 있는
가?
18 그와 같이 말할 수 없다면 너희들은
결국 무엇이더냐?
19 길을 알지 못하고 여행하는 자와 다른
것이 하나도 없음을 너희들은 알아야
될 것이니라.
20 나의 아들을 따르는 제자들이 가는 길
과 행해야 될 것에 그들은 확실한 신

념이 있으며 확실한 자신이 서 있으
며, 그들은 최소한 무엇이 어찌 가는
것이라는 걸 알고 있음이니라.
21 그리하여 어떠한 재물이든 받아들이
지 말며 거둬들이지 말며, 거둬들이고
받았으면 그를 배로 주라 그리 말함이
니라.
22 그러나 오늘의 종교 집단의 지도자요,
수천 년 동안 믿음이요, 참진리의 길
을 왔다는 종교 지도자들은 무어라 말
하느냐?
23 그들이 바치는 것은 저희가 받는 것이
당연한 것이요, 그는 그 은혜를 받고
제 스스로 감사하는 마음으로 바치는
것이기에,
24 감사하는 마음으로 바치는 것을 받아
들이지 아니하는 것은 정녕 종교 지도
자가 아니요, 만백성을 지도하는 자가
아니며, 나의 아들 네가 잘못되고 틀
렸다 말하지 않느냐?
25 그러면서 그들은 무어라 하느냐?
26 스스로 감사하는 마음으로 스스로 우
러나서 바치는 것을 받아들이는 것은
그것이 사랑이요, 베풂과 나눔이요,
27 그리하여 너와 같이 받지 않는 자는
황폐한 자요, 마음이 메마른 자라 그
리 말하지 않더냐?
28 그러나 그들에게 물어보라.
29 과연 그들이 감사하는 마음으로 바치
는 것을 받아들이려 할 때, 그것이 사
랑이요, 훈훈한 마음이라 그리 말하면
서,
30 저희들이 나눠 주지 아니하고 베풀지
않는 것은 과연 무엇인가?
31 그것을 정녕 사랑이라 하는 자들이 아
니더냐?
32 너희들이 남이 바치는 것, 정성에 의
하여 감사하며 은혜를 입었다 하여 바
치는 것을 받아들이는 것은 사랑이요,
그와 같이 취하는 것은 사랑이라 그리
말하면서, 너희들은 또 어찌하는가?
33 너희들은 주지 아니하며 베풀지 아니
함이니, 너희들은 남에게 주지 아니하
고 베풀지 않는 것이 너희들의 입장에
서는 그것이 사랑이라 생각하는 자들
이니,
34 그게 바로 나의 법전에 기록하여 전하
기를, 앞으로 가도 돈이요, 뒤로 가도
돈이라 하는 것, 한 줄의 금을 그어 놓
고 옆으로 쓰러져도 돈이요, 바로 서
도 돈이요, 재물이요, 금화와 은화를
거둬들이는 그와 같은 형국의 짓을 하
고 있는 것이 너희들이라 하였음이니,
35 그러니 얼마나 사악한 자들이요, 얼마
나 너희들이 잘못된 자들이요, 얼마나
메마른 자들인지 알겠느냐?
36 내가 이와 같은 뜻을 나의 아들을 통
하여 나의 법전에 기록하여 전하고 또
전하건만, 이를 읽고 깨우치는 백성이
되지 못한다면 너희들은 머지않아 울
고불고하는 것, 그리고 살려 달라 피
눈물 나도록 용서를 빌고 또 그 기회
를 얻고자 하는 그와 같은 슬픈 백성
이 바로 너희들이니라.
37 그러나 너희들이 죽어 와 심판을 받을
때 그와 같은 것은 단 1초의 시간도
절대 있을 수 없으며, 꿈에도 생각지
말라는 그 두려움과 무서움을 너희들
이 깊이 새겨야 될 것이니 그리 알라.

9,459 번째 하나님 말씀

2004년 2월 3일 07시 39분

1 사랑하는 나의 아들아!
2 "네, 아버님! 말씀하옵소서."
3 인간 세속에 살아가면서 너희들이 받
는 사랑이요, 또는 주는 사랑이요, 그
와 같은 사랑이 있다면 결국 이것이
무엇이더냐?
4 이것은 너희들이 균형을 잃은 것이라
생각하지 않는가?
5 받는 사랑만 알며 베푸는 사랑을 할
줄 모르는 자는 이것이 얼마나 잘못된
사랑이며 얼마나 잘못된 것이더냐?
6 너희들이 인간 세상에서 말하느니라.
7 '정성을 들이고 정성을 들였을 때 부
처도 돌아앉는다.'는 말이 있음이니,
부처가 무엇이더냐?
8 듣기를 하더냐, 그가 살아서 움직이기
를 하더냐?
9 움직이지 않는 목석도 너희들이 정성
을 들이고 애원하고 애원할 때, 그리
고 그 뜻을 따르고자 몸부림친다면 그
정성이 넘쳐 너희들이 도저히 감당할
수 없을 만큼 그와 같이 베푸는 애절
한 마음을 가지고 있다면,
10 듣지 못하며 돌아앉을 수도 없는 목석
인 부처도 돌아앉는다는 말이 있지 않
더냐?
11 그러나 이 세상에 그보다 더 잔인하고
사악한 자들이 무엇인 줄 알겠느냐?
12 나의 백성이요, 나의 뜻을 따라 만백
성을 구한다는 오늘의 종교 집단이요,
지도자 너희들이니라.
13 너희들은 받을 줄만 알며 베풀 줄은
모름이니, 너희들은 받으면 받은 것으
로써 감사하는 마음이 있는 자들이 아
니니라.
14 받는 순간에 감사하다는 생각을 갖지
아니하기 때문에, 너희들은 되돌려주
지 못하며 받은 만큼 보답을 하지 못
하느니라.
15 더 큰 것을 원하며 더 나은 것을 가져
오기를 바라는 것이 너희들이니, 한도
끝도 없는 것이 너희들이 받고자 하는
사랑이며 챙기고자 하는 사랑이니, 그
와 같은 자에게는 메아리가 없음이니
라.
16 너희들이 정성을 다하여 받들 때 목석
도 감복하여 돌아선다 하였거늘, 인간
인 너희들은 그와 같이 돌아설 수 없
는 자요, 더 바라고 더 원하는 것이니,
그만도 못한 것이 오늘의 종교 집단이
요, 지도자들이니라.
17 그들 앞에 사랑이 무엇이 있으며 거기
에 참진리가 어디에 있으며 구원의 길
이 어디 있다고 너희들이 그리 맹종
맹신하며, 울고불고 너희가 가는 길만
이 하늘에 오르는 길이라 하여,
18 내가 나의 아들을 통하여 내리는 참진
리요, 하늘에 오르는 나의 법전을 읽
지 아니하며 보지 아니하며 그저 태우
려 하는가?
19 이 어리석은 백성들아, 이제 너희들이
잠에서 깨어날 때가 되었음이니라.
20 다만 그들이 세상 모르고 자고 있음이
니, 아무리 소리 질러도 깨지 못함이
니,
21 너희들이 그들을 두드려 깨우는 것이
며, 너희들이 그들을 깨우지 아니하면

아니 되는 것이니, 나의 법전으로써
그들을 두드리고 짓눌러도 그들이 깰
까 말까 함이니, 너희들은 두드려 깨
우는 데 주저해서는 아니 되며,
22 너희 자신을 다 버리고 너희 자신을
놓아 버리고 남을 위해 기도하고 남을
위한 삶을 살아야 그들이 그나마 깨우
치고 너희들을 보지 않을까 하여 나
여호와가 그리 너희들에게 전함이니,
23 나의 깊은 뜻이요, 깊은 마음을 헤아
리도록 그리하라.

9,460 번째 하나님 말씀

2004년 2월 3일 09시 44분

1 사랑하는 나의 아들아!
2 "네, 아버님! 말씀하옵소서."
3 사랑이라는 것은 보이지 아니하며, 아
무리 주어도 흔적이 없으며 줄지 않는
다 그리하였느니라.
4 그러나 그 사랑은 너희들이 베푼 만큼
너희들에게 반드시 돌아오는 것이라
하였음이니라.
5 또 그보다 더 중하고 귀한 것이 무엇
인 줄 알겠느냐?
6 너희들이 사랑하는 마음을 가진 만큼
남들이 사랑하는 것을 볼 수 있다 하
였음이니, 이 말의 의미를 너희들은
알겠느냐?
7 너희들이 남의 허물이 보이는 것은 아
직도 네 마음속에 그 허물의 마음이
남아 있다는 증거임을 모르는가?
8 너희들이 사랑하는 만큼 남이 사랑하
는 것을 볼 수 있다고 하지 아니하였
더냐?
9 그러니 너희들이 미워하는 마음이요,
질투하는 마음이요, 시기하는 마음이
있다는 것은 그만큼 그 마음이 네 가
슴에 있다는 증거임을 너희들은 알아
야 될 것이니라.
10 아름다운 말을 전하는 것, 아름다운
마음을 전하는 것, 아름다운 말로써
전하는 것은 네 마음속에 그만큼 아름
답고 고운 마음을 알 수 있는 마음이
자리 잡혀 있는 증거라는 것을 너희들
은 알아야 될 것이니라.
11 그러니 이제 나의 아들을 따르는 제자
너희들은 과연 어떠한 것인가를 스스
로 너희들이 반성하여 깨우쳐 회개하
며 바로 서지 아니하면 아니 될 것이
니라.
12 너희들이 남의 욕을 한다면 그 욕하는
마음이 네 가슴에 남아 있는 것이며,
남도 똑같이 그리하여 너에게 돌아온
다는 것을 너희들은 알아야 될 것이니
라.
13 그러니 이제 하나서부터 만 가지에 이
르기까지 너희들이 생각하는 것, 생각
하고 행동하는 것, 그리고 너희들이
행동에 옮기는 것은 모두 다 너희들의
마음임을 알라.
14 네 마음속에 그것이 남아 있기에 그러
한 것이요, 그와 같은 마음이 남아 있
지 아니하면 그것이 보이지 아니함을
너희들은 알아야 될 것이니라.
15 남이 간음을 함이니, 그 간음을 말하
는 것은 네 마음속에 간음을 할 수 있
는 마음이 있는 자요,
16 너희들이 도둑을 보고 시시비비하며
이야기하는 것은 네 마음속에도 그 도

둑을 미워하는 만큼 도둑질을 할 수
있는 마음이 네 가슴에 있음을 너희들
은 알아야 될 것이니라.
17 정녕 너희들이 도둑질하고자 하는 마
음이 없다면 그를 봐도 들어도 너희들
과는 아무런 관계가 없음이니라.
18 그러니 그를 가지고 시시비비하는 것
은 시시비비하는 만큼 네 마음에 있다
함을 너희들은 절대 잊어서는 아니 될
것이니 그리 알라.
19 내가 나의 아들을 통하여 일찍이 너희
들에게 무어라 말하였느냐?
20 남을 흉보는 자리, 남을 욕하는 자리
에 같이 앉아 듣는 자는 그 죄를 지은
자와 똑같다 내가 말하지 아니하였던
가?
21 그러니 이제 나의 아들을 따르는 제자
너희들은 너희 스스로 마음을 돌이켜
보며 너희들을 다스려 보지 아니하면
아니 될 것이며,
22 지금 내가 나의 아들을 통하여 내려
가르치는 주옥같은 나의 강론의 뜻을
너희들이 그대로 듣고 네 것으로 만들
지 아니하면 아니 될 것이니라.
23 너희들이 어떠한 형태로써 보이느냐,
어떠한 형태로 생각하느냐, 어떠한 행
동으로써 하느냐 하는 것, 그 모두가
너희들의 마음속에 그와 같은 마음이
있다는 것을 절대 잊지 말라.
24 내가 그리하여 너희들은 아무것도 쥔
것이 없으며, 네 손에 쥐고 있는 것이
있어서는 아니 된다 하지 아니하였더
냐?
25 아무것도 없는 자가 무엇이 있으며 무
엇을 생각하겠는가?
26 마음을 비운 자에게는 아무것도 없음
이니라.
27 그러니 그를 미워하는 것도, 시기하는
것도, 질투하는 것도, 사랑하기에 고
통스러워하며, 사랑하기에 괴로워하
며, 미워하기에 괴로워하며, 미워하기
에 고통을 받는 것,
28 그와 같은 것이 모두 다 없는 것이 마
음을 비운 자임을 너희들은 알라.
29 내가 나의 아들을 통하여 뭐라 말하였
느냐?
30 '내가 너를 그만큼 사랑하며 내가 너
를 그만큼 소중히 생각하며 내가 너를
그만큼 챙겨 준다.' 하여 너희들이 사
랑을 듬뿍 주나,
31 그가 네가 주는 것만큼 너에게 안 주
면 네가 괴로움을 느끼며 고통이요,
아쉬움을 느끼는 것이라 하지 아니하
였더냐?
32 그 또한 그 마음이 무엇이라 했느냐,
욕심이라 하지 아니하였더냐?
33 그러니 모두를 다 놓은 자는 그와 같
은 것이 아무것도 없음이니라.
34 똑같이 대중적으로 사랑하며 네 마음
을 정녕 비웠다면, 사랑하기에 고통이
없으며 미워하는 사람이 있어서 고통
이 없는 그와 같은 삶을 살아가게 되
며 색깔이 없음이니라.
35 그러니 너희들 자신을 들여다보라.
36 감히 남의 말을 하는 자는 제 마음속
에 그와 같은 행동을 할 수 있으며 그
와 같은 죄를 지을 수 있으며 사악한
행동을 할 수 있는 것이 있기 때문이
니,
37 너희 자신의 부끄러움을 먼저 깨닫도

록 하며, 너희 자신을 먼저 돌아다보도록 그리하라.

38 네가 사람에 대해 전하는 것, 그리고 남에 대한 이야기를 하는 것이 바로 남이 저지른 만큼 너희도 저지를 수 있는 마음을 아직도 갖고 있다는 증거임을 그리 전하라.

9,461 번째 하나님 말씀

2004년 2월 3일 09시 48분

1 사랑하는 나의 아들아!

2 "네, 아버님! 말씀하옵소서."

3 지금의 수천 년 동안 흘러오는 그 믿음의 길을 가는 종교 집단의 지도자요, 저희들이 구원을 받은 자요, 구원을 받을 수 있으며 죽으면 그와 같이 천국의 문을 갈 수 있다 생각하는 백성, 그들이 얼마나 어리석고 불쌍한 자들인 줄 알겠느냐?

4 너희들은 이 세상에 살면서 육의 상태에서 네가 노력하는 만큼 거둘 수 있으며 네가 행동하는 만큼 잃고 얻는 그와 같이 보이는 이 삶에서도,

5 너희들이 생각하는 것대로, 너희들이 희망하는 것대로, 너희들의 뜻대로 되지 아니하며 어렵고 힘든 그와 같은 삶을 살아가는 것이 아니더냐?

6 너희들이 마음대로 다스릴 수 있고 생각을 실천에 옮길 수 있는 이 육의 세상에서도 너희들이 마음먹은 대로 생각대로 되지 아니함이니, 그리하여 너희들이 어렵고 힘든 인생의 삶을 살거늘, 그리고 네가 원하는 대로 된다는 보장이 없지 않으냐?

7 너희들이 아무리 노력해도 원하는 대로 되는 것은 보장함이 없으며 보장할 수 없는 것이 너희들이거늘,

8 어찌하여 너희가 감히 하늘의 뜻이요, 나 여호와의 고유 권한인 너희들이 구원을 받고 못 받는 것을 네 마음대로 할 수 있다 장담하고 그리 가르치는가?

9 또한 그와 같이 듣고 가는 백성 너희들, 그리고 그를 믿고 가는 백성 너희들이 구원을 받는다 받지 못한다 하는 그와 같은 생각이 얼마나 어리석고 불쌍한 것인 줄 스스로 알겠느냐?

10 육적으로 제 생각으로써 제가 깨우친 모든 지혜를 다 동원한다 해도 원하는 것이 제 뜻대로 이루어지는 것이 없으며 이룰 수 없는 것이 너희들의 오늘의 삶이거늘,

11 감히 창조주 나 여호와요, 내가 주관하는 하늘의 뜻까지도 너희들이 모두를 역사하고 이룰 수 있다 생각하니, 너희들이 얼마나 어리석고 불쌍한 백성들이란 말이더냐?

12 이제 너희들이 육의 세상에서 너희가 원하는 것, 소원하는 것을 다 이룰 수 있으며 만족을 얻을 수 있는 백성이 있다면, 그렇다면 하늘의 뜻도 너희가 움직일 수 있다 그리 생각하라.

13 그러나 육의 세상에서 너희가 갈망하고 소원하는 것, 네 마음대로 되지 않는 것, 네 뜻대로 이루어지지 아니하며 네가 죽고 사는 것까지도 마음대로 조정할 수 있으며 네가 병들어 눕고 앓는 것까지 네가 조정할 수 있으며,

14 네가 또한 살아가면서 네가 원하는 것, 네가 소유하고 싶은 것, 그 모두를

네 마음대로 소유하고 이룰 수 있는
그와 같은 능력이 있으며 그와 같은
재능이 있거든,
15 하늘에 오르는 나 여호와의 고유의 권
한도 네 마음대로 할 수 있다 그리 전
하라.
16 그렇지 못하거든 너희들은 감히 나 여
호와의 고유의 권한을 네 마음대로 할
수 있다 하지 말라.
17 그리하여 그것이 나와 관계없는 거짓
된 자요, 사기극을 벌이는 자요, 사탄
이요, 마귀의 자식들이 되어 나의 피
조물 만백성들을 속이고 우롱하여 재
물을 거둬들이며 사탄의 집을 짓는 데
모두를 다 바치며 모두를 희생하는 자
들이요, 나와 관계없는 자들이라는 그
무서운 의미를 알라.

9,462 번째 하나님 말씀

2004년 2월 3일 09시 52분

1 사랑하는 나의 아들아!
2 "네, 아버님! 말씀하옵소서."
3 이 세상의 모든 백성들이 무어라 해도
나의 아들을 따르는 선택된 너희들은
너희 자신이 어떠한 생각을 하고 하루
하루를 살아가는가,
4 너희들이 어떠한 생각으로써 어떠한
마음을 갖고 하루하루를 살아가며 순
간순간을 살아가는가,
5 그리고 모두가 너희들에게 부닥칠 때
마다 과연 어떠한 판단을 하고 사는가,
6 이와 같은 것을 생각하지 아니하면 아
니 되느니라.
7 그리고 너희 자신이 지금 하고 있는
일이 어떠한 행위며 어떠한 행동인가,
네가 어떠한 행동을 하고 살아가는가,
그것을 너희들이 항상 들여다보지 아
니하면 아니 되는 것이 너희들이니라.
8 이와 같은 반성이요, 너희 자신이 어
떠한 생각을 하고 있는가 자신을 점검
하고, 너희가 지금 어떠한 행동을 하
고 있으며 어떠한 짓을 하고 있는가를
항상 들여다보지 아니하면 너희들은
무너지게 되어 있음을 알라.
9 그러니 너희 자신이 몇 점을 맞을 수
있으며 지혜로운 삶을 살고 있는가 그
리고 나 여호와가 너희들을 기억해 주
는 삶을 살고 있는가, 그렇지 아니하
면 나의 뜻을 거역하는 삶을 살고 있
는가,
10 너희들은 항상 먼저 자신을 돌아다보
고 들여다보는 그와 같은 삶을 살지
아니하면 절대 나에게 오르는 길을 볼
수 없다는 것을 알라.
11 그리하여 너희가 깨우쳐 구원의 길이
어떤 것인가, 이를 발견하지 아니하면
너희들은 지금의 삶에서 나에게 오를
수 없음을 알아야 될 것이니라.
12 모든 종교 집단이요, 종파에 속해 있
는 그와 같은 백성들, 그들은 욕심을
버리지 못했으며, 말로는 세상을 다
주는 듯하나 아무것도 줄 수 없는 그
와 같은 삶을 사는 자들이니라.
13 그러니 그들에게 전해야 될 것이니라.
14 너희 자신이 과연 하고 있는 것이 무
엇이며, 어떠한 생각을 하고 있으며,
15 나 여호와를 경배하며 찬양을 부르며
찬송하며, 나의 뜻을 거역하지 아니하
고 순종하는 백성으로서 나만 바라보

고 산다는 자들,
16 과연 너희들이 언행의 일치가 되며,
어떠한 지혜로써 어떠한 것으로써 너
희들의 말과 행동에 따라 책임을 지는
삶을 사는가?
17 말로써는 나가는 것이 없으며 손해 보
는 것이 없으며 손실됨이 없으며 이익
분배에 손해 가는 것이 없기 때문에,
말로써 세상을 다 준다 하나,
18 너희들이 실질적인 이익의 분배에서
나누어 가지는 것, 그리고 재물을 주
는 것, 금화와 은화를 주는 것, 그와
같은 데서도 너희들이 말처럼 행동하
는가?
19 이를 항상 되돌아보지 아니하면 너희
들은 정녕 나를 기만한 것이며, 너희
자신을 기만함이니,
20 아래로는 인간인 저 자신을 속이는 자
요, 위로는 창조주 나 여호와를 속이
는 것이니,
21 그와 같은 삶을 사는 자가 죽은 다음
에 천국의 나라에 어디 발을 붙이며,
네 이름을 내놓으며, 네 몸을 기댈 데
가 있다 생각하느냐?
22 아무것도 그와 같은 것이 없음을 알라
전하라.

9,463 번째 하나님 말씀

2004년 2월 3일 09시 57분

1 사랑하는 나의 아들아!
2 "네, 아버님! 말씀하옵소서."
3 지금의 나의 모든 백성들이요, 그리고
생명을 유지하고 존재하는 백성 너희
들이 믿음의 길을 가든 믿음의 길을
가지 아니하든, 나의 법전을 접하든
접하지 아니하든, 너희들에게 가장 중
요한 것은 무엇인 줄 알겠느냐?
4 너희들이 나의 계명을 지키고 살 수
있다는 그 용기를 갖는 것, 그것이 가
장 중요하고 지금 가장 귀한 것이라는
것을 너희들은 가슴 깊이 새겨 두도록
그리하라.
5 지금의 믿음의 길을 가는 만백성 너희
들이 행하고 실천해야 되는 가장 급한
일이라는 것은, 바로 내가 나의 아들
을 통하여 너희들에게 전했듯이, 나의
계명을 지키고 살 수 있다는 그 용기
를 갖는 것, 그것이 가장 귀하고 소중
함을 알며, 가장 급한 것이라는 것을
알라.
6 지금이라도 나의 계명대로 살 수 없다
말하는 백성들, 나의 법전이 두렵고
무서워 그대로 행하고 접할 수 없으며
감히 읽을 수 없다 말하는 그와 같은
백성 너희들은,
7 나의 법전대로 행하며 살 수 있는 것
이며, 살 수 있기에 나 여호와가 너희
들에게 내린 것이라 하여, '나는 할 수
있으며 지킬 수 있다.' 하여 용기 있게
일어서는 자, 그리고 용기 있게 선언
하는 그와 같은 백성이 지금 되어야
할 때임을 알아야 될 것이니라.
8 우선 너희들은 '나는 지킬 수 있다.'는
그 선언을 할 것이며, 그 선언을 할 수
있는 용기가 필요하며,
9 그 용기를 가졌다면 너희들은 그 용기
를 바침으로 인하여 그 모두를 행동에
옮기고 살아가는 그와 같은 삶을 살라.
10 그리하면 너희들이 못 이룰 것이 없으

며 넘지 못하는 길이 없음이니라.
11 이와 같은 나 여호와의 뜻을 만백성에
게 전하도록 하라.
12 나의 아들을 따르는 그 제자들이요,
그리고 나의 법전을 읽고 깨우친 만백
성 너희들 또한 그러해야 되느니라.
13 나의 법전이 창조주 나 여호와의 뜻이
요, 이는 세상을 덮을 것이며, 이것이
아니면 만백성을 구할 길이 없다는 그
자부심과 용기를 갖고 너희들이 행해
야 되는 것을 잊지 말라.
14 그리하여 너희들이 마음속 깊이 그와
같은 것을 심으며, 그를 가지고 너희
들이 용기 있게 행동하는 것, 그리고
흔들리지 않는 것,
15 그리고 너희들이 얼마나 소중한 자들
인지 깨닫고, '우리는 반드시 역사할
수 있다.'는 용기와 자신을 갖고 행동
에 옮기는 것이 또한 너희들에게 귀하
고 소중한 재산임을 알라 그리 전하
라, 사랑하는 나의 아들아!

9,464 번째 하나님 말씀

2004년 2월 3일 10시 01분

1 사랑하는 나의 아들아!
2 "네, 아버님! 말씀하옵소서."
3 오늘의 너희들의 생활과 환경에 너희
가 자신을 너무 과소평가하지 말며 두
려워하지 말며 겁먹지 말라.
4 그리고 너희들이 나로부터 선택되며,
나의 법전을 세상에 전하며 만백성을
구하는 지도자요, 전사로서 나간다는
것을 너희들은 의식지 말라.
5 이 세상에 나로부터 받아 나간 그 위
대한 너희 자신의 그 소중함은 너희
자신만 가지고 있는 은혜요, 특혜요,
너만 가지고 있는 고유의 권한이니라.
6 아무도 너를 닮은 자가 없으며, 너와
똑같은 자가 세상에 없다는 그와 같은
것을 너희들이 믿는다면,
7 너희 자신이 필요하여 그 자리에 있는
것이니, 너희 자신이 얼마나 귀하고
소중한 자인지 알아야 될 것이니,
8 오늘의 너희들의 환경이요, 삶에 의하
여 너희들이 좌우하고 평가하지 말라.
9 그보다 더 높은 세상에 그보다 더 높
은 위치에서 너희들이 꼭 필요한 자이
기에, 내가 꼭 필요하며 쓰고자 하는
자이기에 너희들이 이 세상에 존재함
이니,
10 그리하여 이 세상에는 그 누구도 너를
닮은 자가 없으며 또한 너를 대신하여
역사해 주고 살아 주는 자가 없다는
것이요, 그리하여 너 스스로 모두 역
사하며 너 자신이 책임을 져야 된다는
것,
11 그러나 너와 닮은 자가 하나도 없음이
니, 너는 네 자리에서 가장 소중한 자
라는 것을 절대 잊지 말라.
12 그와 같은 깨달음을 안다면 오늘의 너
희들이 부질없는 인생이요, 잘못된 인
생이요, 남과 같이 가진 것이 없으며
내놓을 것이 없으며 남을 지도할 능력
이 없는 백성이라 그리 말하지 말라.
13 형태가 다 다르듯이 너희들이 가지고
있는 특성이 다 다름을 알라.
14 각자가 가지고 있는 장점이 다 있음을
너희들은 잊어서는 아니 될 것이니라.
15 너와 똑같은 사람이 없듯이 너와 똑같

은 생각을 갖고 사는 사람이 이 세상
에 한 사람도 없음을 알라.
16 너만 갖고 있는 나로부터 받은 은혜
요, 누구도 너를 대신할 수 없으며 너
와 똑같은 자가 없음이니,
17 너 자신이 소유한 가장 소중한 것은
바로 나로부터 너 혼자만 받아 가지고
있는 네 특성이 보배임을 너희들은 알
아야 될 것이니라.
18 그 보배의 소중함을 너희들이 안다면
오늘의 외형이요, 너희들이 오늘 처해
있는 환경이요, 너희들이 살아가는 그
모습에 대하여 위축되지 말며, 용기를
잃지 말며, 두려워하는 마음을 갖지
말며,
19 너희들이 스스로 자신을 나무라며 포
기하는 어리석은 삶을 살지 말라.
20 너를 닮은 사람이 한 사람도 없는 것
은 각자의 자리가 다 있다는 것이 아
니더냐?
21 그러니 그 자리를 지키는 것은 너만
지킬 수 있으며 너만 역사할 수 있으
며, 아무리 인간 세상에서 위대한 자
라 해도 네가 가지고 있는 나로부터
받은 그 자리요, 특성은 누구도 행할
수 없으며 지킬 수 없음이니,
22 그리하여 너희들이 가장 소중한 한 사
람 한 사람이라는 것을 너희들은 알아
야 될 것이니라.
23 너 아니면 그 자리를 누구도 지킬 수
없으며 그 책임을 이룰 수 없으며 그
자리를 메울 수 없다는 것,
24 그러니 너희들이 각자 형태가 다르며
각자의 생각이 다르듯이, 각자의 소중
함과 귀함을 내가 너희들에게 똑같이
주었음이니,
25 너희들이 높고 낮은 자가 없다 함이
여기에 있음을 알라, 사랑하는 나의
아들딸들아!
26 너희들에게 선한 마음을 하나씩 주었
다면 악한 마음을 가지고 있는 것도
너희들은 다 다르니라.
27 그 한계요, 강도가 다른 것만큼 그를
너희들은 알아야 될 것이니, 그러니
너희들 자신이 얼마나 소중하며, 너희
들이 꼭 제자리에 필요한 자이기 때문
에 이 세상에 존재한다는 것을 안다면,
28 오늘의 너희들이 어떠한 옷을 입고 있
느냐 어떠한 형태에 있느냐, 이걸 가
지고 너희 자신을 함부로 평가하지 말
도록 그리하라, 사랑하는 나의 아들딸
들아!

9,465 번째 하나님 말씀

2004년 2월 3일 10시 06분

1 사랑하는 나의 아들아!
2 "네, 아버님! 말씀하옵소서."
3 나의 아들 너를 따르는 그 제자들이
요, 그리고 나의 법전을 읽고 깨우치
는 그 백성들, 너희들은 인간은 완전
하다고 내세울 것이 없으며 완전하다
내 앞에 보일 것이 없는 것이 너희들
이라는 걸 깨닫고 있는 나의 사랑하는
백성들이 아니더냐?
4 그것 하나를 깨닫고 그를 아는 백성
너희들이야말로 미래에 그를 알게 되
며 너희들이 완벽한 사람으로서 살아
갈 수 있는 그 길을 알고 있는 백성들
이 아니더냐?

5 자기가 부족하다는 것을 아는 자는 그
걸 채울 수 있는 것이며,
6 자기가 완전하지 못하다고 생각하며
자신은 정녕 구원을 받을 수 없으며
하늘에 오를 자격이 없는 백성이라 생
각하고 깨달았다면, 너희들은 그 길을
위해서 노력할 것이 아니더냐?
7 그러니 나의 아들을 따르는 제자들이
요, 나의 법전을 읽고 깨우친 만백성
너희들과, 믿음에서 구원을 받았다는
그 백성들과의 차별화가 얼마나 무서
운 것인지 알겠느냐?
8 지금 인간은 완벽할 수가 없으며 완벽
하지 못하다 깨닫고 있으며, 그리하여
노력한다는 나의 아들을 따르는 제자
너희들이야말로 겸손을 알며 사양함
을 아는 백성들이 아니더냐?
9 그러면서 너희들은 다만 노력과 노력
을 경주하여 최선을 다했을 때 그 결
과를 조용히 기다리는 것이 너희들의
오늘의 삶의 믿음이요, 나에게 오는
길이라 생각함이니,
10 그 겸손한 생각에서 생각을 거듭하다
보면 너희는 무엇을 보완해야 될 것인
지 알게 됨이니,
11 보완해야 하는 것을 아는 백성들이기
에 너희들은 그를 보완하여 하나하나
고쳐 나에게 오르는 길을 올 수 있는
백성들이니, 그리하여 너희들이 나에
게 소중하고 귀한 백성이라는 것을 알
라.
12 그때가 되면 너희들은 아무것도 아닌
것이 인생의 삶이요, 아무것도 없다는
것을 알게 될 것이며, 다 부질없는 삶
이라는 걸 알게 될 것이니라.
13 욕심이라는 것 하나를 버리지 못하며
자기 자신을 버리지 못하여 부질없는
삶을 살았다는 것을 알게 될 것이니라.
14 그러니 그와 같은 삶을 사는 나의 백
성 너희들은 이제 또 깨달아야 될 것
이니라.
15 인간 세상에 살아가면서 너희들이 언
짢은 얼굴을 하고 사는 것, 그리고 화
를 내는 얼굴을 하는 것, 그리고 얼굴
을 붉히는 그와 같은 형태 그 모두가
다 부질없는 욕심에서 이루어진다는
것이니,
16 너희들은 언짢은 얼굴보다, 화내는 얼
굴보다, 붉히는 얼굴보다 더 위대하고
더 소중한 것은 소리 없이 미소를 지
은 얼굴의 아름다움이라는 것을 알게
될 것이며, 그 아름다움이 얼마나 소
중한 것인지 알게 될 것이니,
17 얼굴을 붉혀 언성을 높이는 자보다도
소리 없이 짓는 아름다운 그 미소가
얼마나 위대한 위력을 가지고 있는지
그것을 알게 될 것이니라.
18 그리하여 너희들이 겸손이라는 걸 알
게 되며, 언짢은 얼굴이요, 화내고 붉
히는 얼굴보다도 미소를 짓는 것이 남
을 깨우치는 데 더 위대한 힘을 가지
고 있음이니, 너희들은 그리 행하고
지키도록 그리하라.
19 행하는 것이 가장 너희들에게 소중하
고 위대함이니, 지금 시작하는 것이
가장 빠른 시기이며, 가장 일찍 시작
하는 자들이라는 걸 잊지 말라, 사랑
하는 나의 아들딸들아!

9,466 번째 하나님 말씀

2004년 2월 3일 10시 10분

1 사랑하는 나의 아들아!
2 "네, 아버님! 말씀하옵소서."
3 이제 너를 따르는 그 제자들이요, 내
가 사랑하는 만백성, 나의 법전을 읽
고 깨우친 소중한 나의 아들딸 너희들
은 들으라.
4 너희들이 어떠한 길을 가든 어떠한 공
부를 하든 어떠한 역사를 하든, 너희
들은 너희 스스로 만들어 가며 다스려
간다는 것, 너희가 어찌 쌓고 어찌 가
느냐 하는 너희 모습은 너희가 만든다
는 그 소중한 이치를 내가 나의 아들
을 통하여 너희들에게 전함이니 그리
알라.
5 너희들이 참진리의 길을 가고자 하는
백성은 참진리만 네 앞에 쌓이는 것이
며, 네 가슴에 참진리의 그 아름다운
가르침만 네 가슴에 쌓이고 쌓임이니,
6 너희 자신을 참진리의 모습으로 만드
는 것은 너희가 너희 자신을 다듬고
가꾸어 만드는 길이라는 것이니라.
7 너희가 비진리를 생각하며 악한 것을
생각하고 간다면 너희 가슴에는 비진
리의 뜻만 쌓이며 악한 것만 너희에게
쌓이니,
8 너희가 악하고 비진리의 길을 가는 험
악한 형태로 너희를 다듬고 만드는 그
와 같은 역사가 되는 것이니, 이를 너
희들은 알아야 될 것이니라.
9 그러니 너희 자신은 너희가 행하고 역
사하는 하나하나의 생활 속에서 너희
자신을 다듬고 만들어 가는 과정이라
는 것을 알라.
10 너희들이 완성되고 완성된 그와 같은
삶에서 비진리와 참진리요, 선과 악을
선택하는 것이 아니라,
11 너희들이 살아가는 그 생활 속에서 먼
저 너희들을 하나하나 다듬어 가고 만
들어 가며 너희들의 형체가 형성된다
는 것을 알라.
12 그러니 지금이라도 너희들이 살아가
며 비진리요, 참진리요, 이를 깨달아
참진리만 쌓아 가는 그와 같은 삶으로
거듭나며 변화되지 아니하면 아니 되
는 것이 너희들이라 함을 전하라.
13 사랑하는 나의 아들딸들아, 너희 자신
이 완성되어 너희가 그리 살아가는 것
이 아니라,
14 너희가 하루하루 살아가는 것이 너희
를 다듬고 만드는 그와 같은 삶이라는
것,
15 너희들이 부모로부터 세상에 나와 성
장하는 너희 자신을 너희들의 마음과
지혜가 다스리는 것이 아니라,
16 너희가 어떤 생각과 어떤 마음을 가지
고 가느냐가 너희 성장을 만드는 것이
며 너희 인간성을 만들며,
17 너희를 인간으로 만드느냐 그렇지 않
으면 나를 모르는 자로 만드느냐, 그
것은 너희가 하루하루 살아가는 그 생
활이요, 행동하는 것들이 너희를 다듬
어 감이니,
18 참진리를 찾는 자는 참진리의 인간으
로 변할 것이며, 비진리요, 악함을 찾
는 자는 악함으로 변하는 것이 너희들
이 너희를 만들어 감이니,
19 오늘 이 순간부터 나의 아들을 따르는

제자 너희들은 스스로 너를 만들어 가
는 데 한 점의 부끄럼이 없는 너로 다
듬도록 그리하라, 사랑하는 나의 아들
딸들아, 그러면 나에게 오름이니라.

9,467 번째 하나님 말씀

2004년 2월 3일 18시 10분

1 사랑하는 나의 아들아!
2 "네, 아버님! 말씀하옵소서."
3 수천 년 동안에 믿어 온 종교 집단이
요, 지도자요, 그 백성들, 그리고 구원
을 받았다 맹신하는 그들의 삶의 자세
가 과연 어떠하던가?
4 그들이 바로 섰으며 참진리의 길을 왔
다면 오늘과 같이 험악한 세상은 절대
되지 아니하였음을 너희들은 알아야
될 것이니라.
5 그 모든 죄는 그들이 지음이며 그 죄
를 묻는 것은 그들이니라.
6 그리하여 오로지 재앙이라는 것은 그
들에게만 있다 하였음을 알겠느냐?
7 지금 이 세상이 얼마나 사악하고 험악
하게 되었던가?
8 너희들이 재물을 위하여 사람의 생명
을 그저 파리 목숨만도 못하게 단죄하
니,
9 그와 같은 곳에서 믿음의 길을 가는
백성이요, 믿음이라는 그 길을 가는
백성들이 과연 그와 같은 짓을 하는
자가 없는가?
10 너희들의 생명에 직결되는 먹고사는
음식에 각종 부정한 방법으로써 그를
변질시키고 속여 팖이니, 과연 종교
집단이요, 지도자 속에 그와 같은 백
성이 없는가?
11 너희들이 지금 믿음이라 하여 가는
것, 그리고 구원을 받는다는 것, 사랑
을 베푼다는 것, 각종 거짓되게 남을
속이는 것,
12 그리고 너희들이 물건을 하나 팔 때마
다 속여서 팔고자 하는 자, 그저 눈가
림을 하고 남에게 피해를 입히든 말든
자기의 이익을 구하고자 하는 자, 그
와 같은 백성들이 과연 오늘의 믿음의
길을 가는 종교 집단이요, 지도자들이
요, 너희들의 교회요, 성당이요, 회막
에 와서 사는 백성들 중에는 없다 말
할 수 있겠는가?
13 그들에게 한번 물어보라, 너희가 그리
말할 수 있느냐 물어보라.
14 너희들은 거짓말하지 아니하고 남을
속이지 않는 그와 같은 지도자로서 나
의 백성으로서 이끌어 갔는가 그와 같
이 물었을 때, 너희들은 장담할 수 없
을 것이니라.
15 그러나 너희들이 와 나의 아들에게 물
을 때, 나의 아들은 그 제자들이 최소
한 그와 같은 짓은 안 할 것이라 말할
수 있으며 그는 대답할 수 있을 것이
니라.
16 이것이 지금의 너희들과의 차이점임
을 알라.
17 종교 집단이요, 지도자들이 무어라 말
하느냐?
18 나 여호와가 성경에 기록하여, 해서는
안 되는 그와 같은 사업을 하는 곳에
가서 그 집이 번성하며 시작은 미약하
나 창대하게 이루어질 것이라 하여 중
언부언 기도를 하는 것이 오늘의 종교

집단의 지도자라 하였음이니라.
19 나 여호와가 하지 말라는 일을 하는
너희 신도라 하는 자, 헌금을 많이 내
는 자, 재물을 많이 바치는 자의 집에
가서 기도하면서 그것이 번창하기를
바란다 그리 말하는 것이 오늘의 종교
집단의 지도자라 하였음이니,
20 과연 그 밑에 있는 신도들이 그를 갖
다 속여서 팔지 않겠는가?
21 그러니 너희들이 먹는 음식마다 부정
한 것으로 속이며 팔지는 않는가, 남
의 생명에 해가 되는 기름이라는 것으
로 만들어 너희들이 먹어서는 안 되는
것을 팔지는 않는가, 그리고 모든 양
념이라는 것에 잘못된 것을 섞어서 팔
지는 않는가?
22 오늘의 수천 년 동안 믿음의 길을 온
그 백성들 중에는 과연 그와 같은 행
위를 하는 자들이 없으며 그와 같은
백성이 없다 말하는가?
23 믿음의 길을 가는 신도요, 그리고 구
원을 받았다는 그 신도라는 자들은 절
대 그러한 사람이 없다 말할 수 있는
가?
24 내가 보기에는 그들이 80퍼센트 이상
을 차지하고 있는 것이 오늘의 형국이
니, 얼마나 썩고 더럽고 추한 것으로
써 너희들이 이끌어 왔는지 알겠는가?
25 그러니 종교 지도자가 그저 되든 안
되든 헌금을 많이 내는 자요, 도둑질
하는 자에게도 성업을 이루어 달라 그
리 기도할 수 있는 것이니라.
26 그저 어찌하든 간에 도둑질해서 헌금
을 갖다 많이 바치는 그것도 하늘의
뜻이요, 하나님의 뜻이라 하여 너희들
은 그저 많이 바치기만 하면 된다, 그
리고 많이 바치면 그 죄가 다 사면된
다 그리할 것이니라.
27 너희들이 열 개를 훔쳐 다섯 개만 갖
다 바쳐도 더 큰 은혜요, 영광이요, 그
것은 죄가 되지 않는다 그리 말할 수
있는 자들이니라.
28 그 증거함이 무엇인 줄 알겠느냐?
29 육에서 하는 행위요, 육에서 이루어지
는 것은 죄가 되지 아니한다는 그것이
바로 그와 같은 증거요, 그와 같은 행
위를 하고 있음을 너희들은 알아야 될
것이니라.
30 그러니 이와 같이 썩고 썩은 것이 오
늘의 종교 집단이요, 지도자요, 그 신
도들이요, 그 백성이니,
31 이 세상을 혼탁하게 만들며 이 세상을
말세로 만들었으며 이 세상을 뒤죽박
죽으로 만들어 놓아 종말이라는 말이
나올 수 있는 것은 종교 집단이요, 지
도자요, 그 신도들이 그리 만들었느니
라.
32 너희들은 지금 이방인이요, 다른 백성
들이 그와 같이 한다 하나, 그 백성들
은 그렇지 아니하니라.
33 부모를 사랑하며 형제를 사랑하며 도
덕이요, 예의범절에 어긋나지 않는 삶
을 사는 것이 너희들이 말한 이방인들
의 삶이니,
34 너희보다 더 귀하고 소중하게 살아간
다는 것을 알아야 될 것이니라.
35 너희들이야말로 얼마나 사악하며 잘
못된 자인 줄 알겠는가?
36 너희들은 집단의 무리요, 숫자 놀음으
로써 잘못되고 죄를 짓는 것도 합법화

하며 그것이 죄가 되는 것이 아닌 것
처럼 믿고 나가는 것이 너희들의 그
속성이니,
37 그와 같은 행위를 하는 것이 얼마나
추하고 더러운 행위인지, 하늘에서 보
는 나 여호와가 볼 수 없는 행위라는
것을 너희들은 모를 것이니라.
38 거기서 나는 냄새를 너희들은 모르나
나는 맡음이니, 그 진동함에 내가 숨
을 쉴 수 없다면 너희들은 믿겠는가?
39 너희들이 지금 얼마나 사악한 짓을 하
고 있는가, 그리고 이 세상을 사악하
게 만든 백성들이 누구던가?
40 너희들 스스로 반성할 때가 되었느니
라.
41 그리하여 내가 너희들을 바로잡고 바
로 깨우쳐 그나마 너희들에게 단 한
번의 기회를 주고자 하는 것이 나 여
호와의 뜻임을 알라.
42 너희들이 나의 아들딸로서 세상에 나
갔으며, 나의 피조물이요, 나의 영광
으로 너희들이 세상에 나간 것이요,
43 너희들 임의로 스스로 한 것이 아니
요, 나 여호와가 보낸 자이니,
44 그래도 마지막 선의 불씨가 너희들에
게서 살아나고 태울 수 있도록 내가
나의 법전을 마지막 기회를 통하여 내
려보낸다는 이 무서운 사실을 너희들
은 기억하고 또 기억해야 될 것이니
그리 알라.

9,468 번째 하나님 말씀

2004년 2월 3일 18시 16분

1 사랑하는 나의 아들아!
2 "네, 아버님! 말씀하옵소서."
3 하늘에서 창조주 나 여호와가 나의 피
조물 만백성 너희들을 바라보는 것,
더욱이 종교 집단이요, 믿음의 길을
간다는 백성들, 그리고 나의 피조물
만백성을 구원한다는 그와 같은 집단
에 있는 지도자들, 그들이 하는 행위
를 하나서부터 천 가지, 만 가지를 볼
때마다 나 여호와가 가슴이 아파 바라
보지 못하는 그와 같은 행위만 골라서
하고 있다는 그와 같은 사실을 너희들
은 과연 알고 있는가?
4 너희들이 어떠한 자들이냐, 행하는 것
은 관계가 없으며, 그저 나의 아들 예
수요, 나를 믿기만 하면 구원에 오른
다 그와 같이 가르치는 것이 얼마나
어리석고 무모한 것인가?
5 내 가슴이 아파 너희들을 바라볼 수
없음을 알라.
6 내가 너희들에게 무어라 말하였느냐?
7 너희들이 형제를 미련하다 하는 자는
지옥 불에 간다 내가 그리 말하지 않
았느냐?
8 그러니 너희들이 말로써 미워하는 것
이 행동이 아니더냐?
9 그 행동에 의한 것으로 너희들이 지옥
불을 간다 내가 말하였거늘, 어찌하여
너희들은 이 행동이 아무것도 아닌 것
처럼 그리 가르치고 오늘의 나의 피조
물 만백성들을 그리 현혹하는가?
10 어리석게 가르치는 자보다도 그 어리
석은 이야기를 들으면서 깨우치지 못
하고 바로 서지 못하는 나의 백성들을
바라보는 내 가슴이 터지고 미어짐을
너희들은 알겠느냐?

11 오늘의 종교 집단이요, 지도자들이 어
떠한 자들인가?
12 그들은 그러하니라.
13 저희들이 나의 아들의 고통스러운 십
자가를 걸어 놓고 거기서 시작함이니
라.
14 그리하여 저희들이 어렵고 힘들 때는
힘들고 어렵게 가나, 그들의 모습은
무엇인 줄 알겠느냐?
15 저희들이 시작할 때 처음에 어렵고 힘
든 그 길이요, 그것이 은혜요, 사랑이
라 생각하여 그 길을 가지 아니하느니
라.
16 저희들의 교세가 확장되기를 그들은
밤마다 기도하느니라.
17 그리하여 저희 교회가 부흥하기를, 저
희 성당이 부흥하기를, 저희 집단이
부흥하기를 바라느니라.
18 너희들이 부흥을 바라는 것이 무엇이
더냐?
19 나의 뜻을 깨우치는 백성들이 모여들
어 그들을 구원하고자 너희들이 그를
부르짖는 것이라 생각하느냐?
20 내가 보는 너희들의 기도요, 너희들이
부르짖는 것은 그것과는 아무런 관계
가 없음이니라.
21 참진리를 가르쳐 나의 피조물 만백성
이 바로 설 수 있도록 가르치는 것과
는 관계가 없음이니라.
22 너희들이 교세를 확장하는 것은 무엇
이더냐?
23 너희들이 교세를 확장하면서 너희들
스스로 변하는 것을 알 것이니라.
24 너희들은 교세를 확장하면서 우선 너
희들이 타고 다니는 차라는 것부터 고
급스러운 것으로 바꾸기 위하여 혈안
이 되느니라.
25 그리고 너희들의 생활이 모두가 다 바
뀌느니라.
26 그리고 너희들이 먹고사는 것이 바뀌
느니라.
27 그리고 너희들의 자식을 공부시키는
것까지 그 형태가 바뀌느니라.
28 그리고 모두가 다 바뀌는 것을 위하여
너희들이 교세 확장을 지금 하고 있는
추하고 더러운 행위가 아니더냐?
29 너희들이 교세가 확장되니, 무엇을 원
하느냐?
30 너희들은 삯꾼으로서 그 품삯을 높이
는 데 혈안이 되느니라.
31 그리하여 너희들은 자식을 가르치는
것이요, 생활하는 것까지도 나의 사랑
하는 피조물 만백성의 피를 빨아 마시
면서 해결하며, 너희가 받아들이는 그
품삯은 차곡차곡 챙겨 놓고 그것은 한
푼도 쓰지 아니하며,
32 너희들은 남을 위해서 되돌려주는 법
이 없는 그와 같은 것이 너희들이 아
니더냐?
33 진정한 지도자라면 어찌하여 교세가
늘어난다 해서 너희들의 생활이 달라
지며 너희들이 받아 가는 품삯이 달라
져야 된단 말이더냐?
34 너희들이 작았을 때는 적은 것으로 생
활하면서, 교세가 확장될 때는 그 생
활을 할 수가 없어 교세의 확장에 따
라 변하니,
35 교세 확장은 너희들의 생활의 변화를
위해서 하는 것이요, 나의 진리를 가
르치고자 하는 것이 아니지 않더냐?

36 너희들은 그러하느니라, 아래층에서
위층으로 올리는 그 무거운 짐을 드는
것도 너희들은 그저 남을 시켜 인력으
로써 모두를 다하며 그 수고비를 나의
피조물 만백성의 헌금에서 덜어 내는
것이 너희들이 아니더냐?
37 너희들이 그와 같이 사악한 자들이니
라.
38 제가 벌어 보지 아니하고 제가 노력하
지 아니하여 그 수고로움을 모르며 고
통을 모르는 자이기 때문에 너희들이
그와 같이 하는 사악한 자이니라.
39 내가 나의 법전에 일일이 무엇을 기록
하여 너희들에게 전한단 말이더냐?
40 교세가 확장됨으로 인해서 모두가 바
뀌는 그것은 다 악마요, 사기꾼이요,
거짓된 자이니라.
41 그러니 교세가 확장되었다 해서 너희
들이 받아 가는 그 품삯이 커진다면
너희들은 삯꾼이요, 품삯을 받기 위하
여 존재하는 자들이 아니더냐?
42 모든 헌금이라는 것을 받아들이는 것,
하늘에 쌓으면 복을 받는다는 것, 그
리고 나에게 바친다는 것,
43 거기에서 금액이 늘면 늘수록 종교 지
도자들이 착복하고 저희를 위하여 쓰
고 나누는 것이 달라짐이니,
44 이게 바로 너희들이 거지만도 못한 자
요, 아무것도 없는 자만도 못한 자요,
얻어먹는 자보다 못한 사악한 자들이
라는 것을 알겠느냐?
45 이것이 오늘의 종교 집단이요, 지도자
이니,
46 그들이 교세를 확장하며 더 큰 교회를
짓고자 하는 것, 그리고 많은 신도를
거둬들이고자 하는 것이 저희들의 변
화되는 생활이요, 호의호식을 하기 위
한 것이지,
47 나의 백성들이 나의 진리를 깨우쳐 하
늘에 오르게 하기 위해 하는 자들이
하나도 없다 함을 너는 알라.
48 이와 같이 내가 기록하여 아무것도 모
르는 나의 아들의 입을 통하여 책으로
만들어 전함이니, 너희들이 이게 아니
거든 아니라 그리 말하라.
49 정녕 너희들이 내 앞에 와서 심판을
받는 그 순간에도 이것이 아니며 나의
아들이 잘못 가르쳤다 말할 수 있는가?
50 너희들은 두려워 너희 자신이 고개도
들지 못하며 말도 하지 못할 것이니라.
51 그리고 떨어지는 죄목이 얼마나 무서
운 것인지 그때는 알게 될 것이니, 이
미 때는 늦었느니라.

9,469 번째 하나님 말씀

2004년 2월 3일 18시 20분

1 사랑하는 나의 아들아!
2 "네, 아버님! 말씀하옵소서."
3 나 여호와가 나의 아들을 통하여 너희
에게 그리 가르쳤느니라.
4 너희들은 형식이 없는 삶을 살며, 형
식에 치우치는 삶을 살지 말라, 내가
그와 같이 너에게 명하고 가르친 것은
무슨 뜻이라 너는 그리 생각하느냐?
5 "네, 아버님! 저는 아버님이 내리시는
그 말씀의 뜻을 알 수는 없사오며 어
떤 깊은 의미가 있는지는 모르겠사옵
나이다.
6 그러나 다만 형식이 없이 있는 그대

로 보이며 살라 함은, 곧 진실이 없는
자는 모두를 꾸미는 것이며, 진정함이
없는 것은 허례허식이요, 모든 장식으
로써 보여 주는 것, 그와 같은 자들이
요, 그와 같은 것으로 가는 자들이라
그리 생각되옵나이다.
7 진실이 없는 자는 모두를 꾸며, 저희
들이 꾸미는 데 정성을 들이며, 저희
들이 허례허식에 모두를 다 바치는 것
이기에 진정한 것을 보이는 것이 아
니요, 저희들이 보이기 위해 그와 같
은 모든 정성이요, 모두를 바친다 그
리 생각되옵나이다.
8 신의가 없는 자가 가장 큰 신의를 지
키는 자처럼 보이고자 하는 것이라 저
는 그리 생각되옵나이다.
9 그러하니 모두를 보이고자 하는 것이
거짓된 것이요, 진실된 것이 하나도
없는 것이니, 그것이 바로 저희들이
형식에 치우치지 말라 하시는 그 말씀
이라 저는 느끼고 있사옵나이다."
10 사랑하는 나의 아들아, 그러니 과연
너희들은 어찌 살아가야 된단 말이더
냐, 그러니 너희들은 어떠한 형태로
살아가는 것이 진정한 나의 뜻이라 생
각하느냐?
11 "네, 아버님! 있는 그대로 보여 주며,
있는 그대로 보여 주면서도 그것이 부
끄러움을 모르며, 남에게 얼굴 붉히지
아니하는 그와 같은 마음을 가지고
살아가는 것이 아버님께 선택된 백성
들이 살아가는 길이라 그리 생각되옵
나이다.
12 그러니 아무리 초라하고 남루하다 해
도 있는 그대로 부끄럽지 않게 보여
주는 그와 같은 사람으로 저희들이 변
화되어야 하는 그 이유는,
13 남을 이용하지 아니하는 것이며, 남을
악용하지 아니하려는 것이며, 그는 바
로 거짓된 행위를 하지 않는 백성으로
서 거듭나는 것이라 그리 생각되옵나
이다.
14 형식이 없으며 꾸밈이 없으며, 보여
주기 위한 그와 같은 장식이 없어야
하니,
15 보여 주기 위한 거기에 모든 정성을
들이는 것, 실질적인 것을 실질 그대
로 보여 주는 데 정성을 다함이 아니
요, 꾸미고 가꾸는 데 정성을 다하며
보여 주고자 하는 그곳에는 정녕 진실
이 없으며 가장 큰 사랑이 없다 그리
생각되옵나이다.
16 그리하기 때문에 형식적인 것은 하지
말라 하시는 아버님의 뜻이라 생각되
오며,
17 아버님께서 가장 강조하고 싶어 하시
는 그 말씀의 뜻은, 남에게 형식이 아
니요, 갖춘 것을 보이지 아니하며, 있
는 그대로 보이되 부끄러움을 모르며
당당히 보일 수 있는 사람,
18 그러한 백성은 절대 거짓된 행위를 하
지 않는 사람이며 거짓이 없는 백성이
니, 그리 지키고 살아가라 하며 그리
바라는 것이 아버님의 뜻이라 생각되
옵나이다."

9,470 번째 하나님 말씀

2004년 2월 3일 18시 25분

1 사랑하는 나의 아들아!

2 "네, 아버님! 말씀하옵소서."
3 진정한 보석은 설명이 필요 없다 하지
아니하였더냐?
4 진정한 것은 설명이 필요 없으며 거기
에 대한 장식이 필요 없느니라.
5 진정한 참진리의 길을 가는 지도자는
절대 시시비비를 하지 아니하며 그 누
구를 받아들이고 받아들이지 아니하
며, 사탄이요, 이단이라 그리 말하지
아니하며 말할 수가 없는 것이니라.
6 지금 너를 따르는 그 제자들이 모두를
가슴에 안고 감이니, 사랑하는 나의
아들딸 너희들이 나의 성령을 받아 책
으로 만드는 그 역사가 160권을 만든
것도 아니요, 열여섯 권이라는 나의
법전을 아직 통달하지도 못하였어도
모든 종파를 다 받아들이며 모두를 다
용서하며 시시비비를 하지 않는 그와
같은 것이 너의 제자들이거늘,
7 지금 수천 년 역사를 흘러오면서도 저
희들이 이는 사탄이요, 이단이요, 사
악한 자라 하여 시시비비하는 그와 같
은 종교 집단이요, 지도자 그들이 바
로 가는 자들이라 말할 수 있겠느냐?
8 참진리의 길을 가는 백성들은 절대 시
시비비를 하지 아니하며, 이단이요,
사탄이요, 잡신이라 말을 하지 아니함
이니라.
9 인간 세상에서 너희들이 그런 말이 있
지 않더냐, 사랑하는 나의 아들아!
10 일을 잘하는 목수라는 사람은 구부러
진 나무요, 곧은 나무를 탓하지 아니
하며 그를 원망하지 아니한다 하였음
이니, 그가 필요에 따라서 그를 다듬
고 가꾸어 쓴다 하지 않더냐?
11 말없이 밭을 가는 소도 일을 잘하는
소는 멍에 타령을 하지 아니한다 하지
않더냐?
12 그러니 평범한 진리요, 진정한 진리의
길을 가는 지도자라면 과연 그들 입에
서 누구는 사탄이요, 이단이요, 누구
는 받아들일 수 없으며 제 앞에 올 수
없으며 그와 겸상할 수 없으며, 제가
가는 것은 잘못된 것이라며 저희들이
선별하는 그와 같은 말을 할 수 있더
냐?
13 진정한 지도자요, 참진리의 길을 가는
백성이라면 절대 탓할 수 없으며 시시
비비를 하지 아니함이니라.
14 모두를 가슴에 안고 사랑하는 것이 그
들이 아니더냐?
15 진정한 참진리의 길을 가는 나의 아들
이요, 너를 따르는 그 제자들이기에,
너희들은 모두를 구분하지 않고 가르
치며 가지 않더냐?
16 짧은 믿음이요, 짧은 세월 속에서 나
의 아들딸들이 그리 곱게 가거늘,
17 수천 년 동안 믿음이요, 수십 년 동안
평생을 바친 종교 지도자들이 그를 선
별하고 구분하며 시시비비하는 그와
같은 자세를 한다면, 과연 그들이 진
정한 나의 백성이라 하겠느냐?
18 사랑하는 나의 아들딸들아, 내가 너희
들에게 말하느니라.
19 너희들이 살아가면서 언제든지 기쁜
마음, 즐거운 마음, 행복한 마음을 가
지고 사는 것, 그것이 너희들이 나 여
호와를 기쁘게 하는 것이라는 것을 너
희들은 어찌 그리도 모르더냐?
20 오늘의 삶에 있어서 기쁘게 생각하며

오늘의 삶을 행복하게 생각하고 살라.
21 너희들이 인간 세상에서 부모와 자식
이 있으니, 부모가 자식을 객지에 내
보내니, 그 자식이 맨날 어렵고 힘들
다 말하면 그 부모의 마음이 어떠하겠
는가?
22 더욱이 도와줄 수 없으며 가 볼 수 없
는 부모의 마음은 어떠하겠느냐?
23 그러니 기쁘고 행복한 삶이요, 아버지
어머니 은혜에 감사하며 삶이 풍족하
다 말하는 그 자식의 소리를 들을 때
부모의 마음은 어떠하겠느냐?
24 사랑하는 나의 아들딸들아, 너희들이
그와 같이 거짓으로써 나에게 고하지
아니한다 해도, 너희들이 언제나 기쁘
고 행복하게 미소를 짓는 삶을 산다면
그것이 나 여호와를 기쁘게 하며 나를
가장 행복하게 하는 것이니,
25 그 기초적인 이치 하나도 깨닫지 못하
고 어찌하여 너희들이 '너는 그르고
나는 옳다.' 시시비비하며,
26 받아들일 자와 못 받아들일 자를 너희
들이 감히 선별할 자격이 있는 것처럼
그리 말한단 말이더냐?
27 오늘의 종교 집단이요, 종파들이요,
지도자요, 맹종 맹신하는 백성들이 그
러하니 그들을 구원하라, 사랑하는 나
의 아들딸들아!
28 내가 너희들을 사랑함이니라.

9,471 번째 하나님 말씀

2004년 2월 3일 18시 34분

1 사랑하는 나의 아들아!
2 "네, 아버님! 말씀하옵소서."
3 너희들이 이 세상에 태어난 것은 과연
누구의 뜻에 의하여 태어났는가?
4 너희들이 생명을 갖고 영혼을 가지고
세상에 태어났음이니, 그 모두가 너희
들의 임의대로 너희들의 능력으로써
세상에 태어났다 그리 말하는가?
5 너희들 뜻대로 태어난 것이 아니라는
것을 너희들은 스스로 알 것이니라.
6 또한, 너희들이 오고 싶다 하여 스스
로 이 세상에 온 것도 아니라는 것을
너희들은 너무나 잘 알고 있지 않은가?
7 그러한 너희들이 어찌하여 하늘의 보
낸 이의 두려움을 모르며, 창조주 나
여호와의 뜻을 감히 시시비비하는 그
와 같은 삶을 사는가?
8 나에게 감사함과 두려움을 모르고, 더
욱이 너희들이 인간 세상에 살면서 죄
를 짓고 살며 너희들이 얼굴을 붉히며
형제지간에 화목하지 못하는 그와 같
은 삶을 삶이니,
9 정녕 네 뜻대로 이 세상에 온 것이 아
니요, 네 임의대로 세상에 태어난 것
이 아니요, 너희들을 태어나도록 보낸
이가 있다는 그 두려움이요, 창조주
나 여호와가 있다는 것을 너희들이 어
찌 모른단 말이더냐?
10 창조주 나 여호와의 뜻임을 너희들이
안다면, 이 모두의 역사한 것은 내가
주관하는 것이며 나의 뜻에 의하여 나
의 계획에 의해서 이루어진 것이며 보
내진 것이라는 걸 너희들이 안다면,
11 과연 내가 지키고 살라 내린 십계명의
열 개의 계명도 너희들이 지키고 살
수 없다는 그와 같은 거역하는 말을
할 수 있으며 그와 같은 말을 입에 담

을 수 있단 말이더냐?
12 이제 모든 종교 집단이요, 믿음의 길
을 가는 백성, 그리고 나의 아들을 따
르는 백성 너희들은 들으라.
13 너희들은 이 세상에 너 스스로 온 것
이 아니요, 네 임의대로 네 뜻대로 온
것이 아니라는 것을 알라.
14 반드시 보낸 이가 있으니, 그 보낸 이
가 너희들을 쓰고자 할 것이며 너희들
을 필요로 하여 이 세상에 보냈다는
것, 그러니 너희들이 보낸 이의 뜻을
순종하며 보낸 이의 뜻에 따라 살아가
는 것이 너희들이 바로 보답하는 길이
요, 나에게 오를 수 있는 길이라는 걸
명심하고 또 명심하라.
15 그러니 내가 직접 불로 써 내린 나의
친필이요, 내가 내린 그 서약서를 지
키지 아니하고 너희들이 어찌하여 나
에게 오를 수 있다 하며 그 서약서를
놓고 옳고 그름을 논하는가?
16 그와 같이 하는 자는 나보다 더 높은
자요, 나보다 더 위대한 자리에 있는
자가 되고자 하는 것이요, 그와 같은
착각이요,
17 나에게 욕된 짓을 하고 있다는 것을
모르는 자들이 벌어진 입으로 그와 같
이 말을 함부로 한다는 것을 너희들은
알라.
18 나의 백성 너희들은 너희 자신이 네
것이 아니라는 것을 내가 나의 아들을
통하여 너희들에게 얼마나 가르쳤느
냐?
19 너희 자신도 네 것이 아니라 하였거
늘, 어찌하여 너희가 너희 자신의 능
력으로 이 세상에 온 것처럼 그리 생
각한단 말이더냐?
20 그리고 모두는 너희들 뜻으로써 너희
들을 위하여 역사한 것처럼 착각하고
사는 자들이니,
21 그리하여 너희들이 보낸 이가 있다는
것을 깨닫지 못하며, 보낸 이 앞에서
감히 나의 뜻을 따르며 행하고자 하는
것을 막는 자, 그를 행하지 못하는 자,
또 그리 가르치고 막는 자의 뜻을 따
라 같이 박수치고 '할렐루야, 아멘!'하
며 부르짖고 광신도의 행위를 지금 하
고 있는 것이 아니더냐?
22 이와 같은 것이 얼마나 나를 거역하며
나를 욕되게 하는 길인 줄 알겠느냐?
23 이제 나의 백성 너희들은 알라.
24 나의 피조물 만백성 너희들이 믿음의
길이요, 나로부터 은혜가 무엇인지 아
는 자, 그리고 나의 아들의 이름을 부
르며 나를 부르며 찬양하는 너희들이
가장 지켜야 할 첫 번째 행해야 될 것
이 무엇인 줄 알겠느냐?
25 보낸 이의 뜻에 따라 순종하는 것이
너희들이 첫째 지켜야 될 것이라는 걸
알라.
26 그리고 두 번째는 죄를 짓지 않고 사
는 것이니라.
27 너희를 보낸 이인 내가 죄짓지 말고
살라 했음이니, 이는 곧 너희들이 육
의 세상에서 육의 행동이요, 생각을
바르게 하고 살라는 것이니,
28 너희들이 감히 십계명을 지킬 수 없으
며 육의 삶에서 죄를 짓고 안 짓는 것
은 뒷전으로 미루는 그와 같은 것이
얼마나 큰 죄인 줄 알겠느냐?
29 이제 이와 같은 사실을 내가 기록하여

너희들에게 전함이니, 이를 알아듣고
이를 깨우친 너희들이라면 절대 죄인
이 되어서는 아니 될 것이며,
30 너희들이 얼굴 붉히고 살아가는 그와
같은 자가 되어서도 아니 될 것이며,
거짓된 행위를 해서도 아니 된다는 것
을 너희들은 알라.
31 너희들은 순종하는 것이요, 내 뜻대로
살아가는 것이요, 그리고 너희들이 죄
인이 되어서는 아니 되는 것, 그리고
화목하지 못한 삶을 살아서는 아니 된
다는 것, 이를 가슴 깊이 새겨 나의 뜻
에 거역됨이 없도록 그리하라 전하라.

9,472 번째 하나님 말씀

2004년 2월 3일 18시 39분

1 사랑하는 나의 아들아!
2 "네, 아버님! 말씀하옵소서."
3 너희들이 살아가면서 무엇이 중요하
며 무엇이 소중한 것이라 너는 생각하
느냐, 사랑하는 나의 아들아!
4 "네, 아버님! 저는 그리 생각하옵나이
다.
5 아버님께서 항상 같이하는 백성이요,
아버님께서 항상 찾는 백성이요, 아버
님께서 그저 부르고 기다리는 그와 같
은 백성이 되는 것이 가장 중하고 귀
하다 그리 생각하옵나이다.
6 인간 세상의 가정에서 자식을 기다리
는 부모의 마음처럼 아버님께서 아들
딸이요, 저희들을 찾고 기다리시는 그
와 같이 찾는 자식이 되는 것이 가장
소중하고 귀한 것이라 저는 지금 그리
생각하고 있사옵나이다."
7 사랑하는 나의 아들아!
8 "네, 아버님!"
9 너희들 자신이 중언부언하며 나를 찾
고 나를 부르는 그와 같은 것이 중요
하지 아니함을 네가 깨달았음이니, 그
이치를 알았으면 너의 제자들과 나의
법전을 읽고 깨우친 만백성에게 강론
으로 전하라.
10 너희들이 중언부언 소리 지르고 울고
불고 광란의 짓을 하며 아버지요, 창
조주를 소리 지르고 찾는 것이 아니라,
11 나 여호와가 너희들을 찾는 백성이 되
는 것, 그것이 가장 소중하고 귀한 것
이라, 너는 강론으로 그를 깨우쳐 주
고 전하도록 그리하라, 사랑하는 나의
아들아!
12 그러면 너는 그와 같은 백성이 되는
길은 어떠한 길이라 생각하는가?
13 "네, 아버님! 저는 그와 같은 것을 제
가 잘 알지는 못하며 바로 대답을 드
릴 수는 없사옵나이다.
14 그러나 아버님께서 저에게 명하신 모
든 가르침 속에서 제가 그 대답을 골
라 말씀을 드린다면,
15 가장 마음이 비워져 있는 자, 그리고
가장 낮은 곳에 있는 자, 그리고 섬김
을 받는 자가 아니라 섬기는 자, 그리
고 받듦을 받는 것이 아니라 받드는
자, 높은 자리에 앉고자 하는 자가 아
니라 낮은 자리에 앉아 있는 자,
16 그와 같은 자들이요, 그와 같은 백성
들이 있는 곳에서는 아버님께서 항상
같이하고 계시며 항상 찾는 아버님의
아들딸이라 저는 지금 감히 그리 생
각하오며, 그와 같이 깨닫고 있사옵나

이다.
17 죽어 가는 사람을 살릴 수 있으며, 제
모두를 던져 그 한 생명을 살리고자
하는 것, 그리고 가장 낮은 자로서 행
동하고 처신하는 것, 자기 자신을 버
리고 남을 먼저 생각하는 것, 남을 위
하여 기도하는 것, 그리고 하늘에 오
를 수 있는 그 한 자리를 남에게 양보
할 수 있는 그와 같은 마음을 가지고
살아간다면,
18 그와 같은 백성이 있는 곳에는 아버님
께서 항상 같이하고 계시며, 그와 같
은 아들딸의 이름을 기억하고 계시며,
19 그와 같은 아들딸이 아버님께서 항상
찾는 아들딸이라 저는 감히 그리 생각
하옵나이다.
20 그러나 다만 저도 그리하지 못하며 저
의 제자들도 그리하지 못함이니,
21 이와 같은 이치를 알면서, 아버님의
뜻을 조금이나마 알면서 행하지 못하
는 저의 죄를 용서하여 주옵소서."
22 사랑하는 나의 아들아, 가장 낮은 곳
에 나 여호와가 같이하고 있음을 가르
쳐 주라.
23 그리고 가장 낮은 자를 내가 부르고
있다는 것을, 내가 너희들을 찾는다는
것을, 네 말처럼 모든 나의 백성들에
게 그리 가르치라.
24 높고자 하는 곳에 내가 있지 아니하
며, 오만한 자 앞에 내가 있지 아니하
며, 권좌에 앉고자 하는 자에게 내가
있지 아니하며,
25 나의 피조물 만백성의 고혈을 빨아 너
희 손으로 성전이라 하여 궁궐처럼 아
름답고 호화롭게 지어 놓은 곳에는 내
그림자도 볼 수 없다는 것을 너희들은
알아야 될 것이니, 그와 같은 곳에 내
가 있지 아니함이니라.
26 네 말대로 마음을 비운 자요, 남을 섬
기는 자요, 그리고 자신을 지워 버린
자요, 그리고 사랑을 실천하고 행하는
자요, 가장 낮은 곳에 내가 너희들과
항상 같이 있으며,
27 그곳에 남아 있고자 하는 그 백성들을
내가 기억하고 부르고 있다는 것을 그
들에게 지금이라도 깨우쳐 주도록 하
라, 사랑하는 나의 아들아!

9,473 번째 하나님 말씀

2004년 2월 3일 18시 44분

1 사랑하는 나의 아들아!
2 "네, 아버님! 말씀하옵소서."
3 너는 과연 너의 제자들이 불행하며 또
는 행복한 백성이라 생각하는가?
4 "불행과 행복도 없다 생각하옵나이다.
5 불행을 생각하면 불행을 생각해서 고
통을 동반하는 것이며,
6 행복을 생각하면 또한 그 행복에 따라
저희들이 골고루 나누어 주지 못하며
그 행복에 따르는 삶을 제대로 살지
못함이니, 내리시는 그 은혜 속에 또
한 고통이 있는 것이라 생각되옵나이
다.
7 그러니 행복한 것도 불행한 것도 그
모두는 다 저희들에게는 부질없는 것
이며, 그게 있지도 아니하며, 또한 저
희들에게 존재하지도 아니하며,
8 불행도 행복도 모두 다 그저 물처럼
흘러가고 공기처럼 흘러가는 것이니,

그리하여 잡으려 하지도 아니하며 멈
추려 하지도 아니하며,
9 제 앞에 쌓아 놓고자 하는 생각도 버
리는 마음으로 살아가고자 그리 생각
하고 있사옵나이다."
10 사랑하는 나의 아들아, 그와 같은 나
의 아들딸들에게 너는 그들이 얼마나
행복하며 축복받은 것인가를 깨우쳐
주고 전하도록 그리하라.
11 그들에게 전하라, 너희들이 그와 같은
마음을 가지고 삶이니 행복한 것이요,
그와 같은 마음을 가지고 사는 너희들
에게 나 여호와가 같이하고 있음이니,
너희들이 그 행복이라는 것을 느낄 수
있지 않겠느냐?
12 "네, 아버님! 그렇사옵나이다.
13 바로 저희들의 그 행복이요, 그 축복
이라는 것은 아버님께서 항상 뒤에서
받쳐 주고 계시며, 아버님께서 항상
저희들과 같이하고 계시기 때문에 그
것이 크나큰 행복이요, 영광이라 생각
하옵나이다.
14 아버님께서 항상 저희들을 생각하시
며, 잠시도 눈을 떼지 아니하시며 저
희들을 사랑하시기에, 아버님이 계심
에 행복하며, 행복함을 느끼는 것이
저희들이 가야 될 길이라 그리 생각하
옵나이다.
15 저희들과 항상 같이하시는 하나님, 그
리하여 하나님이 계시며 저희가 하나
님을 부르며, 또한 하나님께서 저희들
을 기억해 주고 계시기에 저희들은
든든하며,
16 그로 인하여 또 행복하다는 걸 느끼고
살아가는 것이 저희들이 가야 할 길
이라 저는 그리 생각되옵나이다.
17 어떠한 환란과 고통 속에서도 아버님
께서 항상 저희들을 지켜 주며 보호하
고 계시기에 저희는 행복하다는 그와
같은 생각을 하고 살아야 된다 저는
그리 생각하옵나이다.
18 오늘의 이 자연 속에서 숨을 쉬고 살
수 있는 모든 은혜를 주신 아버님께
서 같이하고 계시기에 저희들은 행복
하며, 행복을 느끼며 살아가야 된다
그리 생각하고 있사옵나이다."
19 나 여호와가 너희들과 같이 있으며 너
희들과 행복을 같이 나누고 있음이니,
너희들이 무엇이 두렵고 무엇이 겁이
난단 말이더냐?
20 두려워하지 말며 무서워하지 말라.
21 그 모든 행복은 너희들이 느끼는 만
큼 얻게 되는 것이니라.
22 나 여호와가 있어 너희들이 행복하며,
내가 존재해서 행복하며, 나의 법전이
세상에 내려감이니 행복하며, 나의 아
들을 세상에 내려보내어 그를 통하여
강론으로써 너희들을 깨우쳐 줌이 행
복함이요,
23 모두가 너희들은 행복 속에 젖어 있는
백성이라 그리 깨닫고 느끼고 살아가
는 그것이 나의 아들 네가 전하고 싶
은 말이 아니더냐?
24 "네, 아버님! 그렇사옵나이다.
25 이 세상에 살아가는 것이 한두 가지
가 아니요, 입으로 담을 수 없으며 글
로 쓸 수 없는 천 가지 만 가지 그 많
은 것들이 다 아버님이 존재하시는 속
에서 이루어지기 때문에 크나큰 행복
이요, 사랑이라는 것을 저희들이 느끼

고 살아야 되는 것이 도리이며,
26 그리 느끼고 사는 자는 이 세상을 다 얻은 자요, 가장 행복한 자라 그리 생각되옵나이다, 아버님!"
27 그러니라, 나의 아들아!
28 이제는 너의 제자들에게 전하라.
29 나 여호와가 존재해서 너희들이 수천 수억 가지가 행복하며, 나의 성전에 모여드는 너희들의 형제가 있어 행복함을 느끼는 그와 같은 백성이 되도록 그리 전하라.
30 나의 법전을 접하며 나의 성전에 와 같이 나의 아들의 강론을 들으며 서로 의지하고 받칠 수 있는 형제가 있어서 너희들이 행복하고 기쁘며 축복받은 것이라는 것을, 이제 너희들이 거기서 깨닫도록 그리 전하라, 사랑하는 나의 아들아!

9,474 번째 하나님 말씀

2004년 2월 3일 21시 07분

1 "너는 나 외에는 다른 신들을 네게 있게 말지니라.
2 너를 위하여 새긴 우상을 만들지 말고, 또 위로 하늘에 있는 것이나 아래로 땅에 있는 것이나 땅 아래 물속에 있는 것의 아무 형상이든지 만들지 말며, 그것들에게 절하지 말며 그것들을 섬기지 말라.
3 너는 너의 하나님 여호와의 이름을 망령되이 일컫지 말라.
4 안식일을 기억하여 거룩히 지키라.
5 네 부모를 공경하라.
6 살인하지 말지니라.
7 간음하지 말지니라.
8 도적질하지 말지니라.
9 네 이웃에 대하여 거짓 증거하지 말지니라.
10 네 이웃의 집을 탐내지 말지니라.
11 나 여호와가 존재함을 믿는 그 자체가 구원의 길에 들어서는 기본이요 근본이며, 나의 법전을 가슴에 안고 정독하는 자, 반석 위에 서서 하늘에 오르는 찬란한 빛을 보게 되는 영광을 얻게 됨이니라."
12 사랑하는 나의 아들아!
13 "네, 아버님! 말씀하옵소서."
14 너를 따르는 제자요, 그리고 나의 법전을 읽고 깨우친 만백성 너희들은 들으라.
15 하늘에는 나 여호와가 있어 너희들을 지켜 주며 내가 항상 더불어 하며 내가 너희들을 이끌어 줌이니, 그것이 행복이요, 그보다 더 큰 축복이 없다 하였음이니라.
16 지상에는 나의 십계명이 내려가 너희들의 영혼의 양식이 있음을 영광으로 생각하며 그보다 큰 은혜요, 축복이 없다는 그와 같은 마음을 갖고 살아가야 하는 것이 나의 아들을 따르는 제자 너희들이니라.
17 그러니 이 세상의 어렵고 힘든 그 인생의 삶에서 너희들이 선과 악을 선택하고, 또한 그와 같은 것을 선택하지 아니하면 아니 되는 그와 같은 운명의 순간에도 너희들을 지켜 주고 바로 세울 수 있는 나의 십계명이 있지 않더냐?
18 죄도 너희들이 짓는 것이며 선한 것도

너희들이 행함이니라.
19 너희들이 죄를 짓고 선을 행함도 모두
다 너희들 자신이 하나, 그 모두를 통
제하고 다스리는 것 또한 너희들 자신
에서 의하여 이루어진다는 것을 알아
야 될 것이니라.
20 그러니 인간 너희들이 스스로 그를 다
스리지 못하고 역사하지 못할 때, 너
희들이 나 여호와에게 기도하고 경배
해도 들을 수 없음이니,
21 바로 내가 친필로 써 내린 나의 십계
명을 너희들이 암송하며 그를 들여다
보면 어떠한 것이 선이요, 어떠한 것
이 악이요, 너희들이 어찌 선택할 것
인지 알게 되어 있음이니, 그것이 너
희들에게 가장 큰 축복이라 그리 생각
하라.
22 그리고 지금 내가 나의 법전이라 하여
나의 성령이요, 그 모두를 태워 내가
누구나 다 읽고 깨우칠 수 있는 책으
로 만들어 세상에 전함이니,
23 이 160권의 법전이 세상에 나오니 너
희들은 그보다 더 큰 영광이 없으며
그보다 더한 축복이 없음을 알아야 될
것이니라.
24 더욱이 이를 기록하여 만드는 데 선택
된 제자들이요, 이를 가지고 만백성을
구하기 위하여 나가는 전사요, 너희들
이야말로 얼마나 영광된 백성이며,
25 지상에 사는 백성이 하늘나라 창조주
나 여호와의 뜻을 역사하며 나의 명을
받아 일하며 내 일을 직접 관장하고
역사하는 백성으로 선택된 것이 얼마
나 위대하고 큰 축복인가 그 은혜를
너희들은 한번 생각해 봐야 될 것이며,
26 그 자리에 서 있는 너희 자신들이 그
감사함을 어떠한 것으로도 갚을 수 없
다는 것을 알아야 될 것이니라.
27 더욱이 나의 아들과 한 시대를 존재해
살아가며 그를 통하여 내리는 강론을
직접 들으며 그로부터 살아가는 인간
세상의 법도요, 그 모두를 배우고 너
희들이 듣지 않는가?
28 그러니 그보다 더 큰 축복이요, 영광
이 없음을 너희들은 알아야 될 것이니
라.
29 그러니 나의 아들을 따르는 제자들이
요, 그리고 나의 법전을 만드는 데 부
름을 받은 백성, 그리고 너희들이 나
의 법전을 읽고 깨우쳐 변화되는 삶을
사는 것,
30 위로는 창조주 나 여호와가 너희들을
지켜 주며, 너희들의 마음이 선과 악
에서 결정하고 선택하지 못할 때, 선
택할 수 있는 직접적인 가르침인 십계
명이 세상에 내려와 있으며,
31 그리고 너희들이 누구나 다 읽고 깨우
쳐 구원의 길이요, 하늘에 오를 수 있
으며 내 뜻을 알 수 있는 법전이 160
권이라는 새로운 성경으로써 세상에
내려감이니,
32 그리고 더욱이 나의 아들과 같이 너희
들이 한 시대를 공존하는 그것이 얼마
나 큰 은혜요, 영광을 받은 백성인 줄
알겠느냐?
33 그것을 너희들이 무엇으로써 나에게
갚으며 무엇으로써 나에게 은혜를 다
할 수 있다 말하는가?
34 그와 같은 은혜 속에 사는 너희들이
죄를 짓고, 얼굴을 붉히며, 형제지간

에 화합하지 못하는 그와 같은 삶을 살아서는 아니 될 것이니 그리 전하라, 사랑하는 나의 아들아!

9,475 번째 하나님 말씀

2004년 2월 3일 21시 13분

1 사랑하는 나의 아들아!
2 "네, 아버님! 말씀하옵소서."
3 네가 가지고 있는 그 애절한 마음의 뜻을 나의 법전에 기록하여 너의 제자들이 그를 보고 따르고 깨우쳐야 될 것이며, 나의 법전을 읽고 깨우치는 백성들에게 그를 저희들 것으로 만들라 그리 전하라.
4 네가 지금 생각하고 아파하는 그 마음이 무엇이더냐?
5 "네 아버님! 그렇사옵나이다.
6 아버님의 명을 받아 만백성을 구하는 선지자요, 또한 아버님의 종이요, 아버님의 아들로서 160권의 법전을 세상에 만들어 내는 그 역사의 책임을 맡고 그 대명을 따르는 제가 누구에게도 부끄럽지 않은 삶을 살지 못하는 것이 가슴이 아프며 가슴이 저리옵나이다.
7 저의 많은 제자들 한 사람 한 사람 그 이름 앞에 제가 고개 숙여 사죄를 드리며 그들 앞에 제가 눈물로써 호소하는 그와 같은 마음으로써 살아가고 있사옵나이다.
8 모든 제자들 한 사람 한 사람 그 이름 앞에 두 무릎 꿇고 지금 눈물의 기도를 드리는 그와 같은 마음으로, 제가 바로 서지 못하며 한 점의 부끄럼이 없는 그와 같은 삶을 살지 못한 것을 그들에게 눈물로써 하소연하고 싶으며 용서를 빌고 싶은 마음이옵나이다.
9 '가'라는 사람을 만났을 때 그와의 감정이 다르며 그와 생각하는 것이 다르니, 그의 마음을 아프게 하며 그 마음을 괴롭히며 또한 그를 기만하는 그와 같은 일이 있을 수 있으며 또한 본의 아니게 그들을 아프게 하는 그와 같은 일이 있음이니,
10 '가'라는 사람에게도 그러한 것이요, 또한 다른 사람에게도 그러한 것이요, '나'요, '다'라는 사람이요,
11 그저 가나다순으로 성을 가지고 있는 모든 제자들에게 그들마다 제가 잘못하는 것이 있으며 그들마다 당당하지 못하며,
12 한 점의 부끄럼이 없고 그들을 정녕 똑같이 사랑하며 똑같이 용서하는 그와 같은 마음을 가지고 살지 못하며 지탱하지 못하고 있는 것,
13 이것이 제 가슴이 천 갈래 만 갈래 찢어지는 것 같으며,
14 한 사람 한 사람 그 앞에 무릎 꿇고 기도로써 용서를 빌고 싶은 것이 제 마음이며, 바로 서지 못하는 이 아픈 마음을 저는 전할 길이 없사옵나이다.
15 아버님께서 명하시어 제 마음이요, 제 생각을 기록하여 전하라 말씀하시오니, 제가 감히 그와 같은 생각을 전하고자 하옵나이다.
16 아버님께서 아시는 것과 같이 저는 모든 백성들이요, 저희 형제들에게 성마다 다른 가나다순의 그 성을 가지고 있는 저의 제자요, 그리고 저를 따르

며 제 강론을 듣는 그 백성들에게,
17 그 한 사람 한 사람마다 제가 잘못하
며, 그 한 사람 한 사람을 기만하며,
그 한 사람 한 사람의 마음을 아프게
하며, 그 한 사람 한 사람마다 하나씩
잘못하는 그와 같은 것이 제가 잘하
는 것보다 많으며,
18 그를 사랑하는 것보다는 사랑하지 못
함이 더 많으며, 그를 용서하고 이해
하는 마음보다는 용서하지 못하며 그
와 같은 좁은 마음이요, 옹졸한 생각
이요,
19 때로는 시기 질투하는 마음을 가지는
이와 같은 환경에서 벗어나지 못하고
있는 제가, 개인 개인에게 그 죄스러
움을 용서를 빌고 싶은 마음이 뼈저
린 아픔이요, 저의 고통이옵나이다.
20 그리하여 그 모두를 그 사람들 앞에서
빨리 벗어나는 것, 그리고 개개인에게
제가 죄짓지 아니하며 개개인에게 마
음 아프게 하지 아니하며 가슴 아프
게 하지 아니하며, 한 점의 부끄럼이
없는 그와 같은 사람이 되고자 하는
것이 제 마음이며,
21 그리 원하고 바라는 것을 감히 기도
를 드리지 못하나, 그것이 제 마음이
옵나이다.
22 가나다순으로 성씨를 가지고 있는 그
사람마다 다 다름이니, 그 한 사람 한
사람마다 제가 사랑하며 용서하며 너
그러운 마음으로써 보살핌이 아니라
죄를 짓고 있사오니,
23 그 많은 제자들 누구 앞에서도 당당
히 설 수 없는 씻을 수 없는 죄가 있
으며, 당당히 말할 수가 없는 자요, 가
르칠 수 없는 저라는 것을 제가 알고
있사오니,
24 이 가슴이 천 갈래 만 갈래 찢어지고
아픈 것을 알겠사옵나이다, 아버님!
25 이를 용서하여 주옵시고, 제가 바로
설 수 있으며 그 제자들 앞에 한 점의
부끄러움이 없는 제가 되기 위하여 피
나는 노력으로 최선을 다하며, 뼈를
깎는 고통 속에서 그를 행하고 실천하
도록 그리 가겠사옵나이다, 아버님!"
26 사랑하는 나의 아들아, 네가 그와 같
이 번뇌하고 고통스러워 하듯이, 너의
제자들 또한 형제지간에 서로를 미워
하며 서로를 질투하는 그와 같은 마음
을 다 버리며, 그와 같은 마음을 갖지
말라 그리 말하며,
27 그와 같은 마음을 가진 자 있거든 모
두 앞에 제 스스로 사죄하며 용서를
빌며, 그와 같은 마음을 다 지우도록
너를 따라 지우는 길을 갈 수 있도록
그리 가르치고 전하라, 사랑하는 나의
아들아!

9,476 번째 하나님 말씀

2004년 2월 3일 21시 17분

1 사랑하는 나의 아들아!
2 "네, 아버님! 말씀하옵소서."
3 나의 사랑하는 백성 너희들이 죄를 죄
인지 모르며 죄짓는 줄을 모르고 죄를
지으며 거기에서 헤어나지 못하며 벗
어나지 못하는 그와 같은 백성들이 가
장 불행한 백성들이니라.
4 너희들이 죄짓고 있는 것을 알며 죄라
는 것을 알며 잘못 가는 것을 알고 깨

닫는 백성은 바로잡을 수 있으며 변화
될 수 있는 것이니라.
5 그러니 네가 가슴으로 울고 있는 그
마음은 바로 고칠 수 있으며 바로잡을
수 있는 것이니, 나 여호와의 기쁨 또
한 더 말할 수 없음이니라.
6 네가 어떠한 방법이든 어떠한 형태든
간에 네 제자들 모두에게 하나하나 네
가 가지고 있는 잘못된 그 습성이요,
네 마음에 부족함을 그들이 모두 다
만족할 수 있도록,
7 모두 다 너를 경배하며 따를 수 있도
록, 그리고 너를 사랑할 수 있도록 그
리 변하고자 하는 너의 그 피나는 노
력의 결과는 반드시 있을 것이며, 그
답은 있을 것이며, 나의 아들 너는 반
드시 그리 일어서고 행하고 갈 것이니
라.
8 그러니 이제는 너의 제자들에게 네 뜻
을 전하며 네 마음을 전하며, 그들 또
한 너를 따라 그와 같이 변하는 길을
가도록 최선을 다하도록 그리하라.
9 네가 어느 날 갑자기 변했을 때, 너의
제자들이 머뭇거리고 있으며 변하지
아니하며 너를 따를 수 없으며 너와
더불어 나에게 오를 수 있는 백성의
대열에서 그들이 떨어지게 됨이니,
10 네가 깨우치며 변하고자 계획하는 것,
그리고 네가 몸부림치는 것을 그들에
게도 가르쳐 주며, 그들에게도 깨우쳐
주며, 그 방법을 지도하고 일깨워 줘
야 될 것이니 그리 알라, 사랑하는 나
의 아들아!
11 잘못된 것을 알고 있으며 죄라는 것을
알고 있으면 그를 바로잡고 고칠 수
있는 것이 아니냐?
12 지금 가고 있는 길이 잘못된 길이라면
옳은 길을 찾아 그를 돌아서 갈 수 있
으며 변화되어 갈 수 있는 것이니,
13 너는 두려워 하지 말며, 네가 실천하
고 행하고 그리 가도록 하며,
14 너의 제자들의 성씨가 모두 다르듯이,
다른 제자들에게 하나씩 네가 가슴에
안고 있으며, 두 개 세 개 열 개씩 네
가 잘못됨을 느끼고 가슴에 안고 있으
며, 그들이 너를 믿고 존경할 수 있는
그 길이 무엇인지 네가 알고 있음이니,
15 그들이 자연히 너를 따르며 존경할 수
있으며 그리고 너를 믿을 수 있는 그
와 같은 자리로 네가 빨리 돌아가도록
그리하라.
16 그것이 나 여호와의 가장 큰 기쁨이
요, 나의 법전이 세상을 덮는 기초가
될 것이니라.
17 내가 너를 사랑함이니라.
18 그러하기에 너는 나의 아들이요, 그러
하기에 네가 나의 뜻을 대신하는 자이
니, 유업을 대신하는 자요, 아버지의
유언을 따라 행하는 그 자식이 얼마나
소중하고 귀한 아들이더냐?
19 네가 모두를 다 따라서 행하고자 하며
네가 아는 대로 지키고자 하며 내가
명한 대로 따르고자 함이니, 네가 나
의 사랑하는 아들이요, 효성스러운 아
들이니라.
20 나는 너를 믿노라.

9,477 번째 하나님 말씀

2004년 2월 3일 21시 22분

1 사랑하는 나의 아들아!
2 "네, 아버님! 말씀하옵소서."
3 수천 년 동안 흘러오는 모든 종교 집
단이요, 그리고 믿음을 주도한다는 자
들, 그 지도자요, 맹종 맹신하는 신도
들이요, 감히 천국의 문을 들어섰다
말하는 그들이 무어라 말하고 어찌 살
아가느냐?
4 그들은 저희들이 개방적인 백성이요,
그리고 모두를 다 사랑하는 백성이요,
모두를 가슴에 안는다 그리 말하느니
라.
5 그러나 그들의 실체가 과연 무엇이더
냐, 사랑하는 나의 아들아!
6 "네, 아버님! 저는 감히 그들의 실체
를 알 수 없으며 그를 잘 알 수는 없사
오나, 제가 몇 가지 말씀을 올린다면
저는 다음과 같음을 깨닫고 있사옵나
이다.
7 그들은 마음의 문을 개방하였으며 문
을 열었다 하나, 그들은 절대 안에 있
는 문고리를 열지 못하는 자들이요,
그리고 그 문을 개방하지 못하는 백성
이며, 절대 그리 행할 수도 없으며 그
리할 수도 없는 자라 그리 생각되옵나
이다.
8 그러니 저희들이 믿음이 같지 아니하
며 생각이 다르다 하여 아버님의 아들
로서 같은 형제라는 것이 얼마나 귀
하고 소중한 것인가를 그들은 접어
두며, 인본주의요, 하늘의 뜻의 근본
을 다 버린 자들이옵나이다.
9 그러니 그들은 대화를 나눌 수 없으
며, 절대 대화를 나누지 아니하는 것
이며,
10 저희들이 대화를 한다 해도 오로지 제
것만 주장하기에 바쁘며, 제 것만 옳
다 말하며, 제 것만 하늘에 오르는 길
이요, 영광이요, 기쁨이라 그리 말하
는 자요, 제 주장만 일삼는 자들이니,
11 그들은 들으려 하지 아니하며 남의
것을 참고하려 하지 아니하니, 절대
그들은 마음의 문을 열지 못하며, 대
화의 장까지도 만들 수 없는 어리석은
백성들이라 그리 보이옵나이다.
12 그들은 대화가 통하지 못하옵나이다.
13 그들과는 절대 대화를 하지 못하며,
그들의 일방적인 대화 외에는 어떤
것도 갑론을박하고 시시비비할 수 없
으며, 서로 주고받는 대화의 장을 만
들 수도 없는 것이 그들이옵나이다.
14 정녕 참진리의 복음을 받아들이지 못
하며 그를 듣는 것을 배척하며 그를
세상에 존재하지 못하도록 하는 것이
그들이니, 그들이야말로 이 세상에서
얼마나 편협한 백성들인지,
15 말로는 개방되고 사랑한다 하나, 사랑
을 모르며 저희밖에 모르는 그와 같은
백성으로 전락되어 있으며 제가 보기
에도 그들이 불쌍하고 가련하니,
16 아버님께서 160권의 법전을 내려 그
들을 깨우치며 그들에게 접목시켜 그
들로 하여금 바른길을 갈 수 있도록
하고자 하는 것이 아버님의 뜻이라 그
리 생각되옵나이다.
17 아버님이 선택한 백성들이 법전을 읽
고 깨우친 그들과 그 문을 열었다 하

면서 열지 못하는 자들,
18 그리고 모두를 개방한다면서 개방하
지 못하고 사랑한다며 사랑하지 못하
는 그 백성들과 접목하여 모두를 스스
로 서서히 변화되는 그와 같은 역사를
하고자 하는 것이 아버님 뜻이라는 것
을 저는 조금은 알고 있사옵나이다."
19 사랑하는 나의 아들아, 문을 열었다는
자들이 문을 열지 못하며, 문고리가
어디 있는지도 모르는 자들이 지금의
종교 집단이요, 지도자요, 그들의 실
체임을 너는 잘 보았으며 잘 알고 있
느니라.
20 그러니 그들과는 대화를 할 수도 없으
며 너희들이 의논할 수도 없으며, 같
은 형제로서 어떠한 것도 통할 수 없
는 것이 너희들이니라.
21 그들은 도둑을 사랑하며 강도를 사랑
하며 살인자를 사랑한다 해도, 저희들
과 종파가 다르며 믿음이 다르며 생각
이 다르다는 그와 같은 자는 절대 접
근하지 아니하며 대화를 하지 않는 것
이 그들이니,
22 그들의 마음이 열려 있다 말하는 것은
거짓이요, 그들이 사랑으로써 산다는
것은 그 모두가 다 위선이요, 거짓임
을 네가 알고 있음이니,
23 이제 나의 아들을 따르는 제자들이요,
나의 법전을 읽고 깨우친 만백성 너희
들은 그와 같은 백성들의 전철의 삶을
살지 말도록 그리하라.
24 개방했으면 실제로 모두를 다 개방하
며, 사랑하면 자기 자신을 버리고 모
두를 사랑하는 그와 같은 행위로써 실
천하도록 그리하라, 사랑하는 나의 아
들딸들아!
25 너희들은 할 수 있으며, 너희들이 있
기에 나 여호와가 오늘의 기쁨이 있음
이니라.

9,478 번째 하나님 말씀

2004년 2월 3일 21시 32분

1 사랑하는 나의 아들아!
2 "네, 아버님! 말씀하옵소서."
3 네가 보는 하늘과 땅은 무엇이며 나
여호와의 마음은 과연 어떻다 생각하
느냐, 나의 아들아!
4 "네, 아버님! 제가 아버님의 아들이요,
아버님의 백성으로서 하늘이 어떠하
며 지상이 어떠하며, 오늘의 종교 집
단이요, 지도자들의 그 작태를 제 입
으로는 감히 담을 수 없는 그와 같은
험악한 시대의 형국이 되어 있음을 저
는 그리 느끼고 생각하고 있사옵나이
다.
5 지상을 오염시키는 것이 하늘까지 오
염시키며, 감히 아버님께 그들이 하고
있는 그 작태는 아버님이 섬뜩한 마
음을 느끼도록 하며, 아버님 자신이
인간을 만들어 세상에 내보낸 것을 후
회하고 후회하도록 하는 그와 같은 만
행을 저지르고 있는 것이 그들이라 생
각되옵나이다.
6 더욱이 오랜 역사를 가지고 있는 종교
집단이요, 지도자라는 그들이 얼마만
큼 사악한 행위를 하며 만행을 저지르
며 아버님 앞에 볼 수 없는 추악한 작
태를 벌이고 있는지,
7 아버님께서 노하시어 재앙으로 다스

리지 아니하시는 것만으로도 제가 불
안하고 겁이나옵나이다.
8 감히 제가 아버님의 그 생각이요, 지
금의 모든 종교 집단이요, 그들이 하
고 있는 그 작태를 볼 때, 세상이 썩어
져 있으며 하늘을 썩게 만들었음이니,
9 창조주 아버님께서 모든 재앙으로써
다스리지 아니하고 계시는 것이 저는
불안하며, 언제 아버님께 불호령이 떨
어지며 언제 재앙으로써 모두를 다스
릴 것인가, 제가 오금을 펼 수 없으며
가슴을 펼 수 없어,
10 오늘 이 밤에도 아버님의 성령을 받아
빨리 법전을 만들어 만백성을 구하는
길이 아버님의 마음을 편안하게 하는
길이요,
11 그리고 죄인들이 죄를 깨달아 아버님
앞에 더 이상 작태를 부리지 아니하
도록 하는 것을 위하여 제가 오늘 이
와 같은 마음을 가지고 가고 있사오
니,
12 얼마나 추하고 추한 작태로써 지금 모
든 종교 집단 지도자들이 아버님 앞에
만행을 하고 있는 것인지 이를 차마
볼 수 없으며 들을 수 없어,
13 제가 귀가 없었더라면 차라리 나으며
눈이 없었더라면 차라리 낫다는 이와
같은 마음으로 제가 오늘도 기도를 드
리오며, 오늘도 말씀을 받아 전하고
있사옵나이다.
14 아버님, 정녕 오늘의 종교 집단이요,
지도자들이 하는 그 행위는 들을 수가
없으며 볼 수가 없사옵나이다.
15 이를 어찌하여야 하겠사옵나이까."
16 그러니라, 사랑하는 나의 아들아, 그
들의 작태가 과연 어떠하더냐?
17 "네, 아버님! 그렇사옵나이다.
18 예수님께서도 종교 지도자는 가장 낮
은 자요, 섬기는 자가 되라 하였으며,
섬김을 받는 자가 아니요, 제왕적인
행동을 하지 말라 하였사옵나이다.
19 그러나 목자요, 종교 지도자라는 자들
이 지금 하고 있는 짓이 감히 제 입에
담을 수도 없으며,
20 제가 생각해도 이것이 하늘을 오염시
키고 아버님의 마음을 노하시게 할까
봐 저는 감히 입을 열 수 없으며, 감히
말씀을 드릴 수가 없사옵나이다.
21 그들은 아버님의 말씀을 전하는 단상
에 서서 열린 입이라 하여 제 입으로
그리 말하는 걸로 알고 있사옵나이다.
22 '너희들은 들으라, 목사 나를 잘 받들
고 너희들이 나를 존경하고 잘 받들지
아니하면 벌을 받을 것이니라. 그러니
나를 잘 받들고 나를 잘 모시는 자는
하늘로부터 축복을 받을 것이다.' 하
며,
23 저 자신을 받들라 가르치고 전하는 그
와 같은 추악한 실정이요, 그와 같은
작태라는 것을 저는 알고 있으며 저는
느끼고 있사옵나이다, 아버님!
24 이와 같이 추하고 더러운 그 작태 속
에 아버님께서 벌로써 다스리지 아니
하고 계시는 것, 이 마음이 조마조마
한 것은 바로 익은 감이 바람에 떨어
질까 조마조마하는 것보다 더 불안한
마음이옵나이다, 아버님!
25 이와 같이 느끼는 저의 죄를 용서하
여 주옵소서.
26 종교 지도자들이요, 목자라는 자들이

저희들을 영접하며 존경하는 것은 아
버님의 아들인 예수를 존경하는 것이
요, 예수님을 대접하는 것이니,
27 영접하지 아니하고 존경하지 아니하
는 것은 구세주요, 주 예수 그리스도
를 사랑하지 아니하여 대접하지 아니
하는 자라 엄포를 놓으며,
28 저희 종교 지도자를 영접하고 존경하
며 받드는 것은 아버님의 아들이요,
피 흘려 죽어 간 예수님을 대접하는
것이며 영접하는 것이라 저희들 입으
로 그리 말함이니,
29 그러면서도 저희들이 무슨 말을 하고
있는지 어떤 짓을 하고 있는지도 모르
고 그 추하고 더러운 짓을 그 벌린 입
으로 하고 있다 저는 그리 생각되오며,
30 차마 아버님께 더 이상 보고 드리며
말씀드릴 것도 없사옵나이다, 아버
님!"
31 사랑하는 나의 아들아, 그것이 오늘의
실태요, 오늘의 그 흐름이니라.
32 과연 그들이 무어라 하느냐?
33 저희들이 보고 만질 수 있으며 가르침
을 주는 목사요, 종교 지도자를 저희
들이 대접하지 아니하며 그를 존경하
지 아니하며 그에게 충성하지 아니하
는 자는 나의 아들 예수를 믿지 않는
자요, 예수를 따르지 않는 자라 그리
말하느니라.
34 그러니 저희들을 대접하고 영접하는
것이 곧 나의 아들 예수를 영접하는
것이며 나 여호와를 영접하는 길이라
저희들이 그리 말함이니,
35 그와 같이 추악하고 더러운 말을 너는
모를지언정 그들은 그리하고 있느니
라.
36 저희들은 보이는 목사를 받들지 아니
하며 존경하지 아니한다면서, 어찌하
여 보이지 아니하는 나의 아들 예수
그리스도를 존경하며 그를 따른다 하
며, 위로는 창조주 나 여호와 아버지
를 따른다 하느냐,
37 그러니 보이는 목사에게 모두를 다 바
치고 충성을 다하며 그리 따르는 것이
너희들이 보이지 않는 예수 그리스도
를 존경할 수 있는 것이며 그리고 창
조주 나 여호와를 믿고 따를 수 있는
것이라 그리 말함이니,
38 그들이 나보다 천배 만배 높이 가 있
는 그 방자하고 오만함을 너는 모를
것이니라.
39 너는 무어라 말하였느냐, 내가 너를
통하여 그 백성들에게 전하였느니라.
40 너희들이 나 여호와를 받드는 것보다
는 너희들이 만질 수 있고 볼 수 있는
네 부모를 먼저 공경하라, 그것이 나
여호와에게 기쁨이라 그리하였거늘,
오늘의 종교 집단이요, 지도자들은 무
어라 말하느냐?
41 저를 받들고 저를 대접하며 좋은 것을
저에게 나누어 바치는 것, 그와 같이
하는 것이 바로 너희들이 나에게 오를
수 있는 것이요, 나를 기쁘게 하는 자
라 그리하지 않느냐?
42 그러니 정녕 그와 같이 대접하지 아니
하고 그와 같이 역사하지 않는 것, 보
이는 저를 받들지 아니하며 저를 그저
존경하지 아니하고 저에게 모두를 다
바치지 아니하면 나의 아들 예수를 받
드는 것이 아니요, 따르는 것이 아니

요, 나를 경배하고 나를 따르는 것이
아니라 그리 가르치는 자,
43 이 대목에서 너희들이 세상의 무서움
을 알 것이니라.
44 너는 모르느니라, 종교 집단의 지도자
들이 나 여호와의 뜻을 가르친다며 그
단상에서 입이 뚫렸다 하여 그와 같은
추악하고 더러운 소리를 하고 있는 자
들이니, 그를 어찌 단죄하지 아니하고
그대로 둘 수 있겠느냐?
45 그들을 단죄하고 다스리는 것은 나의
법전밖에 없으며, 저희들이 지옥으로
이끌어 보낸 그 백성들, 끌려가는 그
백성들이 그들을 단죄할 수 있도록 하
는 것이 나의 법도임을 그리 알라.

9,479 번째 하나님 말씀

2004년 2월 3일 21시 39분

1 사랑하는 나의 아들아!
2 "네, 아버님! 말씀하옵소서."
3 네가 그리 말하였느니라, 나 여호와가
세상을 재앙으로 다스리는 것을 익은
감이라는 그 과일이 바람이 불어 떨어
질 것같은 그와 같은 형국이요, 그와
같이 네가 조바심하며 네 마음이 초조
하다 하였음이니라.
4 그리하여 세상에 종교 집단이요, 지도
자들의 그 추한 모습을 너는 보기도
싫으며, 감히 입에 담기도 싫다 그리
말하였음이니, 과연 그들이 어떠한 형
국인 줄 너는 알겠느냐?
5 그러니 나 여호와가 그들을 놔두고 지
금 새로운 법전이요, 새로운 성경으로
써 그들을 다스리지 아니하면 절대 존
재할 수 없는 것이 그들의 작태이니라.
6 어찌하여 너는 그들의 사악한 행위를
다 알면서 나에게 고함을 그리 두려워
하는가?
7 네가 하늘에 고하며, 나의 백성들에
게, 너의 제자들에게 네가 직접 전해
야 될 것이니라.
8 내가 너에게 물음은 바로 네가 나에게
고발하며, 나 여호와가 또한 너로 하
여금 나의 피조물 만백성에게 내 뜻을
전함이니, 너는 두려워하지 말라.
9 지금의 모든 종교 집단이요, 지도자
그들을 내가 다스릴 것이며, 이제는
내가 구할 자와 구하지 않을 자를 심
판하는 시대가 열렸음이니, 너는 두려
워하지 말라.
10 지금의 종교 집단이요, 지도자 그들이
과연 어떠한 말을 하고 있다고 너는
생각하는가?
11 "네, 아버님! 저는 제 입에 그를 담을
수 없으며, 저는 상상할 수 없으며, 제
가 생각조차 할 수 없는 그와 같은 흉
악한 일들이 생기고 있으니, 두렵고
감히 겁이 나옵나이다.
12 오늘의 종교 집단이요, 지도자요, 만
백성을 지도하는 자들이 아버님의 말
씀을 전하는, 이 세상에 무엇과도 바
꿀 수 없는 그 소중한 시간에 그들이
단상에 서서 말하기를,
13 목사요, 종교 지도자 제가 백성들로부
터 지탄을 받을 짓을 하며 그들에게
업신여김을 받으며 그들에게 발로 채
일 수 있는 더럽고 추한 행위를 한다
해도, 제가 그들에게 도저히 용서받
을 수 없으며 어떤 것으로도 용서받지

못하며 그들이 이해할 수 없는 그와
같은 더럽고 추한 짓을 많이 한다 해
도,
14 그들은 저를 천사와 같이 받들어야
된다 말하는 자들이라 생각되며,
15 그들이 감히 말하기를 제가 아무리
죄를 지은 자요, 잘못된 것이 있다 해
도, 저는 하늘의 종이요, 창조주 아버
지의 종이니,
16 그들의 팔다리를 자르고 눈을 빼서라
도 저를 받들며 저를 대접하고 저를
사랑할 때만 하늘로부터 축복을 받으
며, 그리 갈구하는 하늘의 문을 들어
갈 수 있다 그리 말하는 것을 지금 제
가 듣지는 못하였으나,
17 그들은 단상에서 그리 부르짖고 있으
며, 그와 같은 소리가 제 귀를 때리고
또 때리고 있사옵나이다, 아버님!
18 과연 이와 같은 소리를 제가 어찌 아
버님께 고발하며 아버님께 어찌 이 말
씀을 올리겠사옵나이까?
19 종교 지도자들이 아무리 업신여김을
당하는 짓을 해도, 수없는 용서받지
못할 죄를 짓고 더럽고 추한 짓을 했
다 해도 저희들을 천사 같이 봐야 되
며,
20 아버님의 백성들이 눈을 빼고 살을 도
려내서라도 저희들을 대접하고 사랑
하고 받드는 것이 아버님으로부터 축
복을 받는다 그리 가르치고 있는 그
더럽고 추한 말이 제 귀를 수없이 때
리오니,
21 제가 직접 듣지는 못하였으나 그와 같
은 것을 보여 주시는 그 말씀의 의미
를 제가 어찌 다 고발하며, 많은 백성
들이요, 저를 따르는 제자들의 귀를
더럽히며 그들의 눈을 더럽히는 이와
같은 것을 어찌 다 기록하여 제가 고
발을 하겠사옵나이까, 아버님!"
22 사랑하는 나의 아들아, 너는 모르느니
라.
23 그보다 더한 것이 그들이니라.
24 그러니 저희들이 더럽고 추한 짓을 하
며 용서받지 못할 짓을 해도, 저희들
을 천사처럼 받들며 눈을 빼서라도 뼈
를 잘라서라도 저희들을 받들면 나로
부터 축복을 받으며 구원을 받는다 그
리 말하니,
25 그 사악한 자들이 남의 가정을 생각하
겠는가, 남의 재산을 생각하겠는가,
어느 누구를 그들이 보겠는가?
26 그저 눈을 빼서 바쳐서라도 저희들에
게 충성하는 것, 그것이 하늘에 오르
는 길이라 그들이 가르치니,
27 소중한 너희들의 눈을 바치며 너희들
의 살을 바쳐서라도 저희들을 그와 같
이 받들고 저를 모시는 것이 하늘에
오르는 길이요, 나로부터 축복을 받는
다는 그와 같은 사기꾼 같은 자요,
28 그 무법천지 같은 자들의 말을 듣고
축복이요, '아멘, 할렐루야!' 하며 구
원받았다 말하는 이것이 오늘의 형국
이니, 너는 모를 것이니라.
29 내가 너에게 그를 다 전하면 네가 기
절할 것이며, 네가 숨도 쉬지 못하여
이 법전을 만들지 않고 물러나고 이
방에서 뛰쳐나갈 것이니라.
30 그를 참는 나 여호와의 가슴 아픔을
네가 알며, 도저히 용서할 수 없으며
상식적으로 생각할 수 없으며 인간적

으로 너희들이 생각할 수 없는 그와
같은 자들의 그 행위가 나의 아들 예
수의 죽음의 보혈을 팔아먹으며 나 여
호와의 이름을 팔아 그와 같이 하고
있는 자들이 아니더냐?
31 인간 세상에도 도둑질하는 자, 살인하
는 자, 강도질하고 강간하는 자, 그와
같은 자를 받들고 모시는 것이 상을
받으며 축복을 받는 법도는 없을 것이
니라.
32 용서받을 수 없는 짓, 추하고 더러운
짓, 업신여김을 받는 짓, 그저 떨어진
신발짝만큼도 쳐다보지 못하며 대우
받지 못하고, 추하고 더러운 짓을 해
도 천사같이 생각하며,
33 그와 같은 자에게 눈을 빼서라도 대접
하고 모시고 사랑하고 충성하는 것이
구원을 받는다 가르침이니,
34 그보다 더한 말을 내가 너에게 깨우쳐
주며 그들의 추한 모습을 하나하나 내
가 내릴 것이니,
35 너는 하나도 빼지도 더하지도 말고 그
리 기록하여 만백성을 깨우치며, 너의
제자들을 다그쳐 그들에게 바른길을
가도록 하며 그들이 세상을 바로 보도
록 그리 전하라, 사랑하는 나의 아들
아!

9,480 번째 하나님 말씀

2004년 2월 4일 07시 33분

1 사랑하는 나의 아들아!
2 "네, 아버님! 말씀하옵소서."
3 네가 내 마음을 알며, 내가 너에게 원
하는 것을 알며, 내가 바라는 것을 알
고 있음이니, 그리고 네가 지금서부터
그와 같은 길을 살아갈 것이니, 나 여
호와의 마음의 기쁨이 이루 말할 수가
없노라.
4 내가 너를 사랑하며 네가 오늘에 이르
기까지 너를 받들어 온 그 제자들을
내가 사랑함이니, 그들에게 기쁨과 영
광과 축복이 같이할 것이니 그리 알라.
5 사랑하는 나의 아들아!
6 "네, 아버님! 말씀하옵소서."
7 네가 가야 할 길이 무엇이며 내가 너
에게 원하는 것이 무엇인 줄 알고 있
지 않으냐?
8 "네, 알고 있사옵나이다."
9 내가 너에게 바라는 것처럼 너 또한
너의 제자들에게 바람이니, 그 뜻을
법전에 기록하여 만백성에게 전하도
록 그리하라.
10 "네, 아버님! 저는 아버님께서 저에게
원하시는 것을 알고 있사오며 저는
이제 그 길을 갈 것이옵나이다.
11 아버님은 이 세상에서 가장 아름다운
꽃이요, 가장 향기로운 한 송이의 꽃
이 되라 저에게 바라시며,
12 그를 위하여 아버님이 지금까지 그 말
씀을 하시지 아니하였으나, 아버님의
깊은 마음속에서는 그를 바라시고 원
하시기에 오늘의 법전이요, 오늘의 성
령이요, 그 모두요, 책을 만들어 내려
보내셨으며, 저를 돕는 제자들 또한
잡아 두셨으며 그들이 저를 돕도록 그
리하신 것을,
13 아버님은 정녕 말씀을 하지 않으셨으
나 아버님의 깊은 마음속에 바라는 것
은 그것이었사옵나이다.

14 이제 저는 그리 갈 것이옵나이다.
15 아버님께서 원하는 것은, 이 세상에
가장 아름다운 한 송이의 꽃이면서
그 향기가 가장 아름다운 그와 같은
꽃이 제가 되기를 바라시며, 그 자리
에 제가 서기를 바라시는 것을 저는
알고 있사옵나이다.
16 그리하여 저는 그리 가도록 하겠사오
며, 그리 갈 것이옵나이다.
17 세상에서 가장 아름다운 한 송이의 꽃
이요, 그리고 가장 아름다운 향기를
발산하는 그 꽃, 아버님께서 그와 같
은 것을 제가 깨달으며, 그 길을 갈 때
까지 오늘에 아버님께서 말없이 기다
리심을 저는 알고 있사오니, 목숨을
다하여 그 길을 가겠사옵나이다.
18 그러니 저 또한 저의 제자들에게 바
람이 그것이옵나이다.
19 각자가 이 세상에서 가장 아름다운 꽃
이요, 가장 아름다운 향기를 발할 수
있는 한 송이의 꽃으로서 그리 피라
는 것, 그와 같이 한 송이의 꽃을 역사
하라는 것,
20 그저 저를 따르는 그 제자들이요, 오
늘의 저를 위하여 모두를 다 가지고
온 그 제자들, 그리고 모두를 다 던져
온 그 제자들도 이제는 각자가 한 송
이의 아름다운 꽃으로 피어야 됨을 전
하겠사옵나이다."
21 아름다운 꽃이 피어 꽃 한 송이가 세
상에 피우는 그 향기요, 그 아름다움
은 만백성이 그를 보고 놀랄 것이니,
그 제자들이 각자 아름다운 한 송이의
꽃을 피울 것이라 나는 알고 있음이
니, 그리 피우도록 하라.
22 이제 나의 아들이 한 송이의 가장 아
름다운 꽃이요, 세상의 누구도 볼 수
없고 만질 수 없는 가장 향기로운 그
꽃을 피우기 시작함이니, 내가 그를
따르는 그 제자들을 사랑함이니라.
23 '김미향' 네가 그 꽃을 피우기 위하여
모두를 다 바쳤음이니, 내가 너를 사
랑함이요,
24 너의 아내라 하는 '손연옥' 그 여인 또
한 그 꽃을 피우기 위하여 제가 모두
를 다 바쳤으니, 그를 사랑함이니라.
25 그리고 '고재순'이라는 너의 제자 또
한 모두를 다 바쳐 오늘의 그 꽃이 피
게 되었으며,
26 또한 너를 따르는 '김윤수' 그 여인 또
한 한 송이의 꽃을 피우기 위하여 고
생을 다하였으며 아프고 저린 가슴만
큼 아무것도 모르는 자가 그 길을 갔
음이니, 그 공 또한 으뜸이니라.
27 또한 '조나영'이라 하여 너를 따르는
그 제자도 한 송이의 꽃을 피우기 위
하여 아름다운 모습으로써 너를 지킴
이니, 그 모두가 다 제일의 으뜸이요,
제일의 상을 받을 수 있는 자들이니라.
28 너희들이 나의 아들을 받들어 이제 오
늘의 나의 아들이 세상에서 가장 아름
다운 꽃이요, 가장 아름다운 향기를
발하는 꽃으로서 피기 시작함이니, 이
잎이 다섯 개가 지금 피고 있으며,
29 너희들보다 더한 제자가 나올 때 나의
아들의 꽃 속에는 그 꽃잎이 또 하나
붙을 것이니, 붙으면 붙을수록 그 꽃
은 우아하고 아름다운 꽃이 될 것이니
라.
30 너희들은 믿으라, 나의 아들은 이제

갈 것이며, 나의 아들은 그 꽃을 피우
기 시작했노라.
31 그러니 너희들도 이제 각자 너희들의
꽃을 피우도록 그리하라.
32 나의 아들이 꽃을 피우기 위하여 밑거
름을 다했으며 받쳐 준 너희들도 스스
로 한 송이의 아름다운 꽃을 각자가
피우도록 하라.
33 이 세상에서 가장 아름다운 각자의 꽃
이요, 이 세상에서 가장 아름다운 향
기가 나오는 그와 같은 꽃을 피우라.
34 나의 아들의 입에서 나오는 말은 아름
다운 향기가 될 것이며 나의 아들은
이제 아름다운 꽃이 될 것이니라.
35 내가 이날을 위하여 지금까지 기다렸
으니, 나의 아들이 내 마음을 앎이니,
그는 갈 것이니라.

9,481 번째 하나님 말씀

2004년 2월 4일 07시 39분

1 사랑하는 나의 아들아!
2 "네, 아버님! 말씀하옵소서."
3 이 세상에 가장 아름다운 꽃이요, 가
장 향기로운 꽃 한 송이가 피어남이
니, 위로는 하늘의 기쁨이요, 나 여호
와의 기쁨이요, 아래로는 모든 동식물
이요, 인간이요, 모두가 다 너희들에
게 기쁨이요, 영광이요, 축복이 있음
을 너희들은 알라.
4 아기 예수가 태어나 세상을 밝히는 그
영광을 얻은 것처럼 오늘의 나의 아들
이 가장 아름다운 꽃이요, 가장 향기
로운 한 송이의 꽃으로서 태어나고 다
시 피어남이니, 모두의 영광이요, 모
두의 축복이라 그리 너희들은 알아야
될 것이니라.
5 나의 아들을 따르는 제자들이요, 그리
고 나의 법전을 읽고 깨우친 만백성
너희들이 오늘의 이 축복이요, 영광이
요, 이는 너희들이 영원히 간직해야
할 것이니라.
6 나의 아들이 한 송이의 가장 아름다운
꽃이요, 가장 향기로운 꽃으로서 피기
시작함이니, 이 지상의 영광이요, 지
상의 축복이요, 모든 동식물이요, 만
백성 너희들의 축복이요, 영광이니라.
7 이를 영원히 기억하고 영원히 너희들
것으로 간직하여, 각자 모두가 나의
아들을 따라 한 송이의 아름다운 꽃으
로 다시 피도록 그리하라.
8 각자 아름다운 꽃이 되어야 하느니라.
9 모든 동물도 각자가 아름다운 꽃이요,
모든 날짐승도 가장 아름다운 꽃이요,
생명이 있는 모든 미물까지 가장 아름
다운 꽃을 피우도록 그리하라.
10 더욱이 나의 아들을 따르는 제자요,
그리고 나의 법전을 읽고 깨우친 만백
성, 오늘의 너희들이 가장 영광이요,
축복됨을 알라.
11 나의 아들 예수가 아기 예수로서 세상
에 태어남이니, 모두가 그를 보고 천
사도 감탄했으며 지상의 동방박사들
이 그 빛을 보고 그를 찬양한 것보다
더한 영광이니라.
12 나의 아들 예수가 세례를 받으니, 천
사의 비둘기가 내려가 축복하듯이, 오
늘의 나의 아들이 가장 아름다운 한
송이의 꽃이요, 가장 향기로운 꽃으로
써 거듭남이니, 그보다 더한 영광이

요, 축복이 없음이니라.
13 60이라는 세월을 살아온 그 속에서
얽히고설킨 그 모두를 다 버리고 새로
운 아름다운 꽃이요, 가장 향기로운
꽃으로서 세상에 한 송이의 꽃을 피우
니,
14 이것이 너희들에게 가장 큰 축복이요,
영광이요, 세상에 있는 모든 동식물
너희들에게 내가 내리는 축복이요, 영
광이요, 가장 큰 은혜이니라.
15 하늘의 기쁨이 또한 이루 말할 수 없
음을 너희들은 알아야 될 것이니라.

9,482 번째 하나님 말씀

2004년 2월 4일 10시 01분

1 사랑하는 나의 아들아!
2 "네, 아버님! 말씀하옵소서."
3 많은 사람들이 목적지를 향하여 달려
감이니, 피나는 노력으로써 제일 앞에
달려가는 자, 우승을 향해 달려가는
자를 인간인 너희 부모가 볼 때 자기
자식이 앞에 뛰어 간다면 그를 바라보
는 부모의 마음은 어떠하겠는가?
4 너희들이 많은 시험을 치름이니, 그
합격자의 이름을 공고할 때, 그 앞에
가장 뛰어나게 수석으로 합격한 자로
자기 자식의 이름이 걸려 있다면 그
부모의 마음과 그 부모의 기쁨은 어떠
하겠느냐?
5 수천 년 동안 나의 피조물 만백성들이
나로부터 은혜를 받아 세상에 나갔음
이니, 이제 내가 사랑하는 나의 아들
너를 통하여 네가 하나의 아름다운 꽃
으로 세상에 핌이니,
6 이는 곧 향기로운 꽃이요, 보기 아름
다운 한 송이의 꽃이 피는 그와 같은
형국이 되었다 하지 않았더냐?
7 그러니 그를 바라보는 나 여호와의 기
쁨이 과연 어떠하겠는가?
8 내가 너를 사랑하며 너의 제자들 모두
를 다 사랑함이니라.
9 사랑하는 나의 아들아, 많은 세월 속
에 많은 고통 속에 네가 그 깨달음의
길을 오기까지 너 나름대로 많은 역경
을 견디고 잘 왔음이니라.
10 너희들은 여인에게 물어보라, 너희들
이 구워서 먹는 음식이요, 익혀서 먹
는 그 음식 모두가 겉이 익었다 하여
그것을 대들어 요리해 먹었을 때, 과
연 그를 먹을 수 있는가?
11 겉이 익은 것보다도 속이 알차게 익은
것이 정녕 너희들이 요리해서 먹을 수
있으며 너희들이 취할 수 있는 음식이
되지 않느냐?
12 그러니 겉이 익은 것보다도 속이 착실
하게 익은 것이 그 여인네가 음식을
요리할 수 있으며 만들 수 있는 것이
아니더냐?
13 그와 마찬가지이니라.
14 이 세상의 모든 종교 집단이요, 나의
백성들이요, 만백성을 구하는 지도자
라 하면 그들의 속이 완전히 익어야
되며, 속이 완벽하게 되는 그와 같은
지도자가 되어야 될 것이니라.
15 겉의 모형이 어떠하냐, 떨어진 옷을
걸치든 제가 남루한 복장을 하든 그는
관계가 없음이니라.
16 다만 속이 잘 익어 있으며 내실이 잘
다져져 있으며 내실이 정녕 변화된 그

와 같은 삶을 산다면 그보다 더 값진
것이 없으니, 속은 잘 익고 겉이 안 익
은 것을 보았더냐?
17 겉은 익되 속이 안 익은 것은 너희 여
인네들이 수없이 보았을 것이니라.
18 그러나 속은 익었으나 겉이 안 익은
것을 볼 수는 없는 것이 아니더냐?
19 그와 같은 이치를 깨닫는다면, 지금
내가 나의 아들을 통하여 그리고 그
제자들을 통하여 너희들을 속이 완전
히 변하며 속이 완전히 익은 그와 같
은 음식으로써 만듦이니, 겉이 익는
것은 당연한 이치가 아니더냐?
20 그것이 나의 아들이요, 참진리의 가는
길에 선택된 백성들과 다름이니라.
21 모든 종교 집단이요, 그들은 다 외형
에 치장하며 외형의 변화를 생각하느
니라.
22 저희들이 걸친 옷이요, 저희들의 말이
요, 행동이요, 그와 같은 것을 가장 신
경을 쓰며 거기에 장식을 하느니라.
23 그러나 그들은 원심의 본마음이요, 가
장 소중한 저희들의 마음이 열리지 아
니하였으며 마음이 변화되지 아니하
였음이니라.
24 그러니 거기에 겉은 익고 속은 익지
아니하여 겉이 익은 것을 믿고 음식을
만들다 실망하는 자와 같은 것이니,
그게 다름이니라.
25 그리하여 모든 종교 집단은 겉으로 익
은 것으로써 외형으로써 모두를 다스
리고 역사하나,
26 나의 뜻을 따르며 진정한 선택된 나의
아들이요, 나의 목자는 절대 겉이 먼
저 익고 속은 익지 않은 그와 같은 형
국으로 보여 주는 것이 아니요, 속이
완전히 익고 변화된 것으로써 겉으로
도 변화되며 따라가게 되어 있음이니
라.
27 속이 익으면 겉이 익는 것은 자연적인
이치가 아니더냐?
28 그러니 나의 아들을 따르는 제자들이
요, 나의 성령의 나의 뜻에 의해 역사
하는 선택된 백성은 그것이 다름이니
라.
29 내면이 완벽하게 변해진 다음에 외형
이 변하는 것이 내가 너희들에게 가르
침이요, 너희들이 나로부터 선택된 백
성임을 증거함임을 알라.
30 이제 나의 아들이 속이 변하며 내실이
변하여 그가 아름다운 꽃을 피우니,
그 외형의 변함은 자연적인 것이 아니
던가?
31 이것이 나의 아들을 따르는 제자들이
가야 할 길이며 너희들의 다른 점이라
는 것을 알라.
32 이것이 나의 아들이요, 나의 성령대로
역사하는 자가 다르다는 것이요, 차별
화됨을 알도록 그리하라, 사랑하는 나
의 아들딸들아!
33 그와 같이 변하지 않는 나의 아들을
따르는 제자는 나의 백성이 아님이니
라.
34 너를 따르는 모든 제자요, 나의 법전
을 읽고 깨우친 백성 너희들은 내면이
완벽하게 변한 다음에 겉이 변하는 그
와 같은 너희들이 되어야 되며,
35 겉으로는 변하되 속이 변하지 않은 그
와 같은 두마음을 가지고 있는 자가
되어서는 절대 아니 됨이니 그리 알라.

9,483 번째 하나님 말씀

2004년 2월 4일 10시 06분

1 사랑하는 나의 아들아!
2 "네, 아버님! 말씀하옵소서."
3 겉은 익되 속이 익지 않은 것은 아무
쓸모가 없다 하였음이니, 나의 아들을
따르는 제자 너희들은 속이 먼저 익고
겉이 익어 가는 그와 같은 형국으로
가는 것이 너희들이라 그리하였느니
라.
4 그러니 지금 겉만 익은 형태로 가는
종교 집단이요, 지도자들이 어찌하는
줄 알겠느냐?
5 그 종교 지도자들이 감히 내가 들을
수도 없으며 생각할 수도 없는 그와
같은 행위를 하고 있음이니라.
6 겉만 익고 속은 전혀 익지 않고 시뻘
겋게 그대로 있는 그 종교 지도자들
이 저희들을 위하여 목숨을 바쳐 무조
건 충성을 하는 것이 구원을 받는 것
이요, 하늘에 오르는 길이라며 제 입
으로 단상에 서서 그리 부르짖고 가르
치느니라.
7 그들은 무어라 말하느냐?
8 이 세상에 좋은 것, 훌륭한 것이 있으
면 그 모두는 함께 나눠야 되며, 그 나
눔 또한 저희들에게 먼저 바쳐야 되
며, 제 앞에 먼저 갖다 놓는 것이 창조
주 아버지요, 하나님으로부터 구원이
요, 영광이요, 축복을 받는다고 대놓
고 말을 하니,
9 이것은 어린아이도 낯이 붉어지고 창
피하고 부끄러워서 그 말을 하지 못
할 것이니라.
10 그러니 기초요, 기본도 안 된 것이 겉
은 번지르르하되 속이 썩어져 있는 자
의 행동이라 함을 너희들은 알겠느냐?
11 오늘의 모든 종교 집단이 그와 같은
형국으로 흘러가니, 이를 보는 내 가
슴이 어떠한 줄 너희들은 알겠느냐?
12 그러면서 저희들은 무어라 말하느냐,
주의 종이요, 선택된 자이기 때문에
저희들의 생활은 최상으로 해 주어야
되며 최상으로 꾸며야 된다 그리 말하
느니라.
13 보잘것없는 집이 되어서는 아니 되며
보잘것없는 장식품이 되어서는 아니
되며, 모두가 다 가장 고급스럽고 인
간이 만드는 최상으로써 모두를 장식
하고 꾸며 주는 것이 주의 종에 대한
영접이요,
14 그럼으로 너희들이 상을 받는다 그리
가르치는 것이 그들이니라.
15 이것이 아니거든 나의 법전을 던져 버
리고 치워 버리며, 너희들이 나의 아
들의 가슴에 비수를 꽂는다 해도 말
하지 아니하며 내가 용서할 것이니라.
16 그러나 그와 같은 행위를 하는 자가
있다면 너희들은 나의 법전을 보고 깨
우치는 그와 같은 거듭나는 은혜를 받
도록 그리하지 아니하면 아니 될 것이
니라.
17 그들은 말하느니라.
18 무조건 나 여호와가 보낸 종을 너희들
이 섬기고 따름에 있어서 저는 보내진
종이요, 저는 하나님으로부터 선택된
자이기에 저는 간음하며 도둑질하며
거짓 하며 살인을 하고 사기를 친다
해도,

19 그와 같은 모든 과정을 너희들은 봐서
도 아니 되며, 그것을 생각해서도 안
되며,
20 그와 같은 것은 인간 세상에서 이루어
지는 것이니 모두를 다 접어 두고 주
의 종을 영접하는 데 최선을 다하는
것이 너희들이 가야 할 길이며 행해야
할 길이라 그들이 대놓고 말을 하며
가르치고 있음이니,
21 이게 어디 이 세상에 인간이 할 수 있
는 말이며 세상사의 이치를 아는 자가
할 수 있는 말이더냐, 그리고 너희들
이 '네 것, 내 것'을 구분할 수 있는 자
가 할 말이더냐?
22 '네 것, 내 것'을 구분하지 아니하며,
그저 제 것만 존재한다는 그와 같은
사악한 자도 이와 같이 말을 하지는
아니할 것이니라.
23 어떠한 사악한 짓을 해도 저희들은 주
의 종이니, 저희를 영접하는 데 모두
를 바쳐 충성을 다하라 그리 그들이
가르치고 있지 않으냐?
24 이것이 내가 성서에 기록한 가장 낮은
자요, 섬김을 받는 것이 아니라 섬기
는 자로서 세상에 온 것이 종교 지도
자라는 그 나의 뜻이겠느냐?
25 과연 그것이 나의 아들 예수의 길을
따라가는 백성이더냐?
26 그러니 내가 나의 법전을 세상에 내려
보내지 아니하고 너희들에게 전하지
아니할 수 없는 이와 같은 형국이 되
어 있음이니라.
27 오죽하면 너희들이 나의 피조물 만백
성에게 갈취하고 긁어내기 위하여 무
어라 말하느냐?
28 눈을 하나 빼서라도 너희들이 최상의
대접으로써 다하는 것이 축복을 받는
길이라 그리 말하니,
29 이는 짐승도 그리 말하지 못할 것이
며, 이는 그 누구도 이와 같은 말을 할
수는 없을 것이니라.
30 말을 배우는 아이들도 그와 같은 욕심
이요, 그와 같은 말은 할 수 없는 것이
거늘, 그와 같이 생각할 수 없는 행위
를 하고 있는 것이 그들이니,
31 이게 겉은 번지르르하게 익은 것처럼
보이나 속은 시뻘겋게 익지 않은 자
들의 증거이며 그들의 태도임을 너희
들은 알라.

9,484 번째 하나님 말씀

2004년 2월 4일 10시 11분

1 사랑하는 나의 아들아!
2 "네, 아버님! 말씀하옵소서."
3 이 대목은 너의 제자들이요, 그리고
나의 법전을 읽고 깨우친 만백성, 그
리고 종교 집단이요, 지도자들이요,
이방인이라는 그 백성, 나의 사랑하는
모든 아들딸이 읽어야 될 것이며, 구
원을 받았다며 맹종 맹신하는 그들은
이를 읽고 또 읽어야 할 내용임을 내
가 나의 아들을 통하여 지금 법전에
기록하여 전함이니,
4 이것이 아니거든 나의 법전이 사탄의
것이라 너희들이 그리 말해도 내가 말
하지 아니할 것이니라.
5 그러나 이것이 오늘의 종교 집단이요,
지도자가 가는 길이라면 너희들은 가
던 발길을 멈춰 나의 법전을 들고 읽

고 깨우쳐 구원의 길을 보는 그 현명
함을 얻도록 하라, 사랑하는 나의 아
들딸들아!
6 오늘의 종교 집단이요, 지도자들이 무
어라 말하느냐?
7 제 마음을 상하게 하지 말며, 저를 건
드리지 말며, 저를 화나게 하지 말라
그들이 그리 말하느니라.
8 그리고 종교 지도자의 마음을 상하게
하는 자, 그리고 그를 비방하는 자, 그
를 욕되게 하는 자, 그들은 망하며 지
옥 불로 간다고 저희들이 단상에 서서
말하는 것이 종교 집단이요, 목사들이
하는 행위들이니라.
9 종교 지도자요, 목사 저희들을 노하게
하지 말며, 저희들에게 월권 행위를
하지 말라, 오직 너희들은 절대 충성
과 복종만 있음이니, 그것이 축복이요,
10 네 살을 떼어 내고 네 눈을 빼서 바쳐
도 복종과 충성 그것만이 너희들이 나
여호와로부터 은혜를 받으며 상을 받
는다 그리 가르치니, 그것이 과연 있
을 수 있는 말이더냐?
11 그리 가르치고 그와 같이 대우를 받는
것이 종교 집단의 지도자들이니, 그들
이 지금 어찌하는가?
12 세습 체제로써 그것을 이끌어 감이니
라.
13 저희 자식이 못났든 잘났든 제가 받고
누린 것만큼 그에게도 누리고 살 수
있도록, 가장 편안한 삶을 살게 하기
위하여, 육의 세상에서 가장 편안한
삶의 길을 맞춰 주기 위하여 세습 체
제를 이루어 가며,
14 그를 물려 주기 위하여 싸움박질을 하
며 송사를 하는 그와 같은 추하고 더
러운 것이 너희들이 아니더냐?
15 그들이 그것이 얼마나 좋고 얼마나 행
복한 길이면 저희 후손이 그와 같이
살아갈 수 있도록 그들에게 그를 물려
주려고 몸부림을 친단 말이더냐?
16 그들이 그저 굶어 가는 자, 어렵게 가
는 자보다도 더 가난하고 힘든 길이라
면 그들은 절대 세습 체제를 강요하지
아니할 것이며, 저희들 자식이요, 후
손에게 넘겨주기 위해서 갖은 거짓된
행위로 몸부림을 치지는 절대 아니할
것이니라.
17 그러니 이것이 잘못된 것이니라.
18 더욱이 그들이 뭐라 하느냐, 종교 지
도자를 욕되게 하면 절대 그 죄를 벗
어날 수 없다는 것이 그들이 아니냐?
19 그러니 주의 종을 조롱하는 것만으로
써, 그를 뒤에서 험담하는 것만으로
써, 그가 잘못하는 것을 바로잡기 위
하여 말하는 그것이 다 죄의 대상이요,
20 그 죄는 절대 용서받지 못하며 하늘에
오를 수 없는 것이라 그리 가르치는
것이 오늘의 목사요, 종교 지도자들이
니라.
21 그러니 이방인과 맹종 맹신하는 그들
에게 이 죄의 온상에서 무엇이 이루어
지고 어찌하고 있는가를, 그 모두가
죄의 온상이요, 죄의 근본이라는 것을
나의 아들을 따르는 백성 너희들은 그
들에게 깨우쳐 주어야 될 것이니라.
22 그러니 이와 같은 이치를 내가 이방인
에게도 가르쳐 주라 함이 무엇이더냐?
23 오늘의 보이지 않는 종교 집단이요,
그 썩어져 있는 그것을 만백성에게 전

해 주며 그들이 알고 깨우쳐야만 너희
들이 변화될 수 있기 때문이니,
24 이와 같은 내용을 모든 백성들에게 너
희들이 심어 주고 또 전해 주도록 그
리하라.

9,485 번째 하나님 말씀

2004년 2월 4일 10시 15분

1 사랑하는 나의 아들아!
2 "네, 아버님! 말씀하옵소서."
3 나 여호와의 뜻이요, 참진리는 무엇이
라 말하였느냐?
4 이는 변질되고 변화되면 절대 아니 된
다 그리하였음이니라.
5 그러나 오늘의 종교 집단이요, 지도자
들이 지금 어찌 흘러가고 있는지 알겠
느냐?
6 "네, 아버님! 저는 잘 알지는 못하겠
사오나 제가 바람결에 들리는 그와 같
은 느낌은 그러하옵나이다.
7 종교 집단이요, 그 모두가 참진리의
그 길을 가기 위하여 모두를 바치는
것이 아니라, 인간의 삶이요, 인간의
입맛에 맞게, 또는 어떠한 상황이나
어떠한 주변의 여건에 의하여 스스로
거기에 접목되어 변화되는 것이 오늘
의 아버님의 뜻을 전하는 그와 같은
형국으로 흘러왔다는 것을 저는 바람
결에 느끼고 있사옵나이다.
8 그들은 국가의 지배력이요, 저희들이
복음을 전하고자 하는 그 나라요, 모
든 단체의 상황에 따라서 거기에 맞
춰 변화될 수 있는 것이며,
9 그 모두를 정착하기 위해서는 그들의
뜻을 따르며 그들과 협잡하며 그들과
타협하여 그 속에서 복음을 전하는 그
와 같은 행위로써 비진리가 접목된 행
위를 지금 하고 있다는 것을,
10 그리고 국민적 감정에 의하여 저희들
이 변질되도록 전하며 그를 수정하고
접목하여 지금 가르치고 있다는 것을
느끼고 있사옵나이다.
11 일단 아버님께서 내리신 그 모든 말씀
을 제자들이 직접 기록하지 못하고
그 제자의 제자가 기록하여 성서가
변질되었으며, 그 본질의 뜻을 잃고
있는 그와 같은 성경을 또 죽이고 또
죽이며,
12 수없이 아버님의 말씀인 성경을 죽이
는 그와 같은 행위를 하고 있는 것이
그들이 지금 하고 있는 짓이라고, 저
는 바람결에 들려오는 그 느낌의 깨달
음을 그리 알고 있사옵나이다."
13 사랑하는 나의 아들아, 그러하니라.
14 그들이 여건이요, 환경에 따라서 거기
에 접목시켜 저희들이 변질시키고 있
으니, 진정한 나의 복음을 전하는 것
이 아니요, 내 뜻을 역사하는 자가 세
상에 없다 함을 너희들은 알아야 될
것이니라.
15 처음부터 성서가 변질되었으며 그를
손질하고 다듬기 시작하였으니, 그를
가지고 저희들이 복음을 전하는 지역
이요, 그 국가요, 그 단체의 특성이요,
그 상황에 따라 접목하여 그를 가르치
고 변질시켜서 백성을 깨우치고자 함
이니,
16 너희들은 나의 참진리를 전하는 것이
아니요, 너희들이 살아가는 방법으로

써 타협과 협잡으로써 모두 이루어지
는 것이 아니더냐?
17 그와 같은 형국이니라.
18 그리하여 지금 내가 너를 통하여 160
권의 법전을 세상에 내리는 것은 무엇
이더냐?
19 나의 뜻이 변질되지 못하며 변화되지
않으며 너희들이 다듬어 고치지 못하
며, 있는 그대로 전할 수 있도록 지금
내가 너를 통하여 이 역사를 함이니,
이는 너희들이 변질되지 못하도록 나
의 뜻을 전하고자 함이니라.
20 지금은 모두 다 그와 같이 변질되고
변질되어 변해져 있음이니라.
21 그러니 나의 아들을 따르는 백성 너희
들은 어떠한 상태든, 너희들이 복음을
전하든, 만백성을 구하든,
22 능력이 있는 자나 그 국가의 영향력이
요, 주변 환경의 여건에 의하여 지배
하는 자들의 요구에 따라서 나의 법전
을 변질시키고 접목하는 그와 같은 가
르침으로 가서는 너희들을 절대 용서
치 아니함을 알라, 사랑하는 나의 아
들딸들아!

9,486 번째 하나님 말씀

2004년 2월 4일 10시 21분

1 사랑하는 나의 아들아!
2 "네, 아버님! 말씀하옵소서."
3 오늘의 종교 집단이요, 모든 지도자들
이요, 그 신도들이 무슨 생각을 하고
있느냐?
4 그들은 이와 같은 생각을 하고 있느니
라.
5 사탄이요, 마귀요, 그 모두가 나 여호
와에게 대적하는 자들이며, 그러니 창
조주 나에게 대적하는 사탄이요, 마귀
는 나에 대한 원수요, 나에 대한 적수
라 그리 말하느니라.
6 저희들이 말하는 창조주 아버지께 대
드는 자, 그것이 사탄이요, 마귀요, 그
는 아버지에 대한 원수요, 하나님에
대한 적이니, 그를 용서할 수 없다 하
며,
7 그들은 그저 저희들이 생각하는 종파
와 같지 아니하고 깨달음이 같지 아니
할 때 나 여호와에게 대적하는 사탄이
요, 마귀라 생각하여, 그 가슴에 비수
를 꽂으며 그를 죽이려 하며 그와 같
은 사악한 행위를 하고 있느니라.
8 그리고 또한 그 모든 종교 집단이요,
지도자들이 그리 가르치고 있지 않으
냐?
9 그러니 사랑하는 나의 아들 너는 과연
그들이 하는 작태를 어찌 생각하며,
과연 그 뜻을 어찌 받아들일 수 있다
생각하느냐?
10 "네, 아버님! 저는 그렇사옵나이다.
11 감히 제가 아버님께 말씀을 드릴 수
없으나, 그들은 지금 모든 사탄이요,
마귀요, 그 모두가 아버님께 대드는
아버님의 원수요, 아버님의 적수요,
12 그리하여 아버님의 적수요, 원수를 다
때려잡고 죽여야만 저희들이 아버님
께 사랑을 받는 것이며 아버님을 기쁘
게 한다 그리 생각하고 광분하는 그와
같은 행위를 하며 살인을 서슴지 않고
있사옵나이다.
13 그 행위가 너무나 어리석은 것이며,

그것이 아버님을 능멸하는 것이며, 아
버님을 욕하는 것이라 저는 그리 생
각되옵나이다.
14 사탄이요, 마귀가 감히 아버지와 어찌
원수가 되며 아버님의 적수가 될 수
있다 생각하는 것인지, 그들의 발상부
터 고치지 아니하면 전지전능한 아버
님을 따르고 믿는다는 것이 다 허상이
라 저는 그리 생각되옵나이다, 아버님!
15 사탄이요, 마귀가 아버님의 백성인 아
들딸을 괴롭힐 수는 있으며 또한 지옥
으로 이끌어 가고 인도할 수는 있으나,
16 그들이 감히 아버님의 원수로서 아버
님의 적수가 된다고 말하는 것은 절
대 있을 수 없사옵나이다.
17 자식을 가르칠 때 매가 필요하듯이,
그 매의 역할로써 아버님께서 이 세상
에 소유하고 있는 것이 사탄이요, 마
귀요, 사악한 자들이요, 그와 같은 자
라 저는 그리 생각하며 그리 알고 있
사옵나이다.
18 그러하거늘 어찌하여 그 믿음의 길을
가며 전지전능한 아버지의 백성이라
하는 자, 그리고 모든 백성을 아버님
의 나라로 인도한다는 종교 집단의
지도자들이 어찌하여 하잘것없는 마
귀요, 사탄을 가지고 아버님의 적수
요, 아버님의 원수요, 아버님과 대등
한 자라 그리 생각하는지,
19 그것이 아버님을 얼마나 능멸하고 경
멸하는 것인가를 그들은 모르고 있사
옵나이다.
20 그와 같이 말하는 자, 그와 같이 행동
하는 자들이 아버님을 찬양한다 말하
나, 그것은 저희들이 아버님을 찬양하
는 것이 아니요, 사탄을 찬양하는 것
이며 사탄을 높이 받드는 것이요, 사
탄이 능력 있는 것이라며 아버님 앞
에 과시하는 사악한 자들의 행위임을
그들이 모르니, 어리석고 어리석은 자
들이옵나이다.
21 그러니 모르는 것은 저희들이 죄가 아
니 된다 아버님께 말씀하셨듯이, 모르
고 행하는 것을 깨우치며,
22 모르고 가는 것은 죄가 아니라 하셨던
그 뜻에 따라 그들을 깨우치고 그들
을 바로 세울 수 있도록, 그들을 원망
하지 아니하며 용서하는 마음으로 가
슴에 안고 가야 하는 것이 저희들의
뜻이라 그리 생각하옵나이다."
23 그러니라, 사랑하는 나의 아들아!
24 저희들이 마귀요, 사탄이요, 그 모두
가 나에게 적수가 되며 나의 원수라
그리 말하나, 어찌 그들이 나의 원수
요, 적수가 된다는 말이냐?
25 그와 같이 말하는 것은 사탄을 나와
같다 하여 저희들이 경배하는 것이며,
26 사탄이요, 저희들의 지배자를 높이 받
들기 위해서 우회적으로 그와 같은 사
악한 행위를 하고 있는 것이며,
27 사탄의 놀음에 이용당하고 있다는 것
을 나의 백성들이 모르며, 종교 지도
자가 모르며, 그 집단이 모르는 것이
니, 그들에게 깨우쳐 주라.

9,487 번째 하나님 말씀

2004년 2월 4일 10시 28분

1 사랑하는 나의 아들아!
2 "네, 아버님! 말씀하옵소서."

3 나의 많은 백성들이 지금 죄의 온상인
교회라는 곳에 다니다 죽어 감이니,
죽음을 당하는 백성들을 기리는 그와
같은 날에 종교 집단이요, 지도자라는
자들이 중언부언 울고불고 기도하며,
4 저희들이 그 기도가 끝난 다음에 수고
비를 거두어 가는 그와 같은 행위를
하는 자들이 과연 무슨 말을 하며 무
슨 기도를 하는지 알고 있는가?
5 "네, 아버님! 저는 그와 같은 내용을
알 수는 없사옵나이다.
6 그러나 아버님께서 바람결에 보내 주
시는 그 깨달음으로 제가 느끼는 것은
이와 같은 짓을 하고 있다 생각하옵나
이다.
7 저희들이 다니는 교회에 의해서 저희
들이 아무리 악한 짓을 하고 죽었든
선한 짓을 하고 죽었든 어찌하여 죽었
든, 그리고 죽은 자의 죽은 날을 기억
하는 그와 같은 예배를 드리든 기도
를 하는 날이든,
8 그 모든 종교 집단이요, 지도자는 다
음과 같은 말로써 그 자식을 위로하며,
9 모든 백성들 앞에 그들도 죽어 가면
이와 같은 것으로써 고통을 벗어나 구
원의 길로 들어 설 수 있으며 축복된
백성이라 그리 생각하도록 그들의 머
리에 심어 주며, 저희들에게 맹종 맹
신하도록 그들은 다음과 같이 기도할
것이라 그리 생각하옵나이다.
10 이제 저희 성도요, 저희 신자가 이 세
상에 살다 하나님의 뜻에 따라서 부름
을 받았으니, 그는 곧 슬픔의 삶에서
모두를 다 벗어나는 것이며,
11 슬픔과 기쁨이 없는 하늘의 나라에 그
가 올라갔으며, 고통이 없는 나라요,
괴로움이 없는 하늘나라로 올라갔으
며, 근심 걱정 할 일이 없는 그와 같은
하늘나라로 그가 불려 간 것이라며
그들은 중언부언 그리 말하고 있을 것
이라 생각되옵나이다.
12 그러면서 그들은 죽고 사는 시련이 없
는 그와 같은 아름다운 세상으로 불려
갔으며,
13 그곳에는 가난한 자도 부귀영화도 권
력이요, 그와 같은 것을 가진 자도 없
는 똑같은 백성들만 존재하는 그와 같
이 아름다운 세상으로 불려 갔으며,
14 거기에는 죽음도 없으며 오로지 아버
님의 은혜만 충만한 그 하늘나라로 데
려가신 것을 하나님께 감사하며 주님
께 감사하다 저희들은 그와 같이 기도
하고 그와 같이 경배하는 것이라,
15 바람결에 아버님께서 들려주시는 그
음성이 그리 들리옵나이다.
16 그 종교 집단이요, 지도자는 그와 같
은 것으로써 기도를 하며 중언부언할
것이라 생각하옵나이다.
17 그러니 저는 그들에게 무엇인가를 물
어보고 알고자 함이 있사옵나이다."
18 네가 과연 알고자 하며 네가 물어보고
자 하는 것이 무엇이더냐?
19 "그 신도라는 사람이 죽어 갔음이니,
그 죽어 간 사람이 어떠한 벌로써 어
떠한 형태로써 지금 가고 있는가를
그 종교 지도자가 과연 알고서 그와
같은 말을 하는 것인지, 저는 이것을
그들에게 물어보고 싶사옵나이다.
20 과연 그들이 아버님의 나라로 들어와
슬픔이 없으며 고통이 없으며 근심 걱

정이 없으며 병듦과 고통과 시련과
죽고 사는 것이 없으며, 부귀영화나
가난도 없으며, 천사와 같은 자만 존
재하는 하늘나라에 갔는가를 묻고 싶
사옵나이다.
21 가지 못한 자를 갔다 그리 이야기하는
것은 그를 욕되게 하며 그를 고통스럽
게 함이니,
22 지상에서 그를 울리고 울린 자가 또
죽어서까지 그를 울리며,
23 그를 울리는 것뿐 아니라 그 모든 백
성들에게 너희들도 죽으면 이와 같은
은혜와 이와 같은 세상으로 간다고
말로 심어 주어 그들도 그리 가기를
바라고,
24 그들이 또한 죽어 갈 때 저희들이 거
짓된 종교 지도자의 그 중언부언하는
기도 소리를 저도 들을 것이라 생각하
며,
25 제가 죄를 짓고 살았다 해도 그 종교
지도자가 드리는 그 기도의 효험으로
인하여 저도 그와 같은 세상에 갈 것
이라는 그 착각 속에 저희들이 지금
죄를 지으면서도 죄인 줄 모르고 그리
살아가니,
26 그와 같은 것으로써 만백성을 하나서
부터 열까지 우롱하고, 저희를 위하여
사용하는 도구로써 쓰지 아니하는 것
이 없는 것이라 저는 그리 느끼옵나이
다.
27 그러니 그들이 그 죄 속에서 그 신도
라는 자들이 죽어 가면 저도 그리될
줄 알고 저희들이 반성과 회개마저도
하지 못하는 어리석은 백성으로서 육
성하며 가르치고 있는 사악한 자들이
니,
28 바람결에 들려오는 아버님의 음성의
깨달음이 그러하옵나이다, 아버님!"
29 나의 아들아, 그러하니라.
30 그렇지 아니하거든 그들이 내 앞에 와
서 너에게 침을 뱉어도 내가 말하지
아니할 것이니라.
31 그러나 그들이 그와 같은 짓을 하고
살거든 감히 내 앞에 와 입이 열렸다
하여 중언부언 답하려 하지 말며,
32 너에게 무엇인가 대들며 너의 마음을
상하게 하며, 너에게 있는 것을 무엇
인가 저희들이 잘못 가르치며 잘못 깨
닫고 있는 것으로써 오도하기 위하여
모든 수단과 방법을 강구하는 그와 같
은 행위를 중단하라 그리 전하라, 사
랑하는 나의 아들아!

9,488 번째 하나님 말씀

2004년 2월 4일 12시 30분

1 사랑하는 나의 아들아!
2 "네, 아버님! 말씀하옵소서."
3 너는 이 세상에 단 하나의 아름다운
꽃이요, 가장 아름다운 향기를 발산하
는 꽃이 되라 그리하였음이니라.
4 그리고 그것이 네가 가야 할 길이며,
그 길만 위해 살아가도록 그리해야 될
것이라 내가 명하였음이니, 너는 그와
같이 살아가야 될 것이며,
5 너의 제자들 또한 너희들이 각자가 다
이 세상에서 가장 아름다운 한 송이의
꽃으로서 변화되는 그와 같은 삶이요,
그와 같은 생각을 잠시도 지워서는 아
니 된다 그리 가르치라.

6 너희들이 말하는 하늘에 오르는 길이
요, 나에게 오르는 그 역사함이 과연
어떠하던가?
7 지금의 모든 종교 집단이요, 지도자
그들의 믿음이 왜 잘못되었으며 잘못
간다 그리 나 여호와가 말하는지 알겠
느냐?
8 너희들은 알아야 될 것이니라, 모든
종교 집단이요, 지도자 그들이 죽어
나에게 와 심판을 받으며, 그 심판을
받음으로 저희들이 구원을 받고 구원
을 받지 못하니, 그리하여 구원에 대
하여 그들이 모두 다 매달리나,
9 내가 너에게 전하고자 하는 그 뜻은
무엇인 줄 알겠느냐, 나의 아들아!
10 "네, 아버님! 그렇사옵나이다.
11 모든 종교 집단의 지도자요, 믿음의
길을 가는 백성, 또한 저를 따르는 제
자들이요, 법전을 읽은 그 모든 백성
들까지도 그들은 죽어 구원을 받는 것
과 받지 못하는 것과, 죄와 벌에 의하
여 저희들이 그 대가를 치른다는 것,
그것을 먼저 생각하고 있사옵나이다.
12 그러나 아버님의 뜻은 그렇지 아니하
옴을 저는 알고 있사옵나이다.
13 아버지께서는 곧 이 지상의 낙원이요,
이 지상의 만백성이 천사와 같이 변화
되는 세상을 만들어 이 지상을 통제하
고 다스리고자 하는 것이 아버님의 뜻
이며,
14 저희는 그리하여 오늘의 삶에 있어서
저희가 지상의 천국을 만드는 것이
저희의 대명이요, 저희가 역사하는 길
이거늘,
15 그것을 모르고 오늘의 종교 집단이요,
지도자들이 인간의 행함이요, 인간이
살며 행하는 것은 중요하지 아니하다
그리 가르침이니,
16 이것이 얼마나 아버님의 생각과는 멀
고도 먼 것인지, 아버님이 앞으로 가
라 하면 뒤로 가는 자들이요, 아버님
을 향해서 오는 자가 아니라 반대로
걸어 가는 백성이라 하신 그 말씀의
뜻을 저는 조금은 깨닫고 있었사옵나
이다.
17 아버님께서 역사하시는 것은 이 세상
을 지상의 낙원으로 만들어 하늘에서
이루어진 것같이 이 땅에 이루어져 지
상의 천국을 만들어 통제하고 다스리
고자 하시는 것이며,
18 모든 백성들이 왕과 같은 삶을 살 수
있도록 그리 원하시고 역사하시는 것
이 아버님의 뜻인 것을,
19 모든 종교 집단이요, 그들이 수천 년
역사 동안 흘러오면서 그를 이루어야
되고 그를 만드는 것을 모르고 있사옵
나이다.
20 그리하여 아버님께서 160권의 법전을
내리시며 저와 저의 제자들을 선택하
시어 지금 역사하는 것이, 하늘에서
이루어진 것같이 지상에 낙원을 만들
어 영원히 아버님의 나라로서 통제하
고 다스려지는 그와 같은 지상의 천국
을 만드는 것이요,
21 그를 위하여 저희들이 선택되었으며,
그것이 저희들이 해야 할 길이라는 것
을 알고 있사옵나이다.
22 그러니 지상에서 어찌 살며 어찌 행하
느냐 그것이 가장 중요하며, 그것이
아버님이 이루고자 하시는 그 지상의

낙원을 이루고 못 이루는 근본임을 저
는 알고 있사옵나이다.
23 그리하여 행함이 중요하며 변함이 중
요하며, 그것이 저희의 최대의 명이
요, 최대의 과제요, 아버님께 바칠 최
대의 기쁨이라는 것을 모든 종교 집단
이요, 지도자들이 모르며,
24 저만 구원받으며 저만 천국에 가며
거듭나는 그와 같은 것을 위하여, 또
제가 죽는다 해도 예수님께서 세상에
재림하여 죽은 자 가운데서 들림을 받
으며 다시 저희들이 회생의 길을 얻
는다 그리 생각하는 어리석은 믿음으
로써 지금 모두가 가고 있으니,
25 그것이 아니라 이 지상에 살아 있는
동안에 저희들이 천사로 변하여 지상
을 아버님의 나라로 만들어, 지상의
천국을 역사하여 그 모두를 아버님께
바쳐,
26 아버님의 말씀이요, 아버님의 생각에
의하여 모두가 다스려지는, 하늘과 땅
이 똑같이 하나가 되는 천국을 만드는
것이 아버님의 뜻이요,
27 그를 위해 저희들이 존재하며, 그를
위해 역사해야 되며, 그를 위해 모두
를 바치고 가야 하는 것을 지금 전혀
모르고 전혀 생각지도 못하고,
28 그 어리석고 가련한 종교 집단이요,
지도자요, 만백성이 그 길을 가고 있
는 것을 저는 조금 알고 있으며 느끼
고 있사옵나이다, 아버님!"
29 그러니라, 사랑하는 나의 아들아!
30 지상의 천국을 만드는 것이니, 그 지
상의 천국은 누가 통제하며 누가 만드
느냐?
31 바로 너희들이 만들고 역사함이니, 너
희들이 지상의 천국을 만들기 위해서
는 너희들의 행동이 어떠해야 되겠느
냐?
32 그리하여 그 행동이 중요하다 함을 이
제 알겠느냐?
33 그리하여 너희들이 아름다운 한 송이
의 꽃이 되며, 가장 아름다운 향기를
발하는 꽃이 각자가 되라 함이니, 그
리하면 지상의 천국이 이루어지니,
34 그것이 너희들이 나에게 바치는 것이
요, 나의 가장 큰 기쁨이요, 내 뜻이
이루어지는 것이라는 것을 이제 그들
에게 깨우쳐 주어야 될 때가 되었음이
니라.
35 그러나 그들이 이것을 받아들이지 아
니하며 이해하지 못하며, 용서하려 하
지 아니함이니, 이를 어찌하겠는가?
36 그리하여 내가 너를 통하여 160권의
법전을 세상에 전하여, 이를 보고 깨
우쳐 변화되는 백성을 찾고자 함이 나
여호와의 애절한 뜻이며 간곡한 뜻임
을 너의 제자들에게 전하도록 하라,
사랑하는 나의 아들아!

9,489 번째 하나님 말씀

2004년 2월 4일 12시 36분

1 사랑하는 나의 아들아!
2 "네, 아버님! 말씀하옵소서."
3 나 여호와가 십계명에 기록하여 '네
부모를 공경하라.'는 그 대목을 기록
한 내용을 너는 알겠느냐?
4 "네, 알겠사옵나이다, 아버님!
5 아버님께서 지상의 낙원을 건설하고

그 모두를 역사하는 것은 육으로 낳아
길러 준 그 부모의 은혜요, 부모의 공
을 모르면 이는 곧 아버님의 은혜요,
아버님의 뜻을 알 수가 없으며,
6 부모를 공경하는 마음이 없이는 모두
가 유하고 부드러운 백성으로서 살아
갈 수 없기에, 아버님께서 십계명에
'네 부모를 공경하라.' 하신 그 위대하
고 방대한 뜻을 알겠사옵나이다.
7 모두 아버님께서 명하신 것이며, 아버
님께 하는 것이되 인간이 가장 먼저
지켜야 할 것이 '네 부모를 공경하라.'
함은 그 공경하는 마음만이 이 지상의
낙원을 만들 수 있으며 지상의 천국을
이룰 수 있기 때문에,
8 그와 같은 계명에 가장 먼저 그를 넣
은 것을 저는 알고 있으며 그 중요함
을 이제는 깨달았사옵나이다.
9 그러니 아버님께서 말씀하시기를, '네
부모를 공경하라.' 십계명에 기록된
그것은 여호와 아버님의 명령이요, 아
버님의 뜻이라는 것을,
10 그리하여 이를 지키지 아니하며 이를
행하지 아니한다면 결국 그는 아버님
께 거역하며 아버님께 죄를 짓는 것
과 같음이니, 그 형벌을 또한 받을 것
이며 그를 벗어나지 못할 것이니,
11 그리하여 이 계명의 대목이 얼마나 소
중하고 귀한 것인가 그 의미의 뜻을
이제야 저는 깨달았사옵나이다.
12 부모를 공경하는 마음이요, 그 아름다
운 마음이 그로 인하여 지상의 천국을
만들 수 있는 기본이요, 근본이라는
것을 이제는 깨달았사옵나이다.
13 그러나 오늘의 종교 집단이요, 지도자
들이요, 수천 년 동안 오는 그들이 가
르치는 방법이요, 설교하는 방법은,
그들은 너무나 아버님 뜻을 거역하는
그와 같은 형국으로 가고 있기에,
14 이는 지상의 낙원이 이루어질 수 없으
며 천국이 이루어질 수 없어, 160권의
법전을 세상에 내려보내시는 아버님
의 뜻을 이제야 저는 깨달았사옵나이
다."
15 모든 종교 집단이요, 지도자가 가르치
기를, 육의 부모를 공경하고 효도함은
인간 세상에서 이루어지는 것이며 인
간 세상의 도리에서 이루어지는 것이
며, 인간 세상의 관습이요, 도덕이요,
그와 같은 도리에서 이루어지는 것이
기 때문에,
16 그것을 잘하고 잘못하는 것을 시시비
비할 것이 없으며 거기에 관심을 가질
필요가 없다 그리 가르치며,
17 오로지 창조주 나를 찾으며 나의 아들
예수로 인해 구원을 받으며 그 은혜
를 입어 너희들이 구원을 받는다 그리
말함이니,
18 인간의 부모에게 잘하고 잘못하는 것
은 인간의 도리요, 인간 세상에 이루
어지는 것이기 때문에 너희들이 말할
필요도 없고 시시비비할 것도 없고
갑론을박도 하지 말라 그리 가르치는
자들이 있으니, 그러면서 그들은 무어
라 하느냐?
19 종교 지도자 저희들에게 목숨을 바쳐
충성을 다하며, 눈을 하나 빼서 바치
는 그와 같은 고통보다도 더한 충성으
로 저희들에게 바치라 하며, 그리고
나 여호와를 찾으라 그리 가르치는 것

이 오늘의 종교 집단이요, 지도자들이
니,
20 이와 같이 지금 잘못되었으며 이와 같
이 험악한 세상이 되었으니, 이리 해
서 어찌 너희들이 나에게 오르며 지상
에 천국이요, 낙원을 이룰 수 있다 말
하느냐?
21 저희들을 위하여 목숨을 바치며 저를
위해 눈을 빼서 바치는 그와 같은 충
성심만이 나로부터 은혜를 받으며 구
원을 받는다고 단상에 서서 말하는
것이 종교 집단이요, 지도자들이니,
22 그것이 인간의 도리이며 그것이 인간
으로서 할 수 있는 말이며 인간으로
서 저 자신을 그리 받들라 말할 수 있
는가?
23 이러니 얼마나 이 세상이 지금 썩어
있으며 잘못 가고 있는가?
24 이를 내가 바라다보기에 내 마음이 너
무나 아파 내 가슴을 다스릴 수가 없
을 정도임을 너는 알아야 될 것이며,
너의 제자들은 알아야 될 것이니라.
25 나 여호와가 십계명에 기록한 내용은,
너희가 너희 부모를 공경하고 효도함
이 곧 나에게 공경하는 것이라 하였으
니 너희들은 그 의미를 알아야 될 것
이며,
26 그 근본의 마음이 바로 지상의 천국을
이루는 기본이라는 것을 알라.
27 그러니 내가 너희들에게 무어라 말하
였느냐?
28 너희 부모에게 효도하는 것이 나에게
효도하는 것이거늘, 너희들은 어찌하
여 너희 부모에게 효도하는 것은 뒤
로 미루며,
29 나 여호와에게 효도하며 나에게 죄를
짓지 아니하고 사는 것만 너희들이 나
에게 오르는 길이요, 구원의 길이라
말하는가?
30 이제 나의 아들을 따르는 제자들이요,
그리고 나의 법전을 읽고 깨우친 만백
성 너희들은 너희 부모에게 효도하지
아니하고, 나에게 효도하는 것이 죄가
된다는 것을 절대 잊지 말도록 전하
라, 사랑하는 나의 아들아!

9,490 번째 하나님 말씀

2004년 2월 4일 12시 40분

1 사랑하는 나의 아들아!
2 "네, 아버님! 말씀하옵소서."
3 너희 부모를 공경함이 나를 공경함이
요, 그게 지상의 천국을 이루는 기본
이요, 근본이라 함을 너희는 깊이 새
겨들으라.
4 너희 부모를 공경함은 바로 무엇이더
냐?
5 너희 육의 부모는 자식을 기름에 있어
서 그 자식에게 강도질하라 하지 아니
하며, 살인하라 하지 아니하며, 거짓
말하며 남을 속이고 살며 남에게 인간
의 대우를 받지 못하는 사람으로 살라
가르치고 명하는 그 부모가 없음을 너
희들은 알라.
6 본인은 비록 도둑질을 할지언정 그 자
식에게는 절대 그와 같은 짓을 하지
못하게 하는 것이 부모의 마음이 아니
더냐?
7 아무리 부모가 못나고 어리석다 해도,
그 부모는 자식에게 좋은 말로 좋은

사람이 되라 가르치며, 이 세상에 필
요한 사람이 되라 가르치기 때문이니,
8 너희들이 부모를 공경하는 마음이요,
부모의 뜻을 따라야 이 세상에 지상의
천국이 이루어지는 기초라는 것을 이
제야 너희들이 알겠느냐?
9 그러니 육의 부모의 가르침을 너희들
이 따른다면 이 세상은 지금과 같이
험악한 세상으로 바꾸려 해도 바꿀 수
없는 것임을 너희들은 알라.
10 그러니 여기에 부모를 공경하는 것은
바로 무엇이더냐?
11 그 부모의 뜻이요, 부모의 가르침을
따르는 것이기 때문이니라.
12 네 육의 부모의 가르침을 따르며 그대
로 너희들이 행하며 거역하지 아니하
고 산다면, 너희들은 성인이요, 나의
아들 예수와 같은 그와 같은 백성으로
서 이 세상을 다 덮었을 것이니라.
13 부모는 그리 가라 하며 그리되기를 바
라기 때문에, 그를 따르고 그리 가며
너희들이 그리 살았다면, 그리고 거기
에 나 여호와의 뜻을 거역하지 아니하
고 내 뜻대로 살았더라면,
14 너희들은 지금은 모두 나의 아들 예수
와 같은 백성만이 이 세상을 살아갈
것이며 지배할 것이니, 그것이 바로
지상의 천국이 아니더냐?
15 그러니 지금과 같이 사람이 사람을 두
려워하며 사람이 사람을 의심하며 사
람이 사람을 짐승보다도 더 무섭고 두
렵게 여기는 이와 같은 세상은,
16 너희들이 부모의 뜻을 따라 거역하지
않는 삶을 살았다면, 만들려 해도 만
들 수 없고 역사하려 해도 역사할 수
없고 그리려 해도 그릴 수 없거늘,
17 지금의 너희들이 부모의 뜻을 따르지
아니하며, 나 여호와의 뜻을 너희들이
제대로 알지 못하며 이를 거역하는 것
만 행했기에,
18 지금 같이 험악한 세상이요, 만들려
해도 만들 수 없는 세상을 만들어 놓
았음을 너희들은 알아야 될 것이니라.
19 그리하여 그 계명 중에 중요한 '네 부
모를 공경하라.'는 것, 네 부모를 공경
하며 부모의 가르침을 그대로 받고 따
랐다면 오늘은 예수와 같은 나의 아들
딸만 이 세상에 존재한다는 나의 아픈
마음의 전함을 너희들은 깊이 깨우쳐
야 될 것이니 그리 알라.

9,491 번째 하나님 말씀

2004년 2월 4일 12시 46분

1 사랑하는 나의 아들아!
2 "네, 아버님! 말씀하옵소서."
3 나는 너희들에게 나의 법전에 기록하
여 전하느니라.
4 너희들이 육에서 볼 수 있고 길러 준
그 부모, 너희들의 부모에게 지은 죄
는 곧 네 부모에게 지은 죄로써 끝나
는 것이 아님을 알라.
5 그는 곧 나 여호와에게 죄를 짓는 것
임을 너희들은 알아야 될 것이니라.
6 내가 너희들이 부모를 공경하고 존경
하는 그 마음이 곧 나를 공경하며 나
를 존경하는 마음으로써 연계된다 하
지 아니하였더냐?
7 그러니 너희들이 네 부모에게 지은 죄
가 곧 나 여호와에게 짓는 죄라는 것

을 알아야 될 것이니,
8 이와 같은 이치요, 하늘의 뜻을 모르
면서 어찌 나의 피조물 만백성을 구원
했으며 구원을 받았다 말하며, 구원의
자격이 있다 감히 그리 말하는가?
9 나는 너희들의 그와 같은 행위를 더
이상 볼 수가 없음을 너희들은 알겠는
가?
10 나는 이제 너희들에게 나의 법전에 기
록하여 너희들이 가야 할 길을 명확히
가르쳐 줌이니라.
11 너희들의 형제를 핍박하는 자는 곧 나
의 아들 예수를 핍박하는 자라는 것을
너희들은 알라.
12 그러니 모든 믿음의 길을 가는 종교
집단이요, 지도자 너희들이 육의 행함
이요, 육의 부모 형제는 별로 중요한
것이 아니며, 더욱이 너희들과 믿음의
길을 같이 가지 않는 형제요, 부모는
너희들과 관계없는 것처럼 이방인 취
급을 하며 남남으로 살아가도,
13 너희들이 같은 믿음이요, 같은 믿음에
속한다 하여 자매요, 형제요, 너희 부
모라 그와 같이 말하니,
14 너희 형제를 핍박하는 자는 나의 아들
예수를 핍박하는 사악한 자요, 나의
아들 예수를 핍박하는 자는 나의 아들
예수를 십자가에 못 박아 죽인 자이니,
15 그와 같은 자들이 지금 나의 아들 예
수의 보혈로써 구원을 받았다 말하며
나의 아들 예수로서 은혜를 받았다 말
함이니,
16 너희들이 나의 아들 예수의 보혈로써
구원을 받으며 그 고통의 대가로써 속
죄를 받았다 한다면, 너희들은 너희
형제를 사랑하라.
17 어떠한 이유가 필요 없으며 어떠한 이
유도 댈 수 없으니, 너희 형제를 사랑
하라.
18 그와 같이 형제를 사랑하지 아니하고
핍박하는 자, 너희들은 나의 아들 예
수를 죽이는 자요, 예수를 핍박하는
자라는 것을 절대 잊지 말라.
19 이것이 하늘의 뜻이니, 이를 어겨서는
아니 될 것이니라.
20 이와 같은 나의 가르침을 절대적으로
믿어야 될 것이며 이를 너희들이 소홀
히 생각해서는 아니 됨이니, 나의 가
르침을 가슴 깊이 새겨 두도록 그리하
라.
21 너희들이 이웃을 울리는 것이 무엇인
줄 알겠느냐?
22 너희들이 이웃을 울리는 것은 천사를
울리는 것임을 너희들은 알라.
23 너희들이 천사를 울려 놓고 천사들이
지키고 여는 그 문을 과연 들어올 수
있는가?
24 이웃의 모든 백성들을 울리는 것, 만
백성을 울리는 것이 너희들이 천사를
울리는 것이요, 이것이 하늘의 법도라
는 것을 절대 잊지 말라.
25 네 부모를 울리는 것, 네 부모의 가슴
을 아프게 하는 것, 그 모두가 나를 울
리는 것이며 나의 가슴을 울리는 것이
라는 것을 너희들은 알아야 될 것이
니, 이를 명심하여 행하도록 하라.
26 이를 잊어버리고 사는 자, 이를 지키
고 살지 못하는 자, 결코 너희들은 구
원을 받았다, 구원의 길에 와 있다는
말을 하지 말라.

27 너희들은 그리 말하느니라, 모든 백성
들이 가장 으뜸이며 가장 소중한 것이
하늘에 존재하는 하나님 아버지, 나
여호와요,
28 그다음에 귀하고 소중한 것은 너희들
을 낳고 길러 준 부모라 그리 말할 것
이니라.
29 그러나 너희들은 이제 알라, 나 여호
와는 너희들에게 말함이니라.
30 너희들이 너희 부모를 공경하고 사랑
하는 것이 나를 따르고 나를 경배하는
것보다 먼저라는 것을 나 여호와는 나
의 법전에 나의 아들을 통하여 기록함
이니,
31 너희들이 나를 따르며 나 다음에 너희
부모가 가장 으뜸이라는 생각에서 이
제는 네 부모가 으뜸이요, 부모에게
바치는 것이 나 여호와에게 바침이라
그리 생각하도록 하라, 사랑하는 나의
아들딸아!
32 이게 내 뜻이며 하늘의 법도며 하늘의
뜻이라는 걸 절대 잊지 말라.
33 그러니 너희들을 반겨 줄 자 없으며
너희들과 같이 하는 자가 이 세상에
없을 것이니라.
34 그저 저희들이 나만 찾으며 헌금의 몇
퍼센트를 던지고 금화와 은화를 던지
면 구원을 받으며 천국에 오는 자들이
라 하여,
35 제 부모를 공경하며 제 형제와 화합하
는 것이 귀찮고 고통스러워 남보다도
못하게 살아가는 자들이니,
36 저희들이 나의 법전을 읽고 깨우치며
하늘에 오르고자 하며 나의 아들을 따
르고자 하면, 그 모두를 다 다시 생각
해야 되며 다시 살아야 되며 다시 행
동해야 되며, 오늘의 삶에서 모두를
다 반대 방향으로 가야 됨이니,
37 그것이 싫고 그것이 두려워서, 그것을
할 용기가 없어서, 그와 같은 것이 싫
기에 이를 따르지 아니하고 행하지 않
는 자들이니, 거기에 사랑이 있느냐?
38 그들이 과연 너희들의 원수보다도 더
한 자들이더냐?
39 이와 같은 이치를 안다면, 너희들이
어찌 가야 되는 것인지 알며, 나의 법
전이 무엇인지, 나의 법전이 나의 성
령이요, 나의 뜻이요, 너희들을 심판
하는 기준이라는 것을 너희들은 알고
도 남을 것이니,
40 이와 같은 것을 알면서도 거역하는
자, 내 뜻을 따르지 아니하는 자, 형제
를 핍박하는 자는 나의 아들 예수를
핍박하며 그 가슴에 못을 박는 자들이
라 하였음이니,
41 그와 같은 행위를 하는 자, 형제와 화
합하지 못하는 자는 나를 찾지 말며,
예수의 보혈로써 구원을 받았다 하지
말라.
42 그를 부르는 수만큼 너희들의 죄목이
더 늘어나는 것이며, 가중 죄요, 거짓
죄가 더 늘어난다는 무서운 사실을 전
하라, 사랑하는 나의 아들아!

9,492 번째 하나님 말씀

2004년 2월 4일 12시 50분

1 사랑하는 나의 아들아!
2 "네, 아버님! 말씀하옵소서."
3 너의 제자들은 과연 누구며, 너의 제

자들은 뭐하는 백성이며, 너의 제자들
은 어찌 세상을 살아가야 하는지,
4 너는 그 제자들에게 나를 대신하여 하
나 전하고자 하는 뜻이 있거든, 네가
오늘 법전에 기록하여 전하라, 사랑하
는 나의 아들아!
5 "네, 아버님! 제가 감히 아버님께 말
씀을 드릴 수 없사오나, 아버님께서
말미를 빌려 제 생각을 기록하여 저
의 제자들을 깨우치라 그리 말씀을 하
옵시니,
6 제가 한 가지만 감히 저의 제자들에
게 전하며, 아버님의 법전을 접하는
백성들이 이를 볼 수 있도록 하였으면
하는 생각이 하나 있사옵나이다."
7 사랑하는 나의 아들아, 그것이 무엇이
더냐?
8 너의 제자들은 누구며, 너의 제자들은
어찌 살아가며 어찌 가야 될 것인가,
그와 같은 네 뜻을 하나 기록하여 전
하도록 그리하라.
9 사랑하는 나의 아들아, 그것이 또한
나의 뜻임이니라.
10 "네, 아버님! 그렇사옵나이다.
11 형제를 사랑하지 아니하고 화합하지
않은 것이 예수님을 죽이는 것이며 예
수님의 가슴에 못을 박는 그와 같은
행위라 하셨음이니,
12 저는 저의 제자들이 이와 같은 백성으
로 살아갔으면 하는 것이 저의 바람이
옵나이다, 아버님!"
13 그래, 나의 아들아! 그를 전하여 기록
하도록 그리하라. 내가 너에게 명함이
니라.
14 "네, 아버님!
15 형제지간에 열 개를 가지고 있는 것
이 만족한 것이며 모두는 열 개를 가
져야 되는데, 그중에서 열 개를 갖지
못한 자는 하나가 부족한 것이며, 두
개가 없는 자는 두 개가 부족한 것이
라 그리 생각하옵나이다.
16 그러니 그 형제가 부족한 것을 제가
가지고 있는 소중한 것을 팔아서 그
두 개를 채워 주는 그와 같은 형제의
우애를 갖는 것이 저의 제자들이 가
야 할 길이며 그 제자들이 역사할 길
이라 그리 생각되옵나이다.
17 지금은 감히 그리 갈 수 없으며 그리
행할 수 없다 해도, 이것이 아버님의
뜻이며 아버님의 생각이라 저는 감히
생각되오며, 이와 같은 뜻을 전하고
싶은 것이 제 뜻이옵나이다, 아버님!
18 감히 저를 용서하여 주옵소서."
19 사랑하는 나의 아들아, 그러하니라.
20 형제를 핍박하는 자는 나의 아들 예수
를 핍박함이라 그리하지 아니하였더
냐?
21 그러니 하나가 부족한 그 형제를 위해
서, 두 개가 부족한 형제를 위해서 제
가 가지고 있는 것을 정리하고 팔아서
그 두 개를 보충해 주고 부족한 것을
채워 주는 그것이 사랑이며 그것이 형
제와의 화합이니라.
22 그러니 그와 같은 마음으로 살아가기
를 바라는 것이 네 뜻일 것이니라.
23 그러니 그것은 나의 뜻임이니 그리 알
라.
24 그러나 너희들이 오늘의 그와 같은 길
을 갈 수 없으며 그와 같은 삶을 살 수
없을 것이니라.

25 그러나 너희들은 노력하라, 그리고 너
희 자신을 낮추라.
26 너희들이 가장 받드는 자가 되며 가장
낮은 자가 되면 그 모두를 다 역사할
수 있는 것이니, 나의 법전을 읽고 깨
우친 백성이요, 사랑하는 나의 아들을
따르는 제자 너희들이 그리해야 할 것
이니라.
27 그것이 세상에 가장 아름다운 한 송이
의 꽃을 피워 가는 너희들이 해야 할
길이니, 그리 전하도록 하며 이는 나
의 뜻이라 그리 전하라.
28 하나가 부족한 것을 팔아 그 하나를
채워 주는 그것이 나의 뜻임을 절대
잊지 말라.
29 이제 사랑하는 나의 아들아, 모든 종
교 집단이요, 지도자요, 만백성이요,
그리고 너의 제자들에게 전하라.
30 너희들이 천 마디 만 마디 말로써 다
부질없는 짓을 하지 말며, 이와 같은
행위로써 이와 같은 행동을 행함으로
써 그것이 나에게 기쁨이요, 나의 뜻
이요, 너희들이 나를 볼 수 있는 것이
요,
31 내가 원하는 이 지상의 천국을 이룰
수 있는 기초라는 것을 그들의 손에
쥐여 주라, 사랑하는 나의 아들아!

9,493 번째 하나님 말씀

2004년 2월 4일 12시 53분

1 사랑하는 나의 아들아!
2 "네, 아버님! 말씀하옵소서."
3 너의 제자들에게 전하라.
4 너의 제자들이 무엇을 이루고자 무엇
을 역사하고자 하나, 너희들이 다른
백성보다도 이루어지지 아니하며 더
어렵고 힘들게 가는가 하면,
5 또한 내가 나의 아들을 통하여 너희들
에게 약속을 하였으나 그 약속이 이루
어지지 아니하며 바로 역사하지 아니
함에 너희들은 나의 아들을 원망하며
나 여호와를 원망하는 그와 같은 마음
을 버리라.
6 너희들이 그와 같은 생각을 갖는 것은
너희들의 잘못이며 너희들의 탓임을
알라.
7 이제 나의 아들을 따르는 제자 너희들
은 들으라.
8 우선 너희들이 깨우쳐야 될 것이 있음
이니, 그것은 무엇이던가?
9 창조주 나 여호와의 하루는 너희 인간
세상의 몇 년이라 하였느냐?
10 너희들이 천 년이라 하였음이니라.
11 그리고 너희들이 세상에 사는 그 천
년의 세월은 하늘의 나에게 며칠이라
하였느냐?
12 너희들이 말하는 창조주는 단 하루라
하지 아니하였더냐?
13 그러니 나의 하루는 너희들의 천 년이
라는 이 사실을 너희들이 인정하며 이
것을 알아야 될 것이니라.
14 그러니 너희들이 무엇을 얻고자 이루
고자 하며 조급해하니, 너희들이 과연
어찌 이루고 얻는다 생각하느냐?
15 다만 하늘의 하루는 지상의 천 년이
요, 너희들의 천 년은 하늘의 하루이
니,
16 그러니 그 속에서 너희들이 내가 약속
하고 내가 너희들에게 이루어 주겠다

는 것을 얻으려 하며 그 약속대로 시
행하고자 한다면,
17 너희들이 먼저 변화되는 것, 너희들이
받을 자격이 되는 그와 같은 변화된
것이 아니면 절대 이루어질 수 없으
며, 너희들이 영원히 죽을 때까지 그
를 볼 수 없다는 것을 너는 알라.
18 너희들이 하루에 스물 네 시간으로 나
누어진 그 시간이 지나가는 것처럼 나
여호와의 하루가 너희들의 천 년의 역
사이며 너희들의 천 년이 나의 하루라
는 것, 그와 같은 것을 너희들이 깨닫
고 그 하늘의 이치를 안다면,
19 너희들이 그 속에서 백 년도 안 되는
삶에서 나의 약속을 받으며 내가 이루
고자 하는 뜻을 이룰 수 있다면 너희
들이 바로 무엇이더냐?
20 천사와 같이 이 시간에 당장 너희들이
변하는 것밖에 없음이니라.
21 너희들이 변하여 받을 수 있는 그 자
격이 되었을 때 내가 너희들에게 줄
수 있는 것이니라.
22 나에게 하루가 너희들의 천 년이니,
지금 너희들이 백 년도 안 되는 그 삶
의 속에서 나의 약속이요, 나의 아들
을 통하여 너에게 이른 것을 이루어
준다 안 이루어 준다 불평불만하며 원
망 섞인 소리를 하지 말라.
23 너희들이 받고 못 받는 것, 나의 아들
을 통하여 내리는 약속을 이루어 주고
안 이루어 주는 것은 다 너희들의 뜻
이니, 정녕 너희들은 나의 아들을 원
망하지 말라는 뜻을 알라.
24 너희들이 받고 못 받는 것, 너희들이
역사할 수 있는 것, 없는 것, 그 모두
는 다 너희 손에 달렸다는 것을, 내가
하늘의 뜻을 너희들에게 전함이니,
25 이 또한 내가 너희들을 사랑함이니라.

9,494 번째 하나님 말씀

2004년 2월 4일 12시 59분

1 사랑하는 나의 아들아!
2 "네, 아버님! 말씀하옵소서."
3 사랑하는 나의 아들을 통하여 내가 너
희들에게 상을 주고자 하여 약속함이
니라.
4 그러니 그 상이 내려지지 아니하며 그
역사가 이루어지지 아니한다 하여 원
망하는 그 백성들, 그리고 나로부터
선택된 너희들, 그리고 저는 구원을
받았다 장담하는 그 백성들, 오늘의
믿음의 길을 가는 자, 그리고 이방인
이라 하여 믿음을 모르는 백성, 너희
모두는 들으라.
5 너희들은 과연 나로부터 구원을 받을
수 있는 그와 같은 삶을 아름답게 살
아가는가 너희들이 한번 생각해 보라.
6 그리고 과연 너희들이 오늘의 삶이요,
너희들의 행함이요, 너희들이 가슴속
에 가지고 있는 보이지 않는 그 마음
이 과연 나를 향하여 나를 만날 수 있
는 마음인지 한번 생각해 보라.
7 너희들이 음식을 만듦이니, 과연 겉만
익은 것이요, 속은 익지 않고 시뻘건
그와 같은 음식의 형태로 익어 간 것
인가,
8 그렇지 않으면 속을 완전히 익혔으며
또 속이 익음으로 겉이 완전히 익어진
그와 같은 음식으로써 지금 너희들이

되어 있는 자들인가를 너희들 자신이
한번 생각해 보도록 그리하라.
9 너희들이 나의 천국의 문을 통과할 수
있는 삶을 살며, 너희들은 당당한 모
습으로써 나에게 올 수 있는 백성이라
생각하는가?
10 스스로 한번 너희 자신을 생각해 보라.
11 너희가 새롭게 태어날 수 있는 오늘의
삶을 살며, 나로부터 은혜와 축복을
받아 거듭나는 삶을 살 수 있는 너희
자신인가 돌이켜 보도록 하라.
12 그리고 내가 친필로 써 내린 나의 계
명을 너희들이 얼마나 지키고 사는가,
그리고 그 뜻대로 얼마나 지키고 사는
가,
13 그리고 이제 나의 아들을 따르는 제
자, 나의 법전을 접한 백성 너희들은
나의 법전대로 얼마나 지키고 행하고
사는가,
14 이 모두를 너희 자신들이 각자 진단하
고 해석해 보라.
15 그래도 너희들이 구원을 받았다 생각
할 수 있으며 구원을 받을 자격이 있
다는 백성들은 너희들이 구원을 받았
다 생각하며 구원을 받았다 그리 말해
도 괜찮을 것이니라.
16 그러나 너희들이 여기에 하나라도 걸
리는 자는 구원을 받았다는 말을 감히
하지 말라.
17 그리고 너희들이 나의 아들로부터 내
가 내린 약속이 이루어지지 아니하며
지켜지지 않는다 원망하는 자,
18 너희들이 과연 여기에서 하나라도 걸
리는 것 없이 너희들이 모두를 받을
수 있는 그와 같은 삶을 살고 있는가
를 너희 스스로 한번 진단해 보도록
그리하라, 사랑하는 나의 아들딸들아!
19 그리고 이방인 너희들도 들으라.
20 구원을 받았다 말하는 자, 아무리 그
들이 말해도 그들이 이루는 것은 하나
도 확정된 것이 없음이니라.
21 그리고 그들은 확답을 아는 것이 하나
도 없는 것이니,
22 그저 이방인이라 해도 너희들이 나의
계명대로 부모를 공경하며 그 공경함
이 하늘의 나를 공경하는 마음으로 변
화될 때, 너희들도 똑같이 나에게 올
수 있는 그와 같은 은혜요, 영광의 기
회가 있다는 것을 알라.
23 지금 저희들이 다니는 교회요, 저희들
의 믿음이요, 저희들의 종교 집단에
속한 자만 구원을 받았다 단정하는 자
들, 그들은 다 미확인 자들이요, 그들
은 확답을 받은 것이 하나도 없으며,
그들이 구원을 받았다는 증거가 될 수
있는 것이 하나도 없으며, 그들이 아
는 것은 하나도 없음이니,
24 이방인이라 부름을 받은 사랑하는 나
의 아들딸, 너희들이 그들보다 한발
짝 앞에 와 있다는 자신과 용기를 잊
지 말며,
25 이제 그와 같은 깨달음 속에서 너희들
이 정녕 하늘에 오르며 나의 아들딸로
서 거듭날 수 있는 길은 나의 법전을
보고 깨우쳐 내가 행하라는 삶을 사는
것이니라.
26 그것이 어렵거든 너희들이 십계명이
라는 걸 암송하고 또 암송해 그것이라
도 지키고 사는 백성이 되라.
27 그러면 너희들이야말로 정녕 하늘에

오를 수 있는 자라는 것을 확답할 수
있으며 너희들이 장담할 수 있는 그와
같은 용기라도 가질 수 있으며, 그와
같이 생각이라도 할 수 있는 너희들이
니라.
28 오늘의 종교 집단이요, 믿음의 길을
가며 구원을 받았다 울부짖는 그 백성
들은 하나도 단정되고 확정된 것이 없
으며, 아무것도 아는 것이 없는 어리
석은 백성들이니 그리 알라.

9,495 번째 하나님 말씀

2004년 2월 4일 13시 03분

1 사랑하는 나의 아들아!
2 "네, 아버님! 말씀하옵소서."
3 모든 종교 집단이요, 지도자들이 나에
게서 등 돌리고 달려가는 그 모습을
보지 않느냐?
4 "네, 그렇사옵나이다.
5 그들이 이리에게 쫓기는 양들보다도
더 무섭도록 아버님 뜻을 거역하며 아
버님께 등을 돌려 달려가고 있사옵나
이다.
6 아버님께서 비추는 그 찬란한 빛을
향하여 그들이 오는 것이 아니라,
7 캄캄하고 지옥과 같은 그곳을 향하여
이리에게 쫓기는 양보다도 더 무섭게
그리 달려가는 것이 오늘의 모든 백성
들이 가고 있는 형국이요, 그 그림을
저는 보고 있으며 그 형태를 보고 있
사옵나이다.
8 그들은 돌이켜서 아버님께 가고자 하
나, 어둠 속에 있던 그 눈으로 찬란한
그 빛을 볼 수 없으며, 그들은 달려가
는 길을 찾을 수 없는 그와 같이 우매
하고 어리석은 자로 타락되었으며 변
화된 자들이옵나이다.
9 그리하여 그들이 아버님의 뜻이 아닌
반대의 길을 가고 있는 것, 그것은 오
늘의 그들의 믿음으로부터 그 역사가
시작되었다 저는 그리 생각하옵나이
다."
10 저희는 나로부터 선택된 백성이기에
예수의 보혈로써 구원을 받았다 하는
그와 같은 백성들, 그들이 헛된 생각
을 버리며 그 믿음을 다시 새로운 길
로 가지 아니하면 아니 되며, 오늘의
믿음을 그들이 중단하지 아니하면 아
니 되느니라.
11 그들은 나의 아들 예수의 보혈로써 나
를 찾음으로써 구원을 받는다는 것이
중요한 것이 아니며 귀한 것이 아니라
는 것을 모르느니라.
12 그들이 나에게 오르는 백성이요, 내
뜻에 의하여 하늘에 오르는 그 역사를
한다면, 그들은 보혈로써 구원받으며
나를 찾음으로써 구원받고 나에게 올
수 있다는 헛된 생각을 버리고,
13 저희들이 그와 같은 나의 뜻이요, 예
수가 역사하려 한 그 뜻과 그 생각으
로써 그대로 행하고 살아가는 것, 그
리고 그를 실천하는 것,
14 그리고 나 여호와가 이루고자 하는 그
뜻에 동참하여 나의 백성으로서 내 뜻
에 의해 역사하는 그 길을 가는 그것
이 중요하고 소중한 것을 너희들은 어
찌 모른단 말이더냐?
15 나의 뜻에 따라 살고 있는가를 너희들
은 다시 한 번 생각해 보라.

16 너희들이 나 여호와의 뜻에 의하여 나
의 계명대로 살아가는 것이 가장 중요
하고 소중한 것이지,
17 너희들이 그저 나와 나의 아들을 찾기
만 하면 구원을 받는다는 그와 같은
것이 소중한 것이 아니니, 너희들은
빈껍데기를 가지고 부르짖으며 알맹
이는 모르는 자니,
18 그리하여 너희들은 나를 등지고 달려
가는 그와 같은 형국으로 나의 아들이
보고 있음을 알아야 될 것이니라.
19 나의 뜻을 행함이 중요한 것임을 알라
전하라.
20 나의 뜻이 아닌 것은 어떠한 것도 구
원이 없으며 나에게 오를 수 없는 것
이요, 나의 뜻과 내 생각에 따라 너희
들이 역사하고 내 뜻에 동참하는 자,
그 백성만이 나에게 구원을 받을 것이
니,
21 나의 계명을 지키며 나의 법전을 가슴
에 안고 정독하여 깨우치는 것이 나에
게 오르는 길이요, 구원의 길이라는
걸 명심하고 또 명심하도록 그리하라.
22 너희들에게 더 이상 기회가 없음이니
라.

9,496 번째 하나님 말씀

2004년 2월 4일 13시 13분

1 사랑하는 나의 아들아!
2 "네, 아버님! 말씀하옵소서."
3 나는 나의 아들을 통하여 성서에 기록
하여 너희들에게 전했느니라.
4 너희들이 어찌 기도해야 될 것이며 어
찌 가야 되는지를 내가 성서에 상세히
기록하여 전했거늘,
5 너희들은 내 뜻대로 행하는 자가 하나
도 없으며 내 뜻에 의하여 기도하는
자가 하나도 없는 세상이 되어 버렸으
니,
6 그러면서도 너희들이 어찌하여 나의
사랑하는 백성들을 구원하는 백성이
라 감히 그리 말하는가?
7 이와 같은 세상에 지금 내가 나의 아
들을 통하여 그를 따르는 제자들로 하
여금 모두를 이루고자 하며 다시 역사
하고자 하는 것은, 이것은 필연이며
당연히 있어야 될 것임을 너희들은 알
라.
8 내가 너희들에게 기도하는 자세를 먼
저 가르쳐 주었으며 그리고 나에게 기
도하라는 내용을 내가 너희들에게 전
하였거늘, 그대로 기도를 하는 자가
있느냐?
9 그대로 기도하는 것이 무엇이더냐?
10 그대로 행해야 되는 것이니라.
11 기도하라는 내용을 내려보냈으니, 그
를 읽고 깨우치는 것은 그대로 행하는
것이 아니더냐?
12 내가 친필로 써 내린 그 십계명을 너
희들이 글로 그저 암송하기만 하면 무
엇하더냐?
13 암송하기 위한 것이 아니라 그대로 행
하는 것이 중요하며 행하는 것이 십계
명이니라.
14 지금 내가 너희들에게 기도하라는 그
내용이요, 성서에 기록된 내용을 내가
나의 법전에 기록하여 너희들에게 다
시 나의 아들을 통하여 전함이니,
15 너희들은 이 무서움을 알며 두려움을

알며 여기에 어긋나는 짓을 절대 해서
는 아니 될 것이니, 모든 백성들을 깨
우치도록 그리하라.
16 내가 너희들에게 기도하는 자세가 무
엇이라 가르쳤느냐?
17 '사람에게 보이려고 그들 앞에서 너의
의를 행치 않도록 주의하라, 그렇지
아니하면 하늘에 계신 너희 아버지께
상을 얻지 못함이라.' 하였으니,
18 모든 사람들에게 보이기 위한 기도요,
모든 사람들에게 보이는 행동이요, 행
위를 하지 말라 그리 내가 가르친 뜻
이요, 이것이 기도하는 첫 번째 자세
거늘, 과연 너희들은 어찌 지키고 가
느냐?
19 내가 무어라 말하였느냐, '그러므로
구제할 때 외식하는 자가 사람에게 영
광을 얻으려고 회당과 거리에서 하는
것같이 너희 앞에 나팔을 불지 말라,
진실로 너에게 이르느니 저희는 자기
상을 이미 받았느니라.' 했으니,
20 너희들이 떠들고 소리 지르는 어떠한
역사를 해도 그는 아니 되며,
21 너희들이 말로 표현하는 것은 모두를
다 받은 것이고 역사함이니, 말로 함
부로 모두를 다 하지 말라 하지 않았
느냐?
22 '너는 구제할 때에 오른손이 하는 것
을 왼손이 모르게 하라.' 그리 전한 것
을 너희들이 수없이 들었음이니,
23 이것이 기도하는 자의 자세요, 믿음의
길을 가는 자의 자세라는 것을 너희들
은 다시 한 번 머릿속에 생각하지 아
니하면 아니 될 것이니라.
24 '네 구제함을 은밀하게 하라, 은밀한
중에 보시는 너희 아버지가 갚으리
라.' 그리 나의 아들 예수를 통하여 전
한 것을 너희들은 모르더냐?
25 너희들이 구제함을 떠들지 말며 너희
들이 나팔 불지 말며 방송해서는 아니
되는 것이거늘, 너희들이 지금 얼마나
떠들고 얼마나 그를 자랑하는가?
26 나 여호와가 존재함을 선전하는 것이
아니요, 너희들이 얼마나 역사하고 얼
마나 큰일을 이뤘는가 그 공적을 자랑
하는 것이 바로 너희들이니라.
27 나의 아들은 내 뜻을 전하는 것이 오
늘에 가는 길이요, 너희들은 너희들의
공적을 선전하는 것이니, 나로부터 반
을 것이 하나도 없음이니라.
28 그러니 나의 아들이 역사하는 것이요,
따르는 그 제자들이 역사하는 것은 나
로부터 상을 받을 자격이 있다는 것이
너희들과 하늘과 땅의 차이임을 너희
들은 알라.
29 '또 너희가 기도할 때 외식하는 자와
같이 하지 말라, 저희는 사람에게 보
이려고 회당과 큰 거리 어귀에서 기도
한다.' 하였으며,
30 너희들이 좋아하는 하나님이요, 너희
가 찾는 하나님이요, 나에게 보이고자
하여 저희는 진실로 자기 상을 이미
다 받은 자라 말했듯이,
31 너희들이 지금 하는 짓이 얼마나 무섭
고 험악한 짓을 하고 있는지 알겠느냐?
32 이와 같은 모두를 너희들이 거역하고
자 하며, 거역하는 행위를 하고 있는
것이 너희들임을 알라.
33 내가 너희들에게 기도할 때 무어라 하
였느냐?

34 '골방에 들어가 문을 닫고 은밀한 중
에 기도하라.' 하며, 나 여호와가 그
기도를 들어주며 은밀한 중에 보내는
나 여호와의 상이 있을 것이며 그 은
혜가 있을 것이라 그리하지 아니하였
더냐?
35 그러나 오늘의 종교 집단이요, 지도자
너희들은 무어라 하느냐?
36 종교 지도자의 방은 화려하게 꾸며야
되며, 종교 지도자가 기도하는 방은
온갖 고급스러운 것으로 장식해야 되
는 것이며, 불편함이 없이 받들라 하
는 것이요, 종교 지도자가 나의 사랑
하는 백성들에게 저를 그리 모시라는
것이 오늘의 너희들의 형국이 아니더
냐?
37 그러니 너희들은 나의 뜻을 거역하는
것이 아니요, 내 뜻을 짓밟아 뒤로 밀
어붙이고 짓이기며, 너희들 나름대로
만들어 너희들이 제왕적으로 나보다
더 높이 있고자 하는 자들이 아니더냐?
38 내가 너희들에게 기도할 때 무어라 하
였느냐?
39 '이방인과 같이 중언부언하지 말라,
저희는 말을 많이 해야 들으실 줄 생
각하느니라.' 했으니,
40 너희들이 아무리 떠들고 말해도 내가
듣지 아니함이니, 너희들이 함부로 네
생각을 전하려 하지 말라 하였거늘,
41 너희들은 이 세상의 온갖 것을 다 갖
다 붙여 대고 지금 말하고 기도하는
것이 너희들의 형국이 아니더냐?
42 그것 또한 너희들이 내 뜻을 정면으로
거부하며 나를 욕되게 하는 짓이라 내
가 천 번 만 번 말한들 무엇하는가?
43 나의 아들을 따르는 제자 너희들은 명
심하고 또 명심하라.
44 너희들이라도 바로 서지 아니하면 아
니 됨이니라.
45 '그러므로 그들을 본받지 말라, 구하
기 전에 너희에게 있어야 할 것을 하
나님 너희 아버님께서 아시느니라.'
이 중요한 말을 너희들은 아는가?
46 너희들이 나에게 무엇을 얻고 구하기
위해 기도하지 말라 내가 나의 아들을
통하여 법전에 기록하였으니, 그 내용
이 이미 성서에 기록되어 있지 않으냐?
47 내가 너희들이 바라고 원하는 것을 다
알고 있음이니, 너희들이 나에게 구하
고자 얻고자 하는 그와 같은 기도를
하지 말라, 창조주가 알고 있다 그리
하지 아니하였더냐?
48 이와 같은 것이 너희들이 기도하는 자
세요, 그리고 기도는 어찌하라 했는가?
49 내가 지금 나의 아들을 통하여 다시
한 번 기록하여 전하니, 너희들은 명
심하라.
50 이를 어기는 자는 사탄이요, 마귀임을
너희들은 알라.
51 '그러므로 너희는 이렇게 기도하라,
하늘에 계신 우리 아버지여 이름이 거
룩히 여김을 받으시오며 나라에 임하
옵시며 뜻이 하늘에서 이루어진 것같
이 땅에서도 이루어지이다. 오늘날 우
리에게 일용할 양식을 주옵시고, 우리
가 우리에게 죄지은 자를 사하여 준
것같이 우리 죄를 사하여 주옵소서.
우리를 시험에 들게 하지 마옵시고 다
만 악에서 구하옵소서. 나라와 권세와
영광이 아버지께 영원히 있사옵나이

다.'
52 너희들은 그리 기도하라 나 여호와가
직접 너희들에게 전한 뜻이니, 과연
지금 기도하는 자, 이에 따라서 이리
행하는 자가 있느냐?
53 너희들이 중언부언 세상 것을 다 통제
하며, 나라의 환란을 막으며, 적과의
싸움을 막으며, 적과의 싸움에서 승자
가 되며, 너희들은 온갖 세상 것을 다
붙여 말하느니라.
54 시험을 보는 자는 시험을 합격하게 해
달라 하며, 가난한 자는 재물을 바치
면서 그 바친 재물의 열배 백배를 달
라 함이니라.
55 내가 내린 기도 속에, 재물을 바치며
헌금을 바치며 교회를 짓는 곳에 모두
를 다 바치며, 너희들이 모든 종교 지
도자에게 눈을 빼고 팔을 잘라서라도
충성을 하며, 그가 잘못되는 것을 탓
하는 것은 지옥에 간다는 그와 같은
내용이 여기에 기록되어 있는가?
56 너희들이 어찌하여 내가 기도를 이리
하라 명한 것을 지키지 아니하는가?
57 신약의 시대는 내가 이리 기도하고 지
키라 명하였음이니라.
58 그러나 지금 내가 제3의 시대에 나의
아들을 통하여 기도를 다시 내렸음이
니, 이는 무엇이더냐?
59 '아버님! 저의 죄를 용서하여 주옵소
서. 그리고 아버님 뜻대로 살아가겠습
니다.' 이걸로 내가 모두를 다 가르침
이니,
60 너희들이 내가 기도하라 지키라 하는
것을 하나도 지키지 아니하며 그 모두
를 따르지 아니하니, 그 모두를 내가
다 폐하고 내가 덮어 둠이니라.
61 그리하여 내가 다시 내린 그 기도를
나의 아들딸은 지키고 행하며, 나의
아들을 따르는 제자 너희들은 지키고
행하라 함이 여기 있음을 알아야 될
것이니라.
62 모세의 시대에 너희들이 역사하던 것,
신약의 시대에 역사하던 것, 그리고
지금의 시대에 역사하는 것의 흐름을
너희들이 보면 알 것이니라.
63 이제 나의 아들을 따르는 모든 제자
요, 나의 법전을 읽고 깨우친 만백성
너희들은 말하라.
64 너희들이 기도할 때 성서에 기도하라
는 내용이 기록되어 있으며, 그 기도
의 내용은 너희들이 행하고 지키는 것
이며, 그 이상의 것은 과연 너희들의
생각이요, 너희들이 중언부언하는 것
이 아닌가, 그리고 그 기도 내용대로
행하며 그리 지키는가?
65 말로만 기도 내용을 암송하며, 이게
하늘에서 내린 기도요, 그러니 우리는
이와 같이 해야 된다면서 너희들이 매
일 한두 번씩 그저 열 번 백 번 울고불
고 암송하나,
66 그 뜻이 무엇인지 알며 그를 어긋나는
행위를 해서는 절대 안 된다는 것을
너희들은 어찌 모른단 말이더냐?
67 나의 아들에게 명했느니라.
68 '저의 죄를 용서하여 주옵소서. 아버
님 뜻대로 살아갈 수 있는 용기를 주
옵소서.' 하는 간곡한 기도, 그것으로
써 모두를 대체한다 하였으니, 너희들
은 이와 같은 뜻을 거역하지 말며,
69 내가 나의 아들을 통하여 너희들에게

하나하나 내리는 그 기도문을 따라서
암송하고 행하도록 하라.
70 내가 2천 년 전에 한 획도 빼고 더해
도 안 된다고 너희들이 강조하는 성경
이요, 거기에 나의 아들을 통하여 기
도하는 내용이요, 역사하는 내용을 내
려보냈으니,
71 말로만 이를 암송하며 이를 지키지 아
니하고 너희들이 이를 거역하는 행위
는 바로 사탄의 자식이요, 나를 욕되
게 하는 자요, 나와 관계없는 자들이
니,
72 지금이라도 이 기도문을 지키고 신약
을 가지고 공부하는 백성, 너희들이
이대로 지키면 나의 법전을 볼 수 있
는 눈이 열릴 것이며, 그보다 더 큰 영
광이요, 축복이 없음을 알라.

9,497 번째 하나님 말씀

2004년 2월 4일 13시 19분

1 사랑하는 나의 아들아!
2 "네, 아버님! 말씀하옵소서."
3 모든 종교 집단이요, 믿음의 길을 가
는 백성들이요, 그 지도자요, 광신하
며 맹종 맹신하는 그 불쌍한 백성들이
무엇을 위해 믿음의 길을 가느냐?
4 저희들이 죽어 나에게 왔을 때 심판을
받는다는 것을 알며, 그 심판을 받는
것이 중요하며, 그 심판대에서 저희들
은 구원을 받아야 된다는 그 욕심이
요, 그것이 중요한 것이요, 그것을 위
하여 지금 너희들이 모두를 다 바치고
가고 있지 않더냐?
5 그러나 이제 나의 아들을 따르는 제자
너희들은 그것이 그리 중요함이 아님
을 알고 있지 않으냐?
6 내가 너희들에게 너희를 위하여 구하
는 기도를 하지 말며 너를 위한 기도
를 하지 말며, 네가 천국에 올 수 있는
그 마지막 한 자리를 남에게 양보하라
는 그 깊은 의미를 알고 있느냐?
7 그와 같이 하여 내가 너희들을 버리고
자 하여 그리 행하라 하였겠느냐?
8 이는 곧 너희들이 구원을 받고 못 받
는 것, 지옥과 천국에 가고 안 가는 것
을 위하여 믿음의 길을 가는 그것이
잘못되었기 때문이니라.
9 그러니 너희가 갈 수 있는 구원의 길
이 죽어서 이루어지는 것이라고 모두
를 착각하는 그들을 이제는 깨우쳐야
될 것이니라.
10 너희들이 천국의 나라 나에게 오르는
것, 너희들이 존재하는 그 의미를 알
아야 될 것이니라.
11 너희들의 목숨과 영혼이 같이 있는 이
세상에서 모두는 이루어지며, 이 땅에
서 모든 결과가 이루어지며, 너희 개
인의 역사는 여기서 이루어지고 결말
이 여기서 난다는 것을 너희들은 알아
야 될 것이니라.
12 또한 육의 세상에서 너희들이 천국에
오고 못 오는 것이 일찍이 결정된다
성서에 기록하여 전한 사실도 너희들
이 들여다보라.
13 그와 같은 내용이 있음을 너희들은 알
아야 될 것이니라.
14 나 여호와가 존재하며 내가 역사하는
것이 무엇이더냐?
15 이 세상이 나의 나라가 제대로 되어,

나의 나라가 지상의 천국이 되어, 너
희들이 주인이 되어 왕과 같은 아름다
운 삶을 살도록 하는 것, 그와 같은 깨
달음을 주며 그와 같이 역사하는 것이
나의 뜻이니라.
16 그러니 너희들이 나의 뜻을 모르며 내
가 역사하는 것을 모르며, 하나님의
뜻이라 너희들이 말하고 있는 그 모든
행위는 정녕 내가 모르는 행위만 하고
있음을 너희들은 알아야 될 것이니라.
17 사랑하는 나의 아들딸 너희들이 존재
하는 것이 무엇인 줄 알겠느냐?
18 이 지상에 낙원을 이루어 하늘나라 같
이 되어, 내가 너희들을 다같이 통제
하며 다같이 다스리는 그것이 나의 뜻
이요,
19 내가 그 속에서 너희들을 구원하는 역
사가 자동적으로 스스로 이루어지도
록 하고자 하는 것이 나의 뜻이니라.
20 나의 아들 예수를 세상에 내려보낸 것
은 또 무엇이더냐?
21 나의 나라를 구하기 위함이요, 나의
백성을 구하기 위함이니 그것을 알라.
22 그래서 가장 큰 틀은 너희들이 이 지
상의 천국을 만드는 것이니라.
23 지금의 나의 법전이 세상에 내려오는
것도 무엇이더냐?
24 그리하여 너희들의 인성을 다스리며
너희들의 마음을 다스리는 그와 같은
역사를 하고 있음을 알라.
25 그리하여 나의 법전이 세상에 내려와
너희들을 구하는 것은 나의 나라를 구
하고자 하며 나의 나라를 역사하고자
하는 나 여호와의 뜻임을 알라.
26 이제 모든 백성 너희들은 알라, 너희
들이 죽어 나에게 와 심판을 받고 안
받는 그 믿음이 중요한 것이 아니라,
너희들이 나의 나라요, 지상의 낙원을
역사하는 것,
27 그것이 너희들이 이 세상에 존재하는
의미요, 그 모두를 위하여 너희들이
존재함이니,
28 그리하여 지금 나의 아들딸을 선택하
여 나의 법전을 읽게 하여 그를 깨닫
게 하고 거듭나는 세상을 만들고자 하
는 것이 무엇이냐?
29 천 년에 걸쳐 지상의 낙원을 만들고자
하는 것이 나의 뜻임을 알라.
30 그러니 너희들은 나에게 와 심판을 받
아 지옥과 천국으로 갈리는 그것을 생
각하지 말라.
31 지상에서 천국을 만드는 것, 그리하여
너희들이 나에게 큰 은혜요, 기쁨을
주며 너희들이 대명을 제대로 하고 나
에게 왔을 때, 너희들이 상을 받는다
는 그 아름다운 삶을 절대 버리지 말
며 포기하지 말라, 사랑하는 나의 아
들딸들아!
32 하늘에서 이루어진 것같이 이 지상에
낙원을 이루는 것이 내 뜻이며, 너희
들이 거기에 필요한 자들이며 그를 위
해 너희들이 존재하는 것이며, 그를
위해 너희 삶의 모두를 바쳐야 되는
것이 너희들임을 알라.

9,498 번째 하나님 말씀

2004년 2월 4일 20시 50분

1 사랑하는 나의 아들아!
2 "네, 아버님! 말씀하옵소서."

3 너희들이 결국 승자요, 이 세상을 나
의 법전으로써 하얀 눈이 덮듯이 다
덮어 너희들은 결국 승자요, 패하는
길이 없다 내가 그리 말하지 아니하였
더냐?
4 그 뜻을 너는 알아야 될 것이니라.
5 너희들이 썩은 것은 모두가 썩은 내가
나게 됨이니, 그 썩은 것을 아무리 포
장을 하고 또 포장을 한다 해도 결국
그 썩은 내는 감출 수가 없음이니라.
6 그를 감추기 위하여 포장을 한 그 포
장까지도 썩게 됨이니, 결국 그것은
감출 수 없으며 그 냄새는 세상에 진
동하게 되는 것이니라.
7 그리하여 그는 버림을 받게 되지 아니
하더냐?
8 지금 나의 아들을 통하여 내가 내리는
새로운 성경이요, 나의 뜻은 싱싱하고
아름다우며 깨끗함을 너희들 스스로
알 수 있을 것이니라.
9 여기에 너희들을 위하여, 또 종교 지
도자요, 나의 아들 저 자신을 위하여,
먼저 온 너희들을 위하여, 믿음의 길
을 오래간 자들을 위하여 무엇인가 유
리한 것으로 구분하여 가르치는 것이
있으며 내가 내리는 것이 어디 있더냐?
10 아래 위가 똑같으며, 누구도 더 얻는
자가 없으며 잃는 자가 없음이니라.
11 그저 읽고 깨우치면 똑같이 변화될 수
있음이니, 얼마나 신성하며 신선한 것
이더냐?
12 그러니 신성하고 신선한 것을 썩고 썩
은 자가 아무리 비방하고 욕한다 해도
저희들이 그를 감당할 수 없음이니라.
13 아무리 포장을 하고 또 포장을 한다
해도 썩은 것은 썩은 것이니라.
14 오늘의 모든 종교 집단이요, 그들이
갈 길이 무엇이며 제가 이 세상에 온
의의가 무엇이며 제가 행할 것이 무엇
인지를 모르는 너희 같은 백성들이 오
늘의 믿음이요, 구원의 길이라 달려가
는 백성들이 아니더냐?
15 내가 나의 아들 너를 통하여 지금 너
에게 명했던 그 모두는 다 그것이 사
실이며, 거기에 한 치도 어긋남이 없
을 것이니라.
16 그들이 이와 같은 어긋난 짓을 하지
아니하며, 내가 너를 통하여 종교 지
도자가 단상에 서서 저를 받들며 저를
모시라, 그리고 저를 위해 기도하고
충성하라 한다는 그와 같은 말을 네가
하지 아니한다면,
17 그들은 너를 가지고 시시비비하지 아
니할 것이며, 네가 강론하는 것을 가
지고 절대 시시비비하지 않느니라.
18 그러니 쓸데없는 소리요, 다 지나가는
소리라 그리 말할 것이며 관심이 없을
것이니라.
19 그러나 너를 공격하며 너희들을 핍박
하며 이단이요, 사탄이라 욕하는 자는
제가 그 길을 가는 대표자이며 제가
그러한 것이라는 것이 제 가슴에 찔림
이니,
20 저의 제자들이요, 그 백성들이 알까
봐 그를 감추고자 하여 제가 다른 방
법으로써 사탄이요, 이단이요, 거짓
선지자가 말세에 와 세상을 혼미케 한
다는 그와 같은 이유를 붙이며,
21 이는 들을 것도 없으며 볼 것도 없다
하여 그들을 속이고 이끌어 가니, 그

는 썩은 것을 포장하는 것과 같음이니
라.
22 너희들이 썩은 것을 포장하니, 그게
또 썩으며 또 포장하고 아무리 포장해
도 그 속에 있는 것은 썩고 더 썩어짐
이니,
23 더 썩도록 포장한 것까지 썩음이니,
결국 그것은 다 무너지게 될 것이니,
24 더 이상 발버둥치며 더 이상 거짓된
짓을 하지 말며,
25 나의 법전을 읽고 깨우쳐 너희들이 배
워 깨우치며 네 것으로 만들어 거듭나
는 그와 같은 삶을 살도록 그리하라.
26 썩어져 가는 것과 신선한 것을 견주
어, 썩은 것이 어찌 이길 수 있다 너희
들이 그리 생각하는가?
27 나의 아들을 통하여 너희들이 승자요,
너희들은 패가 없으며 모두는 다 너희
들 앞에 고개를 숙일 것이라 한 그것
이 바로 무엇인 줄 알겠느냐?
28 너희들은 신성하며 신선하게 뻗쳐 나
가는 것이요, 그들은 썩을 대로 썩어
서 그 썩은 것을 감추기 위하여 포장
하는 그와 같은 오늘의 형국이기 때문
에 그러함을 알라, 사랑하는 나의 아
들딸들아!

9,499 번째 하나님 말씀

2004년 2월 5일 06시 52분

1 사랑하는 나의 아들아!
2 "네, 아버님! 말씀하옵소서."
3 너희들이 살아가며 형식이라는 것은
통하지 아니하며, 형식적인 마음의 자
세는 모두가 역사할 수 없음을 알아야
될 것이니라.
4 오로지 진실한 행동이요, 진실한 마음
에서 모두를 행하고 역사하는 것만이
나의 아들을 따르는 제자들이 가야 할
길이며, 또한 나의 아들 네가 행하고
가야 할 길이니라.
5 너희들이 나의 십계명을 암송하든 너
희들이 거듭나고자 하든 그와 같은 행
동이 모두가 다 형식에 지나지 않는
마음으로써 이루어진다면 아무것도
이루어지는 것이 없으며, 너희들은 역
사할 수 있는 것이 없으며 얻을 것이
없다는 것을 알아야 될 것이니라.
6 이제 내가 천 년에 걸쳐 모든 새로운
시대의 역사를 이루고자 함이니, 이를
너희들을 통하여 너희들과 더불어 역
사한다고 하였음이니라.
7 그러니 너희들의 마음의 자세요, 행함
에 있어서 그 모두를 씻어 내며 닦아
내지 아니하면 절대 역사할 수 없다는
것을 너희들은 알아야 될 것이니라.
8 내가 10년에 걸쳐 이 세상에 나의 법
전이 하얀 눈이 세상을 덮듯이 다 덮
는 그와 같은 기적의 역사를 이룬다는
것은 너희들과의 약속이니라.
9 그러나 너희는 너희들이 지켜야 될 그
약속이 있음이니, 그를 행하지 아니하
면 그 모두는 이루어질 수 없다는 것
을 알아야 될 것이니라.
10 너희들이 천사와 같은 마음이요, 진실
된 마음으로 변하지 아니하며, 인간
세상이요, 인간의 계산적이요, 인간의
욕심이요, 시기 질투하는 그와 같은
인간의 그 모두를 뽑아 버리지 아니하
고 그를 버리지 아니한다면,

11 결코 너희들은 나의 법전이 세상에 전
해지는 그와 같은 역사를 볼 수도 없
으며, 너희들이 죽어 갈 때까지 그를
볼 수 없음을 알라.
12 그러니 너희들이 나의 법전대로 어찌
행하고 살아가야 하는 것인가, 그것을
깨달아야 될 것이니라.
13 너희들은 모세가 구약의 시대에 광야
에서 그 백성들을 이끌어 왔음이니,
그들이 며칠이면 갈 수 있는 그리 갈
구하던 가나안 땅을 왜 가지 못했으
며, 그들이 왜 40년이라는 기나긴 세
월을 그 사막이요, 광야에서 몸부림치
며 고통의 길을 갔는지 알겠는가?
14 바로 너희들과 같았기 때문이니라.
15 너희들과 같이 인간의 생각이요, 인간
의 욕심이요, 그 모두를 저버리지 못
했으며 버리지 못하였기 때문에 그것
을 버리는 그 훈련의 기간이 그리 걸
렸으나, 결국 그들은 어찌 되었는가?
16 들어갈 수 없었으며, 그저 젊은 세대
들만이 들어갔음이니, 이것을 보고 무
엇을 느끼는가?
17 지금 너희들이 나의 아들을 따라 법전
을 공부하고 만들며 많은 세월을 같이
했다 해도,
18 너희들의 마음이 깨끗하지 아니하며
마음이 씻어지지 아니했다면 결국 너
희들은 바로 시작하며 바로 읽는 자만
도 못함이니,
19 그저 세상에 태어나 갓 걸음마를 하는
아이들만큼도 순수한 마음이 못 되어
있다면 너희들이 보고 얻고 이룰 그
영광의 모두는 아무것도 이루어질 수
없으며, 이룰 수가 없으며, 볼 수 없다
는 것을 너희들은 알아야 될 것이니라.
20 그러니 너희들은 알아야 될 것이니라.
21 너희들이 지금 어떠한 마음으로써 역
사하는가?
22 너희들이 형식적이요, 대충대충 하는
마음으로 하루하루 나의 법전을 만들
며 나의 법전을 가지고 공부하는 마음
으로 살아간다면, 너희들은 10년이
아니라 죽을 때까지도 아무것도 이루
어질 수 없음을 알라.
23 너희들은 형식적인 것이 없으며 목숨
을 바쳐 진실한 마음으로 나의 법전을
읽고 깨우쳐 내 뜻을 따르고 지키려
할 때, 내가 너희들에게 약속한 그 모
두는 이루어진다는 것을 명심하고 또
명심하도록 그리하라.

9,500 번째 하나님 말씀

2004년 2월 5일 06시 57분

1 사랑하는 나의 아들아!
2 "네, 아버님! 말씀하옵소서."
3 이제 나의 아들과 그를 따르는 제자,
그리고 나의 법전을 읽고 깨우친 모든
백성, 너희들은 내가 이루고자 하는
뜻이 무엇인지 알아야 될 것이니라.
4 나 여호와가 너희들에게 처음으로 아
름다운 에덴동산의 지상낙원을 내려
주었듯이, 그와 같은 세상으로 내가
원상 복구하며 원 형태로 찾고자 하는
것이 나 여호와요, 내가 역사하는 것
이라는 것을 너희들은 깊이 깨우쳐야
될 것이니라.
5 그리하여 내가 너희들을 통하여 새로
운 시대요, 새로운 세상을 이루어, 하

늘에서 이루어진 것같이 지상에 천국
의 낙원을 이루어,
6 새 땅에서 나의 피조물 만백성이 살아
가는 그와 같은 역사를 이루고자 하는
것이 나의 뜻이며 내가 이루고자 하는
것이며,
7 지상에 천국이요, 낙원을 이루는 것이
나 여호와의 뜻이요, 내가 바라는 것
이라는 것을 너희들은 알아야 될 것이
니라.
8 그러니 이것이 이루어졌을 때, 이것이
역사했을 때, 영원한 안식이 시작되
며, 영원한 안식처가 너희들 앞에 내
려 주는 선물이라는 것을 절대 잊지
말라.
9 그와 같은 영원한 안식처가 지속되는
것은 너희들이 내가 처음에 내려 주었
던 그와 같은 지상의 낙원을 만들고
새로운 세상을 만드는 것,
10 새로운 땅에서 새로운 나의 백성들이
존재하는 그와 같은 역사를 이루지 아
니하고는 아무것도 이루어질 수가 없
음이니라.
11 그리하여 그 모두를 역사하고 다루는
것이 천 년의 세월이 되는 것이며,
12 천 년의 세월 속에서 너희들이 영원한
안식을 취할 수 있는 그와 같은 새로
운 지상의 천국을 이루기 위하여 나
여호와가 지금 너희들을 불러 쓰고 있
다는 것을 절대 잊지 말라.
13 누가 뭐라 하든 모든 종교 집단이요,
지도자들이 구원을 받기 위하여 거듭
나는 길에 모두 몸부림을 치나,
14 나 여호와가 가장 원하고 내가 역사하
며 이루고자 하여 너희들이 존재하는
것은, 새로운 지상의 천국을 이루는
것이니라.
15 그 대열에 끼여 있는 자, 거기서 같이
가는 자는 스스로 나에게 올 수 있는
은혜와 영광을 얻게 됨이니,
16 그 수고로움이요, 그 고생함이요, 그
너희들의 노력함은 반드시 나로부터
상을 받는다는 것을 알라.
17 그러니 이제 너희들은 나 여호와가 모
두의 새로운 시대요, 내가 아담과 하
와에게 주었던 그 지상의 낙원 에덴동
산을 그대로 복구하고자 하는 것이 나
의 뜻이요, 그리 만들고자 하는 것이
나의 뜻이라는 것을 절대 잊지 말며,
18 그리하여 너희들이 천사와 같은 마음
으로 살라 말했으며, 너희들이 지금까
지 모든 찌들고 찌든 그 마음들을 하
나하나 무섭도록 씻어 내라 하는 것이
나 여호와가 명하는 뜻이니라.
19 너희들이 미꾸라지라는 것을 음식으
로 해 먹기 위하여 거기에 소금을 넣
었을 때 그들이 토하는 것보다 더 무
서우리만큼 지금의 너희들이 우상을
섬기는 마음, 다른 신을 받드는 마음,
20 그리고 욕심이요, 인간의 안락을 위한
마음이요, 가지고 있는 모든 것을 토
하고 토하라 함이니라.
21 그리하였을 때 너희들을 기초로 하여
천 년의 세월 속에 그 아름다운 새로
운 시대요, 새로운 지상의 천국을 역
사하는 것이니, 이를 너희들은 잊지
말고 행하도록 그리하라.
22 그러니 모두를 다 지워 버리고 털어
버리고 네 몸에서 빼내야 된다는 것을
잊지 말라.

부 록

【하나님께서 가르쳐 주신 운동】

천재지변이 일어날 때, 동물이나 미물들은 미리 알고 대피하지만, 인간은 알지 못하고 큰 화를 당합니다. 하나님께서 인간에게 가장 높은 지혜를 주시고 완벽하게 창조해 주셨기에 동물들보다 더 잘 알 수 있지만, 욕심으로 마음이 혼탁해져서 한 치 앞을 보지 못하는 것입니다.

마찬가지로, 인간은 누구나 스스로 필요한 운동을 해서 건강을 지킬 수 있도록 하나님께서 만들어 주셨습니다. 우리의 머리에서 우리 몸에 필요한 동작을 해 달라고 끊임없이 신호를 보내지만, 인간이 혼탁하게 살아서 그 신호를 알아채지 못합니다. 그러니 자연스럽게 자기 몸이 원하는 그 신호를 따라서 운동하는 것이 하나님께서 가르쳐 주신 운동 방법입니다. 바로, 우리의 영이 육을 이끄는 운동입니다.

▶ 하나님 운동법

1. 눈을 감고, 발을 어깨너비로 벌리고 바르게 선다.
2. 몸에 힘을 풀고, 허리를 숙이면서 손과 머리를 아래로 내린다.
3. 허리를 펴고 싶을 때, 천천히 펴면서 하고 싶은 동작을 하면 운동이 시작된다. (사람마다 다르다.)
4. 멈추지 말고, 어떤 동작이든지 자기 몸의 느낌대로 계속 이어서 한다.

▶ 참고 사항

① 눈을 감은 상태로 아무 생각 하지 않고, 자기 몸의 느낌대로 움직입니다.

② 마음을 비우고, 욕심을 버리고, 지난날의 잘못을 반성하면서 몇 차례 시도하다 보면, 자기도 모르게 하고 싶은 동작이 끊임없이 생깁니다.

③ 운동 장소는 방 안이든 운동장이든 관계없으며, 걷거나 달리고 싶을 때는 눈을 떠도 됩니다.

④ 매일 40분 이상, 주 4회 이상, 3개월 이상 하면 음식 조절에 들어갑니다.
- 음식으로 생긴 병은 음식으로 치료하게 되며, 어떤 음식을 먹어야 하는지 스스로 알게 됩니다.
(자기 몸에 필요한 음식만 먹고 싶어집니다.)

⑤ 사랑하는 사람과 함께 운동하면 서로 치료해 주기도 합니다.

⑥ 운동을 하다가 몸의 어느 한 부분을 계속 손으로 자극한다면 그쪽에 이상이 있는 것이니, 의사에게 상담을 받고 적절한 치료를 받으면 됩니다.

⑦ 다이어트 및 기타 건강관리에 효과적입니다.

⑧ 꾸준히 운동하여 영이 맑아지면, 자신의 과거와 미래를 스스로 보게 됩니다.

누구나 스스로 하실 수 있습니다.

간 행 사

《새로운 성경》은:

· 새로운 성경은, 하나님께서 선량하고 선한 자를 선택하여 십계명을 암송하도록 하시고, 십계명을 암송한 다음에 음성으로써 들려주시는 말씀을 듣고 그대로 카세트테이프에 녹음해서 받아쓴 책입니다.

· 90분짜리 녹음테이프 700여 개에 달하는 말씀으로, 1999년 8월부터 2004년 7월까지 총 160권(권당 288쪽)을 완성하였으며, 그 이후에도 현재까지 계속 말씀을 내려 주고 계십니다.

· 새로운 성경은 "하늘을 두루마리 삼고 바닷물을 먹물 삼아 쓰고 써도 다 못 쓴다"는, 끝없이 방대한 하나님의 말씀이 두루마리로 직접 내려오는 것입니다. 이러한 새로운 성경은 구약과 신약을 폐하려는 것이 아니라 "인봉된 성서의 비유의 뜻"을 상세히 설명하여 완성하고자 하나님께서 직접 내려 주신 말씀입니다.

《새로운 성경》의 구성:

· 제 목: 2013년, 160권 모음집을 발간하면서, 본 도서의 제목을 "하나님! 말씀하옵소서"에서 《새로운 성경》으로 명해 주셨습니다.

· 단행본: 각 권당 288쪽(신국판) 책이 160권까지 시리즈로 출판됩니다.
(모음집은 단행본을 16권씩 묶어서, 총 10부로 구성됩니다.)

《새로운 성경》의 성경적 근거:

· 신약 성경 [요한복음] 16장 13절에 "진리의 성령이 오시면 그가 너희를 모든 진리 가운데로 인도하시리니 그가 자의로 말하지 않고, 오직 듣는 것만을 말하며" 하신 말씀처럼 하나님의 음성을 들은 것만 기록하였으며,

· "장래 일을 너희에게 알리시리라" 하신 말씀과 같이 개인, 나라, 인류의 "장래"일을 하나님께서 알려 주시는 것만 기록하여 책으로 만들었습니다.

《새로운 성경》의 기록 방법:

· 1999년 8월부터 하나님께서 저에게 들려주시는 음성을 기록하였습니다. 처음에는 제가 들은 말씀을 불러 주면 저의 아내가 기록하여, 2000년 1월 29일에 1권 초판이 세상에 나왔습니다. 2000년 4월부터는 주시는 말씀을 받아 녹음기에 기록하기 시작하였습니다.

· 녹음을 시작하면서 하나님의 말씀을 받는 데 가속도가 붙었고, 2001년 5월 3일에 1부(1~16권까지)를 인쇄하여 출판하였으며, 2004년 7월까지 총 160권 분량의 말씀을 받아 기록하였습니다.

하나님께서 저에게 주신 것은:

· 첫째, 만백성을 상대로 내려 주시는 "기도", 둘째, 수시로 내려 주시는 "묵상", 셋째, 개인의 과거, 현재, 미래를 알려 주시는 "개인 기도", 넷째, 개인의 건강을 위해서 내려 주시는 "음식 처방", 다섯째, 하나님께서 가르쳐 주신 "운동"등이 있습니다. 이 중에 첫 번째, "기도"를 책으로 편찬하였습니다. 사람의 생사, 개인의 미래에 관한 천기는 수록하지 말라 하셨습니다.

강론 안내:

· 하나님께서는 지금도 매일 저에게 새로운 하늘의 비밀의 말씀을 내려 주고 계십니다. 수시로 내려 주시는 말씀을 정리해서 제자를 육성하라는 말씀에 따라 매주 강론을 하고 있습니다. 누구나 무료로 들으실 수 있습니다. (book160.com)

《새로운 성경》을 읽는 분들에게 드리는 선물:

· 개인 기도: 개인의 과거, 현재, 미래에 관하여 말씀을 내려 주십니다.

· 음식 처방: 사람은 음식을 먹고살다가 건강을 잃으니, 음식과 운동으로 건강을 되찾는 방법을 알려 드립니다. 단, 하나님이 계심을 믿고, 십계명을 지키겠다고 진실로 서약하는 분들께 알려드립니다.

《새로운 성경》의 은혜와 기적:

· 새로운 성경 전160권은 16권씩 묶어서 총 10부의 모음집으로 구성됩니다. 모음집 한 부를 읽고 깨우치는 자에게 하나님께서 다음과 같은 기적이 있다고 하셨습니다.

· "첫째, 그가 죽어 하늘에 갔을 때 그의 죄를 묻지 아니하며, 구원을 받는 위대한 은혜가 있으며, 둘째, 그의 소원과 소망이 이루어지고, 셋째, 죽은 자(부모, 형제, 자식, 사랑하고 은혜 입은 분)의 이름으로 구입한 책을 읽고 누군가 한 사람이 깨우칠 때, 그 죽은 자가 지옥에서 천국으로 구원을 받게 되며, 넷째, 유산, 중절 수술 등으로 태어나지 못한 아이를 위하여 구입한 책을 보고 한 명이 깨우쳤을 때, 그 아이가 사람으로 다시 한 번 태어나는 은혜를 받는다."

· "새로운 성경"을 3회 이상 정성을 다해 정독하는 자, 성서의 비밀을 알게 되고, 세상의 이치를 알게 되며, 세상을 지배하고 통제할 수 있는 지혜를 다 얻게 된다고 하셨습니다. 이 책은 만백성이 정독하고 이웃에게 전하여, 평생 가슴에 묻은 슬픔과 고통의 짐을 벗고 미래를 위한 힘찬 삶을 살아가도록 하는 책입니다.

끝으로

· 하나님께서는 흰 눈이 세상을 덮듯이 새로운 성경을 온 세상에 전하라고 하셨습니다. 《새로운 성경》을 각국어로 번역해서 온 인류에게 구원의 길을 깨우쳐 주고, 그 수익으로 가난하고 어려운 백성을 구제하여, 만백성의 영과 육을 함께 구원하는 선지자의 임무를 수행하라고 저에게 명하셨습니다.

· 하늘에서 내려 주신 말씀의 보화를 만백성에게 나누어 주는 것이 선지자의 임무라고 하셨습니다. 새로운 성경을 통해서 얻는 재물을 사용할 곳도 하나님께서 일일이 명해 주십니다. 모든 재물은 저의 자의로 쓸 수 없고, 하나님께서 명하시는 대로만 쓰여집니다.

· 어떤 명분으로든 십일조나 각종 헌금을 거두어들이지 말라 하셨으며, 국내뿐 아니라 각국에 성전과 단독 서점을 운영하며, 한국의 많은 젊은이들을 전 세계에 지도자로 내보내라고 하셨습니다.

· 우리는 세계적으로 새로운 성경을 보급하며 어려운 이들을 돕는 역사를 해 나갈 것입니다. 지금까지 비록 몇 명 안 되는 제자들과 함께 이러한 일을 역사했지만, 앞으로도 계속 하나님께서 기뻐하시는 일들을 해 나갈 것입니다. 부족한 저희에게 여러분들의 지혜와 성원을 보내 주시기를 바랍니다. 많은 분들의 참여와 도움을 간절히 기다립니다. 감사합니다.

한국어로 내려온 《새로운 성경》 단행본을 출간하며
2016년 4월 10일

발행인 **김 용 철**

한국어로 내려온

새로운 **성 경** · 8부 · 제127권

지은이 하나님 말씀
대역자 김용철

초판인쇄 1쇄 2017년 4월 3일

펴낸 곳 도서출판 하얀마음
등록번호 제 10-2107호 (2001년 2월 14일)
주소 서울시 노원구 덕릉로86길 5, 2층
전화번호 02) 313-1114
팩스 02) 393-5554
전자우편 book160@hanmail.net
편집위원 조나영 김미향 이석교
제작지원 조형구 백영숙 이석교 이수희

도서상담 1600-7527
ISBN 978-89-5875-227-1 (04230)
978-89-5875-100-7 (세 트)

값 10,000원
잘못된 책은 구입하신 곳에서 바꾸어 드립니다.

※이 책은 10부로 제작되며, 각 부 16권씩 총160권으로 구성됩니다.※

1부	2부	3부	4부	5부	6부	7부	**8부**	9부	10부
1권	17권	33권	49권	65권	81권	97권	113권	129권	145권
2권	18권	34권	50권	66권	82권	98권	114권	130권	146권
3권	19권	35권	51권	67권	83권	99권	115권	131권	147권
4권	20권	36권	52권	68권	84권	100권	116권	132권	148권
5권	21권	37권	53권	69권	85권	101권	117권	133권	149권
6권	22권	38권	54권	70권	86권	102권	118권	134권	150권
7권	23권	39권	55권	71권	87권	103권	119권	135권	151권
8권	24권	40권	56권	72권	88권	104권	120권	136권	152권
9권	25권	41권	57권	73권	89권	105권	121권	137권	153권
10권	26권	42권	58권	74권	90권	106권	122권	138권	154권
11권	27권	43권	59권	75권	91권	107권	123권	139권	155권
12권	28권	44권	60권	76권	92권	108권	124권	140권	156권
13권	29권	45권	61권	77권	93권	109권	125권	141권	157권
14권	30권	46권	62권	78권	94권	110권	126권	142권	158권
15권	31권	47권	63권	79권	95권	111권	127권	143권	159권
16권	32권	48권	64권	80권	96권	112권	128권	144권	160권